AF346510

CATHOLICISME

ET

JUDAÏSME

RÉPONSE A
LA FRANCE JUIVE

PAR

MARIUS GARREDI

La France veut pour Tous
Le Droit et la Justice!...

PARIS

E. DENTU, ÉDITEUR

LIBRAIRE DE LA SOCIÉTÉ DES GENS DE LETTRES

3, PLACE DE VALOIS, PALAIS-ROYAL

1888

CATHOLICISME

ET

JUDAÏSME

CATHOLICISME

ET

JUDAÏSME

RÉPONSE A LA *FRANCE JUIVE*

PAR

MARIUS GARREDI

La France veut pour Tous
Le Droit et la Justice !...

PARIS

E. DENTU, ÉDITEUR

LIBRAIRE DE LA SOCIÉTÉ DES GENS DE LETTRES

3, PLACE VALOIS, PALAIS-ROYAL

—

1888

PRÉFACE

En voyage à l'étranger, il ne nous a pas été possible de lire *la France Juive* de M. Drumont et d'y répondre plus tôt; de retour à Paris, ayant pris connaissance de cet ouvrage, où l'écrivain fustige avec raison certains hommes de finance, tout en critiquant les abus, sans s'apercevoir qu'il préconise celui qui les engendre tous, ce que nous essayerons de faire comprendre dans le courant de ce livre.

Bien que nous ne soyons pas Israélite, nous défendrons les Juifs, comme on doit le faire à l'égard de tout Peuple opprimé, mettant en présence le Père et la fille ingrate, c'est-à-dire le Judaïsme et l'Église catholique; puis le principe de Jésus l'Essénien (1), dont l'École n'a rien de commun

1. Ceux qui ne veulent point confondre le Fils de Marie avec le bon Dieu de l'Église, disent toujours : *Jésus l'Essénien* ou *Jésus le Fils de Marie*.

avec *l'école pharisienne du saint Paul de l'Église cléricale*, la plus dangereuse de toutes les Églises.

Le lecteur qui prendrait ce livre pour une attaque contre la Religion, serait dans la même erreur de ceux qui la confondent avec le prêtre.

Notre but, au contraire, est de défendre le SENTIMENT RELIGIEUX menacé d'un naufrage au milieu des débordements de l'*athéisme*, du *matérialisme* et de la *superstition*, enfants naturels de l'Église catholique.

Dans les épreuves de la vie, de tout ce qui peut consoler l'Être humain, aucun sentiment n'est plus puissant et n'est plus nécessaire que le Sentiment Religieux, qui n'est autre que *la Vraie Religion, cherchant la Vérité.*

La Vraie Religion est la force et l'énergie des facultés de l'Être humain, donnant satisfaction aux plus hautes aspirations de son âme, dont *Elle est la Poésie, l'Idéal et le Bonheur.*

Un ouvrage ultérieur donnera connaissance de ce qu'il faut savoir pour être, malgré les événements, les crises et les désordres, *aussi heureux* qu'on peut l'être sur la Terre.

Nous commençons dans ce livre [tout en répondant à M. Drumont sur tout ce qui se rapporte à notre sujet], par mettre en présence *le Judaïsme et le Catholicisme*, afin que le lecteur puisse juger en connaissance de cause, sur des documents historiques indéniables, de quel côté se trouve l'iniquité, et comprenne la nécessité de s'en affranchir !

L'obligation de suivre M. Drumont dans ses critiques, que nous réfutons en partie, ne nous permet pas de développer l'IDÉE ESSÉNIENNE, *qui contient la solution du problème de l'exis-tence* ; mais avant de *redresser* la déviation morale que *la France Juive* signale sans en indiquer *le moyen*, il nous faut démolir le vieux Monde !...

INTRODUCTION

LES JUIFS

Nous ne pouvons qu'indiquer ici le martyre de ce Peuple vivant au milieu des Nations comme des parias, en rappelant les terribles épreuves que lui ont fait subir.ses persécuteurs.

A ceux qui les accusent de fanatisme, on peut répondre qu'ils sont au contraire tolérants, et n'ont jamais brûlé personne pour forcer les consciences.

Loin de leur faire un grief de leur attachement pour le culte d'un Dieu unique, au milieu de sectes insensées dont le paganisme ne cesse d'adorer des madones multiples, et des milliers de saints, il faudrait au contraire les admirer en les voyant rester fidèles à leur culte et donner à tous les

Peuples l'exemple de la plus puissante des vertus,
LA SOLIDARITÉ!...

Ils ont souffert sans se plaindre, et jamais la
haine n'est entrée dans leur cœur. Pleins de reconnaissance pour la Nation Française qui les a traités paternellement, ils ont vaillamment pris les armes pour la défense de leur Patrie d'adoption (1).

Tandis que le moyen âge était plongé dans une ignorance barbare, ils étaient les lettrés, les Savants, les Médecins, prêts à soigner leurs plus mortels ennemis.

Actuellement que d'écrivains de talent, de publicistes distingués, et que d'érudition dans *Moïse et le Talmud*, par Alexandre Weill! comme on sent dans cet Auteur l'amour du Bien, du Juste et du Vrai!... Avec une mansuétude qu'on ne trouve dans aucun sectaire, M. Hip. Rodriguès essaie de concilier dans son ouvrage *Les trois Filles de la bible*, le Judaïsme, le Christianisme et le Mahométisme.

Reprocher aux Juifs leur trafic, n'est pas logique; qu'auraient-ils fait au milieu des Nations, où ils ne

1. M. Drumont lui-même est obligé de convenir que sous le premier empire plusieurs généraux étaient Juifs et se sont conduits en héros.

Dans la diplomatie il y avait également des Juifs d'un grand talent.

pouvaient exercer aucun autre état. Toutes les corporations leur étaient fermées, toutes les carrières leur étaient interdites.

Leur avarice?... comment auraient-ils pu sauver leur existence si souvent menacée, s'ils n'avaient pas eu des fortunes à jeter en pâture aux convoitises des souverains qui les rançonnaient sous tous les prétextes.

Il est une vérité indéniable qui s'applique à bien des circonstances toutes en leur faveur; leur Dévoûment à soutenir leurs coreligionnaires, leurs bonnes mœurs et leur absence des bancs de la cour d'assise.

— Quant à la liberté d'appréciations, aucune secte religieuse n'en possède autant. Le Talmud consacre la liberté laissée à la diversité des opinions, et le droit de substituer des sentiments nouveaux à des sentiments anciens sur chaque point de doctrine.

Un exemple. On lit dans *le Miscnha*: — Un père dit à son fils: « Vous pouvez rétracter les « choses que je vous ai dites. — Pourquoi, mon « père, ne les avez-vous pas retractées vous-même? « — Parce que je les ai entendues de la bouche « de plusieurs, tandis que vous, mon fils, vous ne « les avez entendues que de moi ; donc si d'autres

« sont d'un avis contraire, vous pouvez suivre
« l'opinion de mes adversaires. »

D'où le Talmud conclut qu'il faut laisser la liberté
aux savants de chaque siècle de se distinguer de
la sorte.

(C'est à l'abbé Chiarini, un ennemi des Juifs, que
nous empruntons cette citation talmudique (t. 1er,
p. 224). N'est-ce pas une preuve de tolérance et de
supériorité de MM. les Rabbins sur tous les papes
inquisiteurs, qui ont imposé par la violence, leurs
dogmes qu'ils ne sont jamais parvenus à fixer.

Pour beaucoup de gens peu au courant de l'histoire de l'Église catholique, les opinions de
M. Drumont font école. On a vendu sur la voie
publique (12 mai 1887), sous ce titre *L'expulsion des Juifs*, un journal excitant contre cette Nation
toutes les fureurs dans un réquisitoire des plus
violents.

Il est temps de rétablir la vérité sur les Juifs et
sur les persécuteurs ; car les Juifs n'ont pas été
seuls à souffrir toutes les tortures morales et physiques, que savent faire subir la tyrannie et l'arbitraire des adorateurs du veau d'or.

Un publiciste autrichien a dit : « Chaque Pays
a les Juifs qu'il mérite ». En effet, dit M. Cher-
buliez, en France comme en Angleterre, comme

partout où on les traite sur un pied d'égalité, ils deviennent l'un des éléments les plus sains, les plus vigoureux de la Nation. » (Samuel Brohl)

Une Dame Chrétienne aussi remarquable par son talent que par son esprit de justice, qui les a étudiés de près, affirme que : « la moralité juive est supérieure à la moralité chrétienne ».

« Les liens de famille sont dignes d'admiration parmi les Juifs, les enfants se maintiennent toujours envers les parents dans une dépendance d'amour et de respect. Les sommations *soi-disant respectueuses* y sont inconnues.

« Le vice de l'ivrognerie, cette plaie des Nations septentrionales, est entièrement inconnu des Juifs...sobres dans leur nourriture, et l'usage qui les porte à fonder très jeunes des familles les préserve des liaisons illégitimes.

« Si un Juif tombe, trente sont là pour le relever ; ne pourrait-on pas ajouter : si un chrétien tombe, trente sont là pour l'écraser » ?

Elle termine son plaidoyer en faveur des Juifs par cette constatation que : « Il sera toujours plus facile de persécuter des milliers de Juifs que de corriger un seul chrétien. » (*Juifs et Chrétiens.*) par Nathalie Gortschakoff.

Il ne s'agit plus de se ganter de velours pour

toucher aux archives d'autrefois et aux ruines d'aujourd'hui ; ni d'habiller de hideux squelettes, d'étoffes somptueuses brochées d'or et de soie, pour offrir à la vénération publique *des monstres que réclame le pilori de l'histoire* , ni d'employer, pour les besoins d'une cause perdue, les pieuses fraudes qui, pour *tous les gens honnêtes*, ne sont que *des faux en écritures publiques* avec cette circonstance aggravante, qu'ils ont été commis par ceux qu'on charge, ou plutôt qui se sont chargés de l'enseignement de la Jeunesse, et ne lui enseignent que l'erreur.

La Presse dévouée au Progrès, devant la levée de boucliers de l'Église et de ses adhérents, ne peut plus rester indifférente à la question cléricale, son silence serait coupable devant la jactance de l'ennemi séculaire de toute Justice.

Dans cette occurrence, les Hommes de bonne volonté doivent nous suivre dans la rude tâche que nous avons entreprise, car il y va de la Civilisation et du salut de la Société.

Les gens de bonne foi, trompés par *les pères loriquets* de toutes nuances, nous sauront gré de continuer contre l'iniquité du catholicisme l'œuvre de nos Pères vénérés qui en furent les Martyrs, pour le triomphe de la Vérité et de la Justice !

Nous n'ignorons pas combien il est difficile de convaincre ceux qui ne veulent pas l'être ; mais *le Devoir* s'impose à l'homme de conscience et se résume dans cette maxime :

Fais ce que dois, advienne que pourra !

Paris 1888.

TABLE DES MATIERES

CHAPITRE PREMIER

Pages.

PRÉFACE ET INTRODUCTION . . . .   **V**

Sommaire. — Les grands voleurs. — La double morale. — Culpabilité du législateur. — La répression n'atteint que les petits coupables. -- Les actions du Honduras. — Les opportunistes et l'opinion publique. — Attente d'une résurrection morale. — L'orgueil n'est pas la grandeur. — La liberté sous les Romains. — Effondrement de la civilisation. — Les enseignements de la bible. — LE PÈRE des Humains. — Influence pernicieuse de l'erreur. — Les Arabes. — Galilée. — La Solidarité. — M. d'Israëli— Un euphémisme déshonoré. — A propos des jésuites. — Un des leurs devenu roi. — L'Allemagne et les fils de Loyola. — L'Église définie par Victor Hugo   1

CHAPITRE II

Sommaire. — Aveu de M. Alexandre Weill. — Falsification de la bible judaïque. — La bible indienne. — Les grâces intempestives de M. Grévy pour les assassins. — L'Aryen de M. Drumont. — Les explications de M. Jacolliot. — Les Orientalistes en chambre. — Roueries des jésuites. — La légende de Christna reproduite à 4800 ans de distance par l'Église. — Le petit Jésus perdu et retrouvé. — Dures paroles que l'Église lui fait dire à sa Mère. — Le chemin

Pages.

de Damas de M. Drumont.— Les taxes pour les péchés dont l'Église se fait des rentes. — Gentillesses du pape Sixte IV. — Les livres des jeunes confesseurs.— Appréciation de la Femme par les pères de l'Église. — Résultats de l'éducation du séminaire et du célibat forcé. — La confession abolie comme immorale au quatrième siècle. — Petite histoire de ce temps-là. — Mot typique d'un Spartiate.   19

CHAPITRE III

Sommaire. — Le messie israélite. — Prophéties non réalisées. — Louis IX *promoteur de l'inquisition* en France — Canonisé pour ses dons à l'Église. — Les cœurs d'élite. — Les Bonnes Religieuses. — LE PARRAIN DE PARIS. — Son cadeau de baptême. — L'antipape Innocent II. — Son entrée à Paris. — Prouesses d'Anaclet II, le pape dit légitime. — La bulle d'Innocent VIII en 1484. — Ses conséquences à travers les siècles. — La bonne foi des princes catholiques. — Charles-Quint et Philippe II ; — ineptie de ce dernier. — Histoire navrante sous Philippe le Bel. — Le baptême ou le bûcher   39

CHAPITRE IV

LES TEMPLIERS

Sommaire. — Une énigme devinée. — Jugement de saint Bernard sur les Templiers. — Critique vivante des mœurs du clergé. — Philippe le Bel ; excommunié par deux papes ; — La préparation d'un complice. — Rendez-vous mystérieux.— Le futur pape.— Les conditions.— L'émeute. — Philippe sauvé par les Templiers. — La vue d'un trésor. — Catastrophe au sacre de Clément V. — Le livre des Hospitaliers. — Arrestation des Templiers. — Pièges et tortures. — Récusation du procès par le Concile œcuménique de Vienne. — Lâcheté des courtisans. — Convoitise des souverains. — Aucune explication catholique ne peut justifier les crimes de l'Église   57

CHAPITRE V

LA MILICE DU CHRIST

Pages.

Sommaire. — Le catholicisme du Roi-Soleil. — Cupidité
d'une famille noble. — Opinion de Proudhon sur le prêtre.
— Les blasons qu'on redore. — Les outrages de l'Eglise
se retournent contre elle — Juifs et Chrétiens victimes de
l'Église. — Nécessité de l'union des Peuples.—Pamphlet
de Léon XIII, contre les Franc-Maçons. — Les sociétés
secrètes de l'Église catholique. —Le roi des bourreaux. —
La milice du Christ. — Le pacte de sang. — Ce que l'Église
catholique fait des relations de familles.   80

CHAPITRE VI

LES FRANCS-MAÇONS

Sommaire.— Léon XIII contre les Francs-Maçons.— Excitation à la haine par un pape. — Personnages maçonniques.
— Pie IX franc-maçon ; — pièces authentiques. — Bulles
des papes. — Le mal dont elles sont cause. — Rétablissement de l'inquisition par les Bourbon d'Espagne en 1815.
— La Junte apostolique — Histoire d'un officier F.·. M.·.
en Espagne. — Les prisons épiscopales. — Le Messie de
l'Espagne traîné sur la claie. — Un Juif brûlé à Madrid en
1826.—Protestant au bagne pour une bible.—Cannibalisme,
des élèves de la sainte Église. — Résultat de l'éducation
catholique.
LES FRANCS-MAÇONS. — Leurs convictions ; — leurs
prières. — Le secret de la F.·. M.·. dévoilé. — Poésies
maçonniques. — Histoire d'un voyageur trois fois sauvé
par le signe maçonnique. . . . . :   95

CHAPITRE VII

Sommaire. — Le ministère catholique du 16 mai. —
Prouesses de M. de Broglie. — Les perles de la magis-

Pages.

trature catholique. — Les coupables impunis. — Les
ministres prévaricateurs. — Les faux nez. — Les
coureurs de portefeuilles. — Un nouveau 16 mai. —
M. Rouvier et les droites. — Protestations du *Pays*
contre le nouveau ministère. — Lettre de M. Colfavru.
— Le gouvernement personnel de M. Grévy. — Le
général Boulanger. — Blâme universel infligé au Gouvernement. — L'anarchie bourgeoise par M. Laisant. — Le
cléricalisme et son compère   121

CHAPITRE VIII

LES JÉSUITES

Sommaire. — M. Bethmont aime les jésuites. — Le pape
Paul III. — Petite biographie. — *Les jésuites ;* —
leurs hauts faits. — Les calamités qu'ils suscitent. — Condamnation. — Bannissement de France en 1763. — Abolition
de leur ordre par Clément XIV en 1774. — Le pape meurt
empoisonné. — Pie VII rétablit les jésuites. — Le clergé de
France en 1789. — Retour des Bourbon en 1815. — Le
clergé en 1887. — Tous jésuites. — Les Ultramontains.
— Ce qu'en pense l'*Opinion*. — *La Lanterne* et son
Directeur. — Ces braves gens de rois. — Conversion
de l'Église catholique à la barbarie des Francs. —
L'Église s'empanache et se blasonne. — L'Église catholique devenue et restée féodale n'a plus rien d'humain. — Utile à rien, nuisible à tout.   134

CHAPITRE IX

Sommaire. — MARAT. — Son histoire est à faire. — Ses
œuvres littéraires et scientifiques. — Acharnement de ses
ennemis. — Le triomphe. — Paroles que le Peuple ne doit
pas oublier. — Sa prédiction. — Erreur de Charlotte
Corday. — Sa ruse pour obtenir une entrevue. — Mort de
Marat. — Sa prédiction se réalise. — Les Sans-culottes ont
défendu la Patrie. — La bulle du pape Pie VI. — Elle fait
égorger les prêtres constitutionnels. — La royauté a perdu

le sens de la France. — Peut-on perdre ce qu'on n'a jamais eu ? — L'inconnaissance des Nations est héréditaire chez les Bourbon ; M. Drumont ne dit pas tout ce qu'il sait sur eux. — Louis XVIII. — Orgueil sacrilège du clergé. — Puissance occulte dont il faut se défier. — *Un nouveau Canossa!* — Grégoire VII. — M. de Bismarck associe Léon XIII à sa politique. — Le pape dirige les élections en Allemagne. — En France il ordonne la candidature Ferry. — Résultats de l'éducation catholique. — L'Eglise des apôtres n'a rien de commun avec l'Église impériale de Nicée. — Maxime d'Isaac Pereire 156

CHAPITRE X

LES PRINCES

Sommaire. — Ce que coûte un parvenu sur le trône. — L'élu de l'Église. — Catéchisme impérial. — Race royale maudite depuis Louis XIV. — Louis XVIII. — Il ne veut pas reconnaître son neveu. — Tentative de meurtre. — Louis XVII. — Le duc de Berry le reconnaît. — Le duc de Berry assassiné. — La terreur blanche. — Charles X livre la France aux jésuites. — 1830 le renvoit en exil. — Louis-Philippe Ier. — Le prince Ferdinand. — La princesse Hélène. — Chute de Louis-Philippe. — La deuxième République. — Trahie par le neveu comme la première par l'oncle. — La troisième République. — Le comte de Paris. — Un fils reniant le testament de son père. — Le Droit Divin selon l'Eglise. — Le Droit Divin selon l'*Eternelle Justice !* — Le droit de la force. — Le Droit Divin selon la Justice, c'est le DROIT NATIONAL DES PEUPLES. 178

CHAPITRE XI

Sommaire. — Un aveu précieux — La haine prussienne. — Les Peuples ont soif de Justice. — Les opinions de Mme de Bismarck. — Autre opinion de ceux qui ne sont ni catholiques ni protestants. — La droiture des Capétiens. —

Les trois dynasties se valaient. — Louis IX et son chêne.
— Roi de nom, moine de fait. — Ses dilapidations cléricales.
— Ses fausses reliques. — Ses opinions en matière de foi.
— Le Martyre de nos Pères. — L'Église et le Trône. — Le
saint-office au service des commissions mixtes. — L'Étoile
du Mérite civil reste à créer. — L'Archevêque de Paris en
1848. — Les vengeances réactionnaires. — Ce qu'elles ont
coûté. — 1871 et l'industrie française. — M. Trochu; —
opinion des francs-tireurs à son égard 197

CHAPITRE XII

Sommaire. — Courtoisie prussienne. — Le banquier Bleichrœder et ses convives. — L'*Empereur Julien*. — Naïveté
de l'impératrice Eugénie. — L'instrument des jésuites. —
Un portrait ressemblant. — Rochefort n'est pas un féodal.
— Le treizième siècle. — Ce qu'étaient les chevaliers du
temps de saint Louis. — Curieuse lettre du cardinal de
Vitry. — A quoi ce cardinal compare les nobles de son
temps 218

CHAPITRE XIII (2e volume de M. Drumont)

Sommaire. — L'insurrection d'Alger. — Ce que l'Espagne
a gagné sous la domination de l'Église. — Louis-Philippe
et l'Algérie. — Le conservateur catholique. — L'inquisition à Rome au dix-neuvième siècle. — Le christianisme
clérical. — L'infaillibilité devenue un dogme. — Coup de
balai nécessaire. — *Hors de l'Église est le salut.* — La
Civilisation conservée malgré l'Église. — Le privilège d'une
caste. — Les Anglais aux Indes jugés par des Anglais. —
Ne pas confondre une noble Nation avec son gouvernement. — 900 mille personnes mortes de faim. — Les princes
guerroyeurs; — ce qu'en pense un mourant au siège de
Paris. — L'euphémisme, voilà l'ennemi. — La noblesse
d'argent et la noblesse de papier. — Les Gaulois valaient
bien les Francs. — Nobles occupations des féodaux.
— Inconséquence de la noblesse héréditaire. — Les
trois dynasties françaises sont trois usurpations. —
Complicité de l'Église dans le mal. — Les derniers
Bourbon. — Un royal Caïn 232

CHAPITRE XIV

Pages.

Sommaire. — La noblesse dont M. Drumont n'est pas content. — La noblesse était fort contente de François Ier. — Le roi-chevalier, bras séculier de l'inquisition. — Comment l'*Essénien Philon* comprend la noblesse. — Elle ne peut être que personnelle. — Métamorphose d'un diplomate français en prince prussien. — Les ambassadeurs qui votent contre leur gouvernement. — Anecdotes sur le roi-soleil. — Un Pays compromis par son roi. — Samuel Bernhard. — L'album de Ferrière. — La probité d'Anselme de Rothschild comparée à celle de certains rois. — Etat de Léo Taxil. — Inutilité de l'Église catholique. — Les accommodements avec... les bons dîners ; — ne pas juger les Femmes sur les échantillons de l'Église   253

CHAPITRE XV

LES FEMMES

Sommaire. — La Femme et ses détracteurs. — L'abbé Châtel. — M. Legouvé. — Mlle Hubertine Auclert — La citoyenne Rouzade. — Mlle Maria Deraismes. — Les Femmes décorées. — Mme Furtado-Heine. — Un exemple à suivre. — Société d'Alsace-Lorraine. — Mme Boucicaut. — La Société boiteuse. — La Femme la redressera. — *La Revanche de la France*. — Responsabilité des éducateurs. — Tolérance incompréhensible pour les malfaiteurs. — La mendicité interdite aux Laïques ; — Permise au clergé. — Rapace cupidité de l'Église catholique. — Encore le denier de Saint-Pierre. — Misère et suicides.   270

CHAPITRE XVI

Sommaire. — L'Église devrait suivre les conseils qu'elle donne. — Ses pourrissoirs. — Un notaire clérical. — Les banqueroutiers catholiques. — 50 francs d'amende pour 3 millions volés. — Coligny calomnié. — Petite revue pon-

tificale. — Pie V soudoie la Saint-Barthélemy. — Ses prédécesseurs. Ses successeurs l'ont approuvée. — Catherine de
Médicis en a été la tête de Turc. — La papauté est seule
responsable. — Grégoire XIII célèbre ce massacre par des
réjouissances publiques. — Le saint tarif de Jean XXII. —
Calvin. — Protestants et catholiques. — Histoire d'une
petite perle. — L'intuition des masses à l'endroit du clergé.
— Tergiversations de l'Église à l'endroit du divorce. —
Petites histoires anciennes et contemporaines.   287

CHAPITRE XVII

Sommaire. — La Prédestination. — L'évêque d'Hippone. —
Les doutes de Mlle Bashkirtseff. — Les contradictions
de saint Augustin. — L'ESSÉNIEN *et le catholique.* —
Les mensonges orthodoxes. — L'Église catholique est hérétique à toute Vérité. — Les évêques fouetteurs. — Les
ondulations de l'Église en matière de sentiments. — *Ce
qu'elle fait dire à son Dieu !..* — L'égoïsme et l'inconséquence. — Ces deux vices engendrent tous les crimes.
— La fréquentation des sacrements n'empêche aucune
scélératesse. — Les iniquités féodales. — La Révolution
n'était qu'un coup d'épingle. — M. Bethmont et les jésuites.
— Rencontre de *Jésus* et de saint Pierre. — Babylone
n'est pas Rome. — Ce que les Nations gagnent avec les
princes catholiques. — « Des hommes qui ne sont ni des scélérats ni des imbéciles. » — Qu'auraient fait de pire ceux qui
auraient été 'un et l'autre ? ? L'EMPIRE DU MAL ! ! ! . .   311

CATHOLICISME ET JUDAÏSME

RÉPONSE A LA **FRANCE JUIVE**

CHAPITRE PREMIER

Sommaire. — Les grands voleurs. — La double morale.
— Culpabilité du législateur. — La répression n'atteint
que les petits coupables. — Les actions du Honduras. —
Les opportunistes et l'opinion publique. — Elle attend
une résurrection morale. — L'orgueil n'est pas la grandeur. — La liberté de parler sous les Romains.—Comment
la civilisation s'est effondrée.—Les enseignements de la
Bible. — Le Père des Humains. — Influences pernicieu-
ses de l'erreur sur l'être humain. — Les conservateurs
souriants. — Les Arabes. —Galilée. — La solidarité des
Juifs. — M. Disraéli. — Un euphémisme déshonoré. — A
propos des jésuites.— Un des leurs devenu roi.— L'Allemagne et les fils de Loyola. — La cupidité de l'Église
définie par Victor Hugo.

(Préface de M. Drumont (1) page III et IV.) Voulant remonter aux causes des déviations morales

1. Les assertions de M. Drumont sont indiquées par le chiffre de
la page de son ouvrage; ses paroles sont guillemetées ; lorsque la
réponse exige un certain développement, elle fait l'objet spécial
du chapitre.

dont se plaint l'auteur de la *France Juive*, nous ne pouvons admettre que les Juifs seuls soient dévorés de cette soif de l'or qui s'empare de presque tous ceux qui le manient, et il nous sera facile de prouver que depuis les plus hauts fonctionnaires juifs ou chrétiens jusqu'au plus infimes brocanteurs, la passion de ce métal leur fait faire toutes les bassesses pour le cumuler.

Chacun a le droit de s'enrichir par le travail, qui fait la prospérité d'un pays ; c'est même là le signe de la véritable noblesse basée sur la probité. Personne n'a le droit de s'enrichir aux dépens d'autrui, encore moins aux dépens de ceux dont le labeur pénible nourrit à peine son homme, dont la plus mince épargne représente une somme de dures privations. Or, quand une affaire de *manieurs d'argent* se présente, comme celle des actions de Honduras, le législateur a le devoir de faire *une loi pour l'expropriation de la fortune du misérable* qui a trompé sciemment la confiance publique, en faisant reverser cette fortune mal acquise au profit de ses victimes !

D'après M. Drumont, les Etats de Honduras n'auraient pas l'importance d'un département français, et seraient pauvres au point de ne pouvoir payer la rente d'une somme de 400.000 francs empruntée naguère. Et c'est sur ce royaume aussi minuscule qu'insolvable que trois banquiers (dont il cloue les noms au pilori de l'indignation publique) auraient enlevé à la petite épargne 157 millions dont 17 millions pour la publicité, et se seraient partagé à eux trois 140 millions, tandis que les infortunés souscripteurs perdaient le capital sans avoir touché de dividendes et que, de son côté, le gouvernement de Honduras affirmait n'avoir pas reçu 50 centimes.

Que de tels vols puissent se produire dans une société civilisée, c'est à n'y pas croire ; bien des gens sont au bagne pour beaucoup moins ; mais grâce à une inconcevable indulgence, *les manieurs d'argent* s'imaginent ne pas avoir plus de compte à rendre qu'un ministre tombé n'en rend de ses malversations.

Lorsque *la justice* se montre si implacable pour le malheureux qui dérobe un pain pour ses enfants!... Toujours les deux poids qui *la feront boiter* jusqu'au jour où il faudra marcher dans la droite voie. En attendant, certains ministres ne feront point apurer leurs comptes, et les banquiers sans conscience contineront à spolier leurs clients comme de vulgaires filous, sans distinction de religion.

Depuis Enguerrand de Marigny du xive siècle, ministre des finances, les de Luyne, les Richelieu, les Mazarin jusqu'à nos jours, le premier fut pendu ; mais les autres ?...

En 1664 on voulut renouveler la chambre de justice créée par Sully sous Henri IV, pour faire rendre gorge aux officiers comptables, aux gens d'affaires qui ne devaient pas rester impunis. Mais l'influence des financiers fut si grande que cette justice fut paralysée malgré l'excellent discours de Denis Talon, nommé procureur général auprès de cette chambre de justice.

« L'anéantissement de ces fortunes mal ac-
« quises, dit-il, est le plus agréable sacrifice que
« l'on puisse présenter à la justice divine... » — Et
plus loin : « La modération excessive que l'on
« a pratiquée vis-à-vis des traitants et des usuriers
« n'a servi qu'à irriter l'avarice et l'avidité de ceux
« qui s'imaginent qu'il en est des fortunes comme
« des conquêtes, qu'elles acquièrent non seulement
« de la sûreté, du relief, de la noblesse, et peut-
« être de l'innocence quand elles sont en état de
« pouvoir se racheter du péril par la grandeur et le
« partage du butin.

« Il ne faut pas que l'on mette désormais en
« commerce l'impunité non plus que la licence de
« mal faire ! »

Mais les gredins forcés de rendre gorge d'une
partie de leurs vols, recommençaient leur sinistre
commerce d'usure et autres comme de plus belle,
leur trop-plein allait se perdre dans les coffres
de Louis XIV pour ses fêtes impudentes, insul-
tant à la misère du Peuple, sans que ce roi sans
cœur songeât un seul instant à dédommager les
victimes de ces odieux traitants dont il bénéficiait.

Ce fut encore pis sous la Régence, la maladie du
luxe et de la représentation inoculée par le roi-soleil,
gagna toutes les classes, ce fut un débordement de
convoitises et d'expédients de toutes sortes pour se
procurer de l'argent, et les fortunes fabuleuses des
escrocs de la finance, s'accrurent en proportion de
la misère des travailleurs ; ce fut à un point, que
le plus coupable, le régent, donnait le premier

l'exemple de toutes les turpitudes qui peuvent déshonorer un homme, ce qui ne l'empêcha pas de draper son indignation dans son édit au nom du roi (de 1716) qui rétablissait la chambre de justice, en disant :

« Les fortunes immenses et précipitées de ceux qui se sont enrichis par ces voies criminelles, l'excès de leur luxe et de leur faste insulte à la misère de la plupart de nos sujets... les richesses qu'ils possèdent... sont la subsistance de nos peuples... ces manières de s'enrichir sont autant de crimes publics que les lois ont tâché de réprimer dans tous les temps... L'exécution de ces lois n'a jamais été plus nécessaire que dans un temps où les crimes quelles condamnent ont été portés aux derniers excès et ont causé la ruine presque entière de tous les ordres de notre royaume. Mais ce qui est peut-être plus digne d'attention, c'est que cette corruption si intense gagne jusqu'aux magistrats chargés de la combattre, d'en réprimer les effets, d'en anéantir les bénéfices. »

— « Sur les sièges mêmes de cette chambre de justice, l'argent fit des victimes et soumit des consciences. » (*Les Manieurs d'argent*, Oscar de Vallée.)

Les politiciens voudront bien remarquer que cette corruption pécuniaire avait *causé la ruine presque entière de tous les ordres* du royaume, et qu'à ce titre elle avait déjà préparé la matière des révolutions futures, — dit le même auteur qui pourtant est un admirateur des rois et les couvre d'un manteau brodé d'euphémismes, mais c'est un honnête homme et son livre est une belle et bonne œuvre.

Quant à la chambre de justice, pour la férocité et l'iniquité, ce fut une véritable Inquisition, comme elle recevant des dénonciations fausses, condamnant *des innocents* et sauvant des coupables, s'abritant sous la déclaration royale, qui défendait sous peine de la vie de médire des dénonciateurs !..

On voit que la justice de ce temps n'était pas meilleure que celle d'aujourd'hui, le Peuple la méprisait alors autant que le Peuple de notre époque ; l'urgence de réformer la magistrature et les lois se fait généralement sentir, quoiqu'en disent messieurs de la droite ou de la gauche.

(P. VI.) « Toutes les fortunes juives se sont constituées de la même façon », dit M. Drumont. — Et les fortunes royales et princières ? il serait curieux d'en connaître la source ; et celles de la noblesse si fière de ses aïeux dont la fortune tout entière est le fruit du pillage et de l'extorsion ? Il ne faudrait donc pas avoir les Juifs pour seul objectif, et nous faisons de grandes réserves sur le remède pire que le mal, que propose M. Drumont, car le mal qui ronge la société européenne n'est pas irréparable ; l'auteur de la *France Juive*, en portant d'une main si virile la lumière dans l'œuvre ténébreuse des ennemis du Progrès, a fait certainement une œuvre de conscience qui appelle une solution. En attendant que la République ne soit plus étranglée par *les opportunistes* et les *monarchiens*, nous faisons appel *à tous ceux qui sont Français* et veulent *le règne de la Justice et de la Vérité* pour qu'ils soutiennent *les revendications de l'opinion publique.*

La réforme des lois en matière de finances est d'une absolue nécessité.

(Même page.) M. Drumont dit : « que la famille Rothschild possède 3 milliards rien que pour la branche française... » En moins d'un « siècle, toute « la société sera livrée pieds et poings liés à quel- « ques centaines de banquiers juifs. » — 3 milliards, juste ce que le roi-soleil a dépensé dans ses inepties de fausse gloire. On ne peut pas reprocher aux Rothschild de dilapider les fonds publics, ils pensent aux malheureux et donnent des secours sans distinction de culte, ce qu'on ne voit pas pratiquer chez MM. les cléricaux qui suivent en cela, l'exemple de *leur bonne mère sainte Eglise*, affirmant que « hors de son sein point de salut », conséquemment point de secours.

Quant à être dominé par un roi juif ou chrétien, peu importe sa religion ; mais ce qui est important, c'est de ne pas être sous le joug de la monarchie, qui est la source de toutes les corruptions ; sous ce point de vue, le roi juif ne vaudrait pas mieux qu'un roi chrétien et *vice versa.*

Dans la nomenclature des exploiteurs de la misère, qui s'acharnent sur la Patrie, nous serons en conscience obligés de faire une large part de responsabilité à certains personnages que M. Drumont laisse dans l'ombre et qui méritent les opprobres de la sellette.

Il faut se hâter d'arriver à une résurrection morale,

qui seule peut donner satisfaction aux aspirations les plus nobles de l'esprit et aux besoins matériels auxquels ont droit tous les membres de la famille humaine, sans distinction de nationalité ni de culte.

(1er vol., page 3.) M. Drumont dit : « Que le vulgaire affirme que le Juif est lâche — et il répond : « Dix-huit siècles de persécutions avec une force « d'endurance incroyable, témoigne que si le Juif « n'a pas la combativité, il a cette autre forme qui « est la résistance. »

— M. Drumont rend justice aux Israélites en ce moment et se montre si hostile dans tant d'autres circonstances, qu'on le croirait victime *d'une suggestion occulte implacable.*

« Lorsque nous voyons, dit-il, certains hommes « qui sont riches, honorés, ayant des noms, servir « un gouvernement qui outrage toutes leurs « croyances, pouvons-nous sérieusement traiter de « lâches des gens qui ont tant souffert plutôt que « de renoncer à leur foi ? » — Puis il fait une peinture saisissante des mœurs contemporaines de cette noblesse si éprise d'elle-même ; il est convaincu comme nous, que ces prétendus grands noms ne sont ni à la hauteur de leur devoir, ni de leur situation ; mais où il se trompe, c'est en croyant à leur déchéance. Comme si *l'orgueil* pouvait jamais être la grandeur, *et l'honneur*, le résultat d'une prétention. Sans doute que sous le gouvernement *de la force et de la violence*, ils ont pu étaler *une noblesse d'apparat*, quelques-uns d'entre eux ont pu et peuvent avoir de vrais sentiments nobles, faire des actions méritoires et glorieuses ; mais ceux-là sont en petit nombre, tandis que la généralité est tellement orgueilleuse qu'elle en est souvent blessante et donne envie de rechercher ses titres, alors... mais n'anticipons pas.

Quant à la bravoure de la noblesse, elle est incontestable ; mais elle ne lui est pas exclusive. La bravoure est inhérente aux races gauloises et franques. Ces derniers mettaient le métier des armes au-dessus de toutes les professions et s'en faisaient un élément de fortune. Nous estimons que *la bravoure du pompier* qui combat l'incendie, *celle du matelot* qui brave une mort certaine pour sauver un naufragé, vaut infiniment mieux que les rodomontades des raffinés d'honneur.

(P. 6.) — Parlant de la civilisation romaine, M. Drumont en fait l'éloge, les Romains avaient hérité des Grecs. L'histoire de ces deux grands peuples par leur philosophie et leurs grands hommes ont fait pour ainsi dire les frais de toute l'éducation morale de nos collèges. Malheureusement les Gaules ayant subi par force le joug de la barbarie des Francs, ont dû subir l'ignorance pendant des siècles, jusqu'au réveil de 1789 !... Mais qui donc avait jeté un drap mortuaire sur cette Gaule devenue France?... Les responsabilités inéluctables retombent de tout leur poids sur les contempteurs de la loi irréfragable qui régit l'espèce humaine.

Ainsi cette civilisation qui permettait aux Israélites, *du temps de Jésus* d'aller entendre les conféférences *des écoles essénienne* et *pharisienne*, d'y prendre la parole et cela, sous le joug des Romains qui n'avaient pas inventé les *opinions délictueuses* et laissaient à tous la liberté d'exprimer leurs pensées... cette civilisation s'est effondrée sous la prétention des barbares, aidés d'une église qui avait déjà renié son Maître, ne se servant plus de sa morale que comme *d'une enseigne à son trafic illicite*. Il ne faut souvent *qu'un homme* orgueilleux et coupable pour imposer comme un droit, la plus odieuse des iniquités, celle qui détruit la loi de l'ETERNELLE JUSTICE qui veut pour toutes les créatures, la Raison et le libre arbitre.

Tout fut mis en œuvre par la nouvelle église pour faire les ténèbres autour des intelligences ; l'ignorance pouvait seule rendre possible *le règne de l'éteignoir et de la torche.*

(P. 20.) « Le droit du Juif, dit M. Drumont, à « opprimer les autres nations, fait partie de sa « religion, il est pour lui un article de foi. Il est « annoncé à chaque ligne dans la Bible et le Tal- « mud : — Tu gouverneras les autres peuples que « tu soumettras avec une verge de fer ; tu les bri- « seras comme le potier fait un vase. »

— Dans le Deutéronome, en parlant du Dieu de la Bible : « Il consumera peu à peu les Nations, car « vous ne pourriez les exterminer toutes ensem- « ble de peur que les bêtes de la terre ne se mul- « tipliassent trop »

(Toujours le même bon Dieu.) « Il vous livrera

« leur roi entre vos mains, vous détruirez jusqu'à
« leur nom, rien ne vous résistera. »

Tout le monde sait que les chrétiens ont la
même Bible et le même Dieu que les Juifs, et que les
chrétiens ne se sont pas fait faute de massacrer,
piller et voler leurs adversaires. Or, toute religion
qui conduit à de pareilles monstruosités est con-
damnable et condamnée. Si parmi les Juifs il en est
quelques-uns pour rêver l'empire du monde, ils
ne sont pas les seuls. Les catholiques, protestants
ou païens ont fait ce rêve insensé, ce qui prouve
qu'aucun de ces peuples n'a possédé la *Vraie Religion*, qui heureusement a toujours existé au milieu
des plus horribles persécutions que l'église catholique ait fait subir à toutes les sectes qui avaient
gardé au fond de leur cœur la morale de Jésus,
qui était le pur ESSÉNIANISME, c'est-à-dire : *l'indulgence, l'amour fraternel et l'union de tous les membres de la famille humaine sous l'œil du* PÈRE *des
humains*, qui n'est ni le Dieu des armées des Juifs,
ni le Dieu partial de la prédestination des catholiques ; mais LE DIEU *de la Justice pour Tous*. Il n'a
donné à personne le droit de le représenter. Ayant
inscrit sa loi irréfragable dans le cœur de tous les
hommes en leur donnant le libre arbitre et la raison pour l'exécuter : « Ne faites à personne le mal
que vous ne voudriez pas pour vous-même ! »

M. Drumont continue sa critique sur la Bible
sans s'apercevoir que tous ses coups portent sur
le *Catholicisme* aussi bien que sur le *Judaïsme*.

Au sujet de Jéricho, dont les murs, dit la Bible,

tombèrent au son des trompettes, écoutons l'ordre du Dieu des Juifs :

« La ville sera mise en interdit. » — C'est-à-dire que tous les habitants seront massacrés. — « Seule-
« ment Rahab, elle et tous ceux qui seront avec
« elle dans la maison *vivront*, parce qu'elle a caché
« les messagers que nous avions envoyés. »

« Mais tout l'argent et l'or, les vaisseaux d'airain
« et de fer seront sanctifiés et entreront dans le tré-
« sor de l'Éternel ! »

« Puis tout sera passé au fil de l'épée, hommes,
« femmes, vieillards, enfants, jusqu'au bétail. »
Ils brûlèrent la ville et tout ce qui s'y trouvait ;
mais l'or et l'argent furent portés au trésor de l'Eternel. » (Josué, ch. vi, v. 17 jusq. 24.)

— Ainsi la femme du pays qui avait caché les espions venus pour connaître les forces de la ville fut seule épargnée ainsi que ses amants. C'est donc licite de trahir son pays ?... et comme le bout de l'oreille se dévoile, indiquant la main du chef faisant parler l'Eternel pour se faire la part du lion. N'est-ce pas l'élu du Dieu terrible qui commande l'extermination des vaincus ? On comprend l'intérêt de certains souverains à préconiser et à propager la Bible. Ils y trouvent leur compte.

En dépit des religions inventées dans l'intérêt de l'arbitraire, les hommes de bien n'en conservent pas moins dans leur conscience les immortels principes de la Justice et du Droit, qui s'imposent quand même.

Mais combien d'infortunés s'égarent dans le

labyrinthe des contradictions de leur église... et se trouvent comme dans un impasse avec des guides dont les intérêts sont de les égarer !

Pour un enfant, le texte d'un livre qualifié sacré, ne doit être que la Vérité. Lorsqu'il demande à son confesseur des éclaircissements, celui-ci ne manque pas de lui répondre que ce sont des mystères qu'il ne faut pas approfondir, et l'enfant, hanté par les menaces du Dieu de la Bible et de l'Église, condamnant à l'enfer éternel le manque de foi, fait des efforts inouïs pour croire sans y parvenir. De là : altération de la santé, imagination frappée, visions de spectres, affolement, terreur, et cela peut durer jusqu'à l'âge viril (même au delà [1]) ou la constatation des iniquités sociales ravive ses réflexions douloureuses il se demande avec anxiété : « Est-ce que Dieu est juste ? — « S'il ne l'est pas, qui donc le sera ? Et s'il l'est, « c'est donc que la Bible a menti. »

De là *le doute*, cette cruelle maladie terminée trop souvent par la folie et le suicide, n'ayant d'autres causes que le subtil poison distillé par ces prétendus livres saints.

(P. 28.) « Vous connaissez mal les conservateurs

1. L'homme est tellement poursuivi par les premières impressions de l'enfance que les plus scélérats en subissent les conséquences jusqu'à la fin de leur vie.

Louis XIV craignit l'enfer éternel jusqu'à sa dernière heure, et ne fut rassuré, sur le rachat de ses crimes, que par l'œuvre catholique du massacre des protestants, auquel le jésuite Letellier l'avait poussé de toute son autorité de confesseur.

Voilà à quoi tiennent souvent les destinées des peuples avec de princes catholiques ! Il suffit d'un jésuite pour perdre une nation !...

« catholiques, dit M. Drumont, ils sont habiles avant
« tout. Ils n'osent déplaire aux Rotschild, procla-
« mer la vérité, montrer les choses telles qu'elles
« sont ?.. *Ils souriaient* d'un air malin et semblaient
« nous dire *laissez-nous faire;* encouragés par le
« succès de leur habileté, *ils sourient* encore
« aujourd'hui.... et souriront d'un air de plus en
« plus malin sur *la charrette* qui les emmènera au
« supplice ! »

— Nous aimons voir M. Drumont faire la part qui
est due aux catholiques plus ou moins *conservateurs
d'abus;* mais quels que soient leurs fautes et
même leurs crimes dans nos désastres, ils peuvent
encore se convertir et n'ont aucun supplice à craindre; en comprenant la Justice, ils pourront encore
sourire tout à leur aise à l'union *universelle.*

Quant aux Arabes, qui se sont battus avec nous, ils
ont bien gagné leur nationalité française, c'était une
double faute que de l'accorder aux Israélites sans
la donner aux enfants d'Ismaël. Les peuples conquis doivent être gagnés par le cœur, par les procédés qu'un frère sait employer pour un frère. C'est
pour avoir fait le contraire que l'Angleterre ne
pourra jamais conquérir *l'Irlande.* Il ne faut pas
oublier que le peuple arabe a eu sa grandeur et son
empire. Il a un grand respect pour l'homme loyal
et fidèle à sa parole. L'Arabe est essentiellement
assimilable, mais il faut lui prouver qu'on est
soi-même digne d'estime et qu'on sait apprécier le
Devoir et l'Honneur !

(P. 35.) M. Drumont ne devrait pas se moquer

des Israélites au sujet du firmament (Makiak) percé d'ouvertures, par lesquelles la pluie tombait. — Est-ce que l'Église n'a pas les mêmes naïvetés dans ses enseignements, sans parler de ses sept ciels superposés, et pour rendre inamovibles ses naïvetés, elle brûle les savants et leurs livres dans l'espoir d'étouffer la Science : si Galilée, après une longue détention dans les cachots du Saint-Office, a pu sortir d'un pareil gouffre, c'est que plusieurs souverains sont intervenus, et l'Église, à son grand regret, n'a pas osé aller jusqu'au bout dans sa vengeance. Dès ce moment, elle dut sentir que son Saint-Esprit avait du plomb dans l'aile.

(P. 39.) « La question religieuse ne joue qu'un rôle secondaire à côté de la question de race. Dans ceux-mêmes qui ont abandonné le judaïsme depuis deux ou trois générations, le Juif sait retrouver les siens, il épargne un ennemi parce qu'il a reconnu que c'était un frère qui avait perdu sa route ! » — Mais, c'est tout à l'avantage des Israélites, l'on ne pourrait pas dire d'eux ce que les Romains disaient au IVe siècle des chrétiens : « Ils se dévorent comme des bêtes fauves pour la moindre dissidence. » Nous pourrions en dire autant au XIXe siècle, lorsqu'au siège de Paris en 1870, on a vu ces excellents chrétiens de Prusse tirer sur les ambulances, mettre le feu aux chaumières, tuer les femmes et les enfants, rôtir des francs-tireurs. On est bien convaincu que religions *catholique* ou *protestante* se valent en fait d'humanité, et qu'il est temps pour tous les peuples de se convertir à de meilleurs sentiments.

D'après M. Drumont, *la solidarité* a été la sauvegarde du peuple juif. Il convient de l'en féliciter, car il a donné un grand exemple qu'il faut suivre dans l'intérêt de l'humanité.

Toute religion qui tend à la division, porte avec elle son signe de déchéance et de réprobation.

(P. 49.) Le ministre anglais Disraéli, convient « que la plupart des généraux et maréchaux du 1ᵉʳ empire, étaient juifs ainsi que la plupart des diplomates français et étrangers ! » — Ils sont donc susceptibles de courage et de talent, ce qui prouve qu'ils n'étaient point réfractaires au sentiment de la *Fraternité universelle*, et que les rois du moyen âge ont eu grand tort de les persécuter au lieu de les avoir traités en fils du PÈRE *des Humains*. Ils en auraient faits de précieux auxiliaires et des citoyens dévoués à leur seconde patrie aux jours de l'adversité.

(P. 50.) « M. Disraéli prétend que beaucoup de « membres de la compagnie de Jésus ont été juifs », et là-dessus, M. Drumont affirme qu'un Juif n'y a jamais mis le pied. « Tant mieux pour les Juifs. » Cependant M. Disraéli, pour le dire, doit en savoir quelque chose comme étant de la famille d'Abraham.

Mais ce qui nous fait rêver, c'est que parlant de la célèbre Compagnie, M. Drumont la qualifie « *d'illustre* » !.. En tous genres de crimes, d'accord, l'histoire l'a assez démontré, et comme cet adjectif « d'illustre » déshonorant pour l'euphémisme, a besoin d'être rectifié, nous en faisons plus loin l'objet d'un chapitre spécial, énumérant sommairement ses titres à l'attention des contemporains.

Personne ne vise plus à l'empire du monde que cette société amphibie, dont la domination serait la pire de toutes, comme on a pu en juger par le règne des jésuites au Paraguay, sous le sceptre de Nicolas Iᵉʳ, un père qui n'était pas tendre : pour la moindre infraction à son règlement il faisait fouetter publiquement les femmes comme les hommes, etc.

La Divine Justice a donné à l'homme le libre arbitre, le jésuite fait de l'homme un esclave.

Si l'Allemagne oublie la guerre de Trente-Ans et le rôle infâme que les jésuites y ont joué, leur influence néfaste dans tous ses malheurs, qu'elle lise l'histoire secrète du gouvernement autrichien *par A. Michiels* ; à la veille de tomber dans le piège de Loyola, il faut que l'Allemagne soit édifiée sur la valeur de leurs enseignements, et sur ce que sont devenus *l'empereur Ferdinand II, et l'Allemagne dans la main des jésuites* ! Quant à la question d'en finir avec les Juifs, il n'est pas possible d'accepter qu'aucun peuple ait le droit d'en exterminer un autre. *Les massacres et les incendies ne seront jamais des raisons*, mais de pures atrocités dignes des officiers de l'Inquisition. Lire l'exemple ci-dessous (1).

1. *Budapest*, 24 juin 1887. — La petite ville de Duna Szerdahely, qui se trouve à quatre lieues de Presbourg, et qui a environ 4.000 habitants, dont les deux tiers sont juifs, a été presque entièrement détruite dans la nuit de samedi à dimanche. Le feu a éclaté dans quatre endroits différents dans des maisons juives. Ce sont des antisémites qui ont allumé ces incendies. Soixante-dix maisons ont été brûlées. Au milieu du trouble, on n'a pu constater s'il y avait des victimes.

(P. 39.) — La question religieuse est la plus importante. D'elle seule dépend la moralité, la dignité de l'être humain, les relations cordiales individuelles et internationales, la santé physique et le bien-être matériel des peuples.

En dehors des sentiments fraternels qui doivent unir tous les membres de la famille humaine, toutes les religions ne sont que des leurres et des hypocrisies. De toutes les églises, la plus effroyablement perverse et la plus dangereuse, c'est l'Église catholique, avec ses prêtres célibataires et son insatiable cupidité ; Victor Hugo a eu raison de dire :

> L'Église sur l'enfant fait peser les aïeux,
> Et met à l'ignorance un dogme sur les yeux ;
> Le prêtre apporte à l'homme une carte routière
> Du ciel profond, avec péage à la frontière :
> Fouille-toi, mort, on paie au pont du Paradis...
> Si tu n'as pas le sou, reste avec les maudits !
>
> (VICTOR HUGO, *Religion et religions*, p. 27.)

CHAPITRE II

Sommaire. — Aveu de M. Drumont. — M. Alexandre
Weill. — Falsification de la Bible judaïque. — La Bible
indienne. — M. Grévy et ses grâces intempestives pour
les assassins. — L'Aryen de M. Drumont. — Les explications de M. Jacolliot. — Les Orientalistes en chambre.
— Roueries des jésuites. — La légende de Christna reproduite par l'Église à 4.800 ans de distance. — Le
petit Jésus perdu et retrouvé. — Dures paroles que
l'Église lui fait dire à sa Mère. — Le chemin de Damas
de M. Drumont. — Les taxes de l'Église pour les péchés dont elle se fait des rentes. — Gentillesses du
pape Sixte IV. — Le *Livre des jeunes confesseurs*. —
Appréciations de la Femme par les Pères de l'Église. —
Résultats du célibat forcé et de l'éducation du séminaire.
— La confession abolie comme immorale au ive siècle.
— Petite histoire de ce temps-là. — Mot typique d'un
Spartiate.

(P. 84.) M. Drumont, parlant de M. A. Weill,
dit : « que c'est un caractère droit » ; — nous ajouterons que c'est un Juif d'élite qui s'est anobli
par son mérite et son talent. On peut donc s'étonner
de tant d'hostilité de l'auteur de la *France Juive*
contre un peuple qui produit de tels hommes.

(P. 85.) « Les Juifs, Jules Simon en tête, sont les
plus déterminés adversaires de la peine de mort,

non point tant pour la peine elle-même, puisqu'on l'appliquait dans le royaume d'Israël, mais parce que les formalités religieuses nécessaires pour l'exécution d'un Juif sont très difficiles à observer à notre époque. »

— Ceci est donc une preuve que la question religieuse tient une grande place dans la conscience des Israélites. La loi de Moïse, fort dure contre les blasphémateurs, n'en est pas moins une des plus sérieuses qui ait été faite dans l'intérêt d'une nation. Il est fâcheux pour cette loi qu'elle se trouve au milieu des élucubrations talmudiques.

Le Pentateuque lui-même n'a point été exempt des interpolations des anciens pharisiens au retour de Babylone, qui ont introduit une collection de versets dont les contradictions détruisent la loi de Moïse, si juste pour l'homme et la femme *égaux devant le Créateur*, *si libérale pour l'étranger et si humaine pour l'animal*, « considéré comme un frère inférieur » !

Malgré l'œuvre des scribes, qui ont fait du Talmud un assortiment compliqué de toutes les divergences des rabbins, le peuple juif en général ne tient aucun compte de ces contradictions, ne s'en référant qu'à la loi de Moïse, 1er chapitre de la Genèse, qui fait l'homme et la femme égaux en valeur et en droits, se complétant l'un l'autre, ayant les mêmes droits à l'instruction et aux votes des réunions nationales pour la sanction des lois (1),

1. Voir l'ouvrage remarquable d'Alexandre Weill (*Moïse et le Talmud*).

tandis que les scribes, pour établir la domination de l'homme sur la femme, imaginèrent la fable *de la Pomme et du Serpent* (qu'ils interpolèrent après le 1er chapitre de la Genèse de Moïse dans le 2e et 3e suivant), où la femme apporta le péché dans le monde », disent les théologiens catholiques (1).

Dans la Bible indienne (les Védas) c'est Adam (Adima) qui est le coupable, sa curiosité l'ayant poussé à vouloir visiter une contrée voisine, malgré la défense qui lui en avait été faite, et les supplications d'Eva ; *l'époux coupable* est suivi dans son exil du Paradis, par *l'épouse dévouée* dont il a méconnu les conseils. Loin de s'en prévaloir, Eva console le pécheur, et subi l'expiation qu'elle n'a pas méritée. — Cette Bible de l'Inde remonte à 12.000 ans avant Moïse ; ce qui ne permet pas de croire les jésuites, qui voudraient persuader que les Indiens ont copié la Bible hébraïque lorsque cette dernière n'est que la parodie de celle de l'Inde !

(P. 87.) « Le président Grévy, dit M. Drumont, gracie pêle-mêle les parricides, les empoisonneurs, les assassins de femmes et d'enfants », — sans se douter de l'indignation du peuple pour une indulgence que rien ne justifie. Il est immoral de constater sous une République, que la volonté

---

1. Il n'y a rien de commun entre la loi de Moïse et les contradictions de la Bible, complètement perdue dans la captivité, rétablie au retour à Jérusalem par les scribes, selon les traditions plus ou moins fabuleuses.

d'un homme suffit pour suspendre la loi! Tant qu'elle existe, elle doit être appliquée ; aucun n'a le droit, fût-il souverain, d'en annuler l'effet (1). Où se trouverait donc la sûreté du citoyen?... une licence en amène une autre ; qui peut répondre de l'avenir ? .. Le Président de la République, **avec un** droit aussi exorbitant, restera-t-il toujours correct dans ses attributions ???...

— Il nous semble que c'est aller un peu loin, en affirmant que « le Sémite ni le Juif ne peuvent avoir d'aspirations vers l'idéal, que l'*Aryen* seul « peut faire le rêve d'un être supérieur à tous, et « concevoir le chimérique espoir de rencontrer « une âme sœur de la sienne, le besoin de vivre ne « fût-ce que quelques heures dans la région des « sentiments purs, des amours ardentes, des ten- « dresses. »

Il nous est impossible de suivre l'auteur de la *France Juive* sur ce terrain ou plutôt dans ces nuages d'or et d'azur, sans nous heurter aux réalités matérielles de tous les peuples, où se trouvent à tous les degrés de l'échelle sociale, *des Aryens pick-pokets, gentilshommes de grands chemins ou de boudoirs* qui n'en sont pas moins des filous ou des prostitués.

En fait d'Aryens nous ne connaissons que les

1. S'il est vrai que chaque recours en grâce nécessite un examen minutieux dont le coût est de 30.000 francs avant que le rapport soit présenté au bon plaisir de M. Grévy, lorsque des instituteurs chargés de famille sont dans la misère, on ne comprend pas une telle dilapidation du budget en faveur des criminels de pire espèce.

ariens qui, voulant conserver l'ESSÉNIANISME dans l'Église, chargèrent l'évêque Arius de refuser en leur nom la divinité de Jésus imposée au concile de Nicée par l'empereur Constantin.

Quant à l'Aryen de M. Drumont, nous faisons nos réserves. Pour lui, tout ce qui n'est pas juif est aryen, cela est une erreur, et si l'ancienneté constituait la noblesse d'une nation, le Juif serait le plus noble des peuples d'Occident.

Nous lisons dans M. Jacolliot (le savant auteur de la *Bible dans l'Inde, — les Fils de Dieu*, etc.) : « Les « Orientalistes en chambre ont seuls accrédité « cette fable, qu'un peuple existait dans l'Inde « sous le nom d'Aryas ou d'Aryens, de là, à donner « ce nom à tous les peuples de l'Inde qui ont « émigré, il n'y avait qu'un pas. »

— Ce qui ne serait pas plus exact que si pour flatter les Français on les appelait *Académiciens*, à cause *des hommes d'élite de* France que l'Académie de Paris est censée représenter.

Nous laissons la parole à M. Jacolliot : « Le qualificatif d'Aryas ou d'Aryens signifie en sanscrit : prudents, excellents, vertueux, appliqué aux brahmes-Arya-Gourou (Illustre Maître) ; s'appliquait dans l'Inde avant l'introduction des castes aux hommes distingués par leur science, par leurs vertus et leur position. Il n'y a donc pas plus d'Aryas que d'Aryens au début de l'histoire de l'Inde, et nous défions les inventeurs de *ce peuple fabuleux* de baser leur opinion sur un seul texte sérieux et intelligemment traduit. »

M. Jacolliot est à l'index de la Sacrée Congrégation, de l'Inquisition et de l'aréopage des savants orientalistes de Paris. Pourquoi?...

M. le Docteur Wahu nous apprend dans un livre remarquable : *Le Spiritisme dans l'Antiquité* (1er vol. p. 3), qu'il ne faut jamais oublier deux choses :

« 1° La plupart des Orientalistes, c'est-à-dire
« les hommes savants qui jamais ne se sont aven-
« turés dans l'Inde, ont de tout temps *pris leurs*
« *renseignements* chez les prêtres des Missions
« étrangères *et chez les jésuites*. Ces hommes leur
« ont raconté que les Chinois sont athées, que les
« Indous sont athées, on sait qu'au dire des
« jésuites *tout ce qui n'est pas catholique est*
« *athée* (1).

« 2° M. Jacolliot s'est montré hostile aux jésuites
« et aux missionnaires en racontant que depuis
« deux cents ans ces messieurs ont un mot d'ordre,
« celui de se procurer le plus de manuscrits et livres
« contenant des matières littéraires philosophiques
« et religieuses pour les détruire... »

C'est pourquoi l'auteur de *la Bible dans l'Inde* est décrié, système de *Bazile*; et les bons jésuites brûlent tant qu'ils peuvent les ouvrages qui les gênent, système de *saint Paul et de l'Église*!

---

1. Ils sont monothéistes, comme le prouve le Dr Wahu dans son ouvrage.

On pourrait lire avec beaucoup plus de raison qu'eux, que tout ce qui est catholique est païen, en voyant la kyrielle de saints, de saintes, de madones, et de reliques que toute cette secte adore.

Comme M. le D' Wahu, nous préférons *aux Orientalistes en chambre* inféodés aux saintes congrégations, des savants tels que MM. *Dubois. de Jancigny, Hallet, Cicé*, qui ont habité l'Inde vingt et trente ans ; comme M. *Jacolliot*, parlant la langue du pays, traduisant le *sanscrit* et le *tamoul*, lié avec les Brahmes des pagodes. ayant à sa disposition leurs livres sacrés, d'après lesquels il a écrit ses précieux ouvrages, entre autres : l'*Histoire de Christna* annoncé par le dieu Brahma. Christna, ce messie de l'Inde, né d'une vierge, et supplicié par le parti des prêtres. servit de texte au saint Paul de l'Église pour sa Vie de Jésus, qui n'en fut que le plagiat à quatre mille huit cents ans de distance (1).

(P. 91.) Au sujet de l'ignorance religieuse dans laquelle les Israélites laisseraient les femmes, M. Drumont cite ces paroles du Sota (Talmud) : « Celui qui enseignerait à sa fille la loi sainte serait « aussi coupable que s'il lui enseignait des indé- « cences. » — Il y a erreur, la loi de Moïse ne contient aucune indécence. Il n'en est pas de même des livres de la Bible, du Talmud ; si c'est de ceux-là que le *Sota* parle, il n'a pas tort ; mais pourquoi

---

1. Dans la légende de Christna, il avait été annoncé par le dieu Brahma. pour racheter la faute originelle et ramener l'humanité au bien. L'apôtre Paul, qui avait étudié le grec pendant trois ans, était au courant de cette légende qu'il arrangea à sa façon dans les évangiles qu'il fit écrire à saint Luc, son secrétaire. Comme Jésus n'a jamais parlé *du serpent et de la pomme*. ni de la nécessité de racheter l'humanité d'une première faute, il s'ensuit que l'Église n'a aucune circonstance atténuante pour excuser sa fourberie.

reprocher au Juif ce qu'on accepte si bien de l'Église catholique, laquelle a toujours interdit la lecture de la Bible. N'est-ce pas illogique ? Or, les scribes comme les prêtres romains, *ont tellement* conscience des immoralités contenues dans leur Bible, qu'ils en interdisent la lecture aux fidèles ; mais ce n'est pas une raison de croire que les Juives ignorent leur religion. Nous avons connu plusieurs familles, dont les enfants étaient élevés dans le culte d'un Dieu juste et le respect des parents, de la mère surtout. On n'en pourrait pas dire autant de toutes les familles chrétiennes ; et quel plus bel éloge peut-on faire d'un peuple, que de dire avec M. Drumont : « Ici encore il faut louer le respect dont les Juifs « entourent un enfant de leur race. »

En comparant la conduite des catholiques a l'égard des leurs, c'est le contraire ; sans indulgence, ils se jalousent entre eux, ce ne sont qu'insinuations venimeuses ou calomnieuses. En général, ils ont le dédain de la femme, et les jeunes gens élevés par les ecclésiastiques l'ont en mépris. C'est à l'Église seule qu'incombe la responsabilité de cet état d'esprit. Ne fait-elle pas dire à Jésus parlant à sa Mère des paroles aussi déplacées que blessantes !

A une fête de Jérusalem, Marie cherche le petit Jésus pendant trois jours dans la ville, sur la route, au milieu de ses amis. Tous se mettent à sa recherche ; ce fut Marie qui le trouva au milieu des Docteurs *esséniens*. « Ah ! lui dit-elle le cœur palpitant, nous vous avons cherché, votre père et moi, depuis trois jours » ; l'enfant impassible (d'après l'Église),

répond : « Ne saviez-vous pas qu'il me faut être occupé des affaires de mon Père ? » mais ils ne le comprirent point (S. Luc, ch. viii, v. 49). — L'enfant de douze ans était assez énigmatique. L'Église lui fait dire plus tard aux noces de Cana, lorsque sa Mère s'approche de lui avec douceur et lui dit : « Mon fils, ils n'ont point de vin. » — « Femme, qu'y a-t-il entre moi et toi ?.. mon heure n'est pas encore venue. » (S. Jean, ch. ii, v. 4.)

« Ingrat, aurait pu répondre sa Mère, ce qu'il y a de commun entre toi et moi, c'est ton sang, qui est le mien ; ne t'ai-je pas nourri?... »

Nous le demandons à tout homme de bonne foi, est-ce avec un tel enseignement qu'on peut inspirer aux jeunes gens le respect affectueux qu'ils doivent à leur mère ?. . . . . . — Etait-ce la réponse d'un Dieu ?

Après avoir prêché l'amour du prochain et toutes les vertus de l'Essénianisme dans une de ses conférences où la foule encombrait l'entrée, sa Mère et ses frères, inquiets de ce qu'ils avaient entendu dire au sujet de *l'autorité* à l'égard de Jésus, vinrent pour le prévenir. Un de ceux qui connaissait la famille vint lui dire : « Ta mère et tes frères désirent te parler. »

« Ma mère et mes frères sont ceux qui écoutent la parole de Dieu et la mettent en pratique » (S. Luc, ch. viii), toujours selon l'Église.

Voici le bouquet : « Si quelqu'un vient à moi et *ne hait pas son père* et sa mère, ses frères, ses sœurs, ses amis et même sa propre vie, il ne répond : « Ne saviez-vous pas qu'il me faut être occupé des affaires de mon Père ? » mais ils ne le comprirent point (S. Luc, ch. VIII, v. 49). — L'enfant de douze ans était assez énigmatique. L'Église lui fait dire plus tard aux noces de Cana, lorsque sa Mère s'approche de lui avec douceur et lui dit : « Mon fils, ils n'ont point de vin. » — « Femme, qu'y a-t-il entre moi et toi ?.. mon heure n'est pas encore venue. » (S. Jean, ch. II, v. 4.)

« Ingrat, aurait pu répondre sa Mère, ce qu'il y a de commun entre toi et moi, c'est ton sang, qui est le mien ; ne t'ai-je pas nourri ?... »

Nous le demandons à tout homme de bonne foi, est-ce avec un tel enseignement qu'on peut inspirer aux jeunes gens le respect affectueux qu'ils doivent à leur mère ?. . . . . . — Etait-ce la réponse d'un Dieu ?

Après avoir prêché l'amour du prochain et toutes les vertus de l'ESSÉNIANISME dans une de ses conférences où la foule encombrait l'entrée, sa Mère et ses frères, inquiets de ce qu'ils avaient entendu dire au sujet de *l'autorité* à l'égard de Jésus, vinrent pour le prévenir. Un de ceux qui connaissait la famille vint lui dire : « Ta mère et tes frères désirent te parler. »

« Ma mère et mes frères sont ceux qui écoutent la parole de Dieu et la mettent en pratique » (S. Luc, ch. VIII), toujours selon l'Église.

Voici le bouquet : « Si quelqu'un vient à moi et *ne hait pas son père* et sa mère, ses frères, ses sœurs, ses amis et même sa propre vie, il ne trouvera la sécurité, la paix et la prospérité.

M. Drumont, ce penseur-philosophe, constate le mal du siècle, quelques pas de plus il marcherait avec nous pour l'enrayer.....

Lorsqu'il connaîtra le but que nous poursuivons, qui n'est autre que la *Régénération humaine* par la destruction des deux poids et *la connaissance du Bien, du Juste, et du Vrai* !... qui sait s'il ne trouvera pas son chemin de Damas ? .....

(P. 92.) « Qu'une feuille immonde porte une « accusation contre un catholique, tous les autres « catholiques s'enfuient faisant des gestes déses-« pérés en disant : Je ne le connais pas ! »

N'est-ce pas toujours l'histoire de Pierre reniant son Maître. Les catholiques devraient se souvenir des paroles de Jésus *l'Essénien* : « Toute maison divisée contre elle-même tombe en ruine. » Ils ne tomberaient pas eux-mêmes dans l'immoralité qui les submerge, car ils ont oublié la loi de la SOUVE-RAINE JUSTICE pour les inutiles pratiques d'un culte profane !

Les catholiques qui font la critique des mœurs de leurs coreligionnaires, oublient trop qu'ils sont élevés par l'Église qui n'a aucun intérêt à les rendre vertueux. Que deviendraient ses absolutions, *cas réservés*, indulgences, dispenses, licences (1), etc.

---

1. L'Église n'a jamais été scrupuleuse à l'endroit de ceux qui lui payaient ses absolutions. Nous lisons dans le *Livre des Taxes* du pape Jean XXII (1316). « Une nonne ayant paillardé plusieurs fois dedans ou dehors le pourprix de son monastère sera absoute et réhabilitée à pouvoir tenir toutes les dignités de son ordre, voire même

(P. 96.) « Je ne suis pas loin de croire avec
« M. Alexandre Weill, dit M. Drumont, que les
« prescriptions religieuses et hygiéniques à la fois,
« de la loi mosaïque, exerce une favorable influence
« sur la santé morale et physique du Juif, rien
« n'est sage et tendre en même temps comme les
« précautions fidèlement observées dont les Juifs
« à un certain moment entourent leurs compagnes. »

Les prêtres catholiques n'ont pas le souci de la
santé de leurs administrés qu'ont les rabbins. Les
Juifs ne boivent aucun vin qui n'ait été analysé
par eux ; de cette façon l'Israélite ne risque point
l'empoisonnement des falsifications, et ne mange
point la viande provenant d'animaux meurtris par
les mauvais traitements.

la dignité abbatiale, moyennant 46 livres tournois et 9 ducats. — Un
abonnement à l'adultère n'est taxé pour la femme qu'à 87 livres tournois 35 sous. Si la femme et le mari veulent jouir de la même faveur,
il n'en coûtera que 131 livres 145 sous 6 deniers (C'est à titre d'en-
couragement sans doute, dit un chroniqueur de l'époque, que
Rome fait généreusement le rabais de la différence) ; quelqu'un
qui a connu sa propre mère ou sa sœur ou sa cousine en sera
quitte pour six gros (Extraits du *Livre des Taxes* pour mettre l'absolution à la portée de toutes les bourses). Ce livre fut réédité et
publié en 1514 par Léon X, qui tirait argent de tout en faisant
vendre ses indulgences sur les places publiques par des moines
saltimbanques. (*Livre des Taxes,* traduit par Antoine du Pinet, 1564.)
Le reste de ce livre infâme contient des détails tellement obcènes
sur certaine bestialité, que ce serait souiller notre plume que de les
mentionner. Tout ce qu'on dira de la corruption de l'Église, sera
toujours au-dessous de la vérité, elle vient des papes. Un entre autres, Sixte IV (1471, avait fait bâtir à Rome un bor. . qui lui rapportait beaucoup d'argent ; il fournissait des filles à ses amis, son indulgence allait jusqu'à leur permettre la sodomie les trois mois les plus
chauds de l'année avec cette clause « *fiat ut petitur* », et cela à la re-
quête du cardinal Pierre Reiro, de Gérome son frère et du cardinal
de Sainte-Luce. (*Histoire des papes,* page 460, LAVICOMTERIE.)

(P. 96.) Au sujet des livres donnés par l'Église aux jeunes séminaristes pour les initier aux mystères de la vie, M. Drumont dit : « Que toutes les « religions se sont occupées de ces questions, que « des livres écrits spécialement pour les ministres « du sacerdoce initient à ces secrets mystérieux. « les prêtres qui, *par état, doivent être chastes.*

— Le sont-ils? C'est une question à laquelle les tribunaux chaque jour répondent négativement. dans les nombreux attentats aux mœurs qu'ils poursuivent contre les prêtres pervertissant leurs élèves des deux sexes.

Le célibat forcé, imposé par les papes, n'engendre que désordres, maladies et corruption, l'expérience de tant de siècles aurait dû les convaincre du danger de persister dans cette prévarication à la loi naturelle. Et pour combler son inconséquence, l'Église complète l'éducation de ses jeunes prêtres, dans un véritable *traité de luxure* ; il n'est donc pas étonnant de voir ces agneaux, qui, *par état doivent être chastes*, devenir des monstres de débauches et d'immondes satyres.

Sans doute que M. Drumont n'a pas lu ces livres destinés aux confesseurs, sans cela, il n'aurait pas adressé à M. Paul Bert, un père de famille justement indigné de ces ignominies, des épithètes qui retombent d'elles-mêmes sur les ecclésiastiques mitrés, jésuites et autres, capables d'écrire de telles ordures.

Le passage le plus anodin de ce livre abominable, est un Examen de conscience, par l'abbé Lenfant, curé de Villiers-Gambon (Belgique), fait exprès pour les enfants de la première communion, au sujet « des œuvres de la chair », qui ferait rougir un instituteur laïque, ne pouvant comprendre qu'un prêtre puisse adresser de telles questions aux enfants qui ne doivent pas en avoir connaissance.

Un de nos amis qui n'avait fait que parcourir ce cloaque d'immondices, où viennent s'abreuver les ecclésiastiques, avant d'aller faire leur début dans l'armoire aux secrets, nous dit : « On ne peut se figurer ce que contiennent en indications des plus honteuses débauches, les pages obscènes de ce traité à l'usage des prêtres ; en lisant de telles infamies, on se demande où MM. les évêques et autres jésuites, auteurs de ces compositions lubriques, ont pu acquérir une pareille expérience ?... Il faut donc que ces hommes d'église passés maîtres en ce genre, aient été eux-mêmes des virtuoses dans l'art qu'ils décrivent avec tant de complaisance (1) ? »

Ce qui est le plus remarquable dans ces insanités, c'est que la femme, à propos de tout, est la tête de Turc des beaux messieurs de l'Église ; en effet, ils sont élevés dans le mépris de la femme, qui seule pourrait adoucir leurs mœurs s'ils étaient mariés ; mais ils sont garçons, et obligés par état d'exercer « un métier de chasteté ». Aussi quand ils ne l'exercent plus, ces anges du Seigneur deviennent des fauves, suivant l'exemple de *Mingrat* en se

---

1. Pour l'édification de M. Drumont et des pères de famille, le *Livre secret des Confesseurs*, qui les contient tous, se vend rue des Écoles, 26 et 35, Paris.

vengeant de leur propre crime sur la victime de leur lubricité, ne reculant pas même devant l'assassinat pour la faire disparaître.

En imposant le célibat, le pape outrage DIEU, *la Nature et la Société, et reste seul responsable de tous les crimes qui en résultent !!!...*

L'éducation du séminaire porte ses fruits; qu'on en juge. Nous lisons dans la *Semaine Fraternelle* (de M. Décembre-Alonnier. du 30 octobre 1887). comment les Pères de l'Église savent faire apprécier les femmes à leurs élèves.

Saint Bernard a dit : « La Femme est l'augmentatrice du péché » (les hommes en sont la diminution probablement, selon ce père Girouette qui a toujours dit le pour et le contre).

Saint Paulin : « Il n'y a pas de femme bonne. » — On n'est pas bête à ce point-là.

Le P. Joly : « Avec la Femme, le plus sage devient fou. » — Tant pis pour le sage.

Le R. P. Achille de Barbantane : « La Femme, voilà le grand empire qui tyrannise la nature. »

Saint Cyprien : La Femme est une glu envenimée. » — Et le Prêtre ?... N'est-ce pas le plus mortel poison ?

Saint Chrysostome (c'est le bouquet) : « De toutes les bêtes féroces, il n'en est pas de plus dangereuse que la Femme ! » — Quels pleutres que ces Pères de l'Église !.. Par respect pour nos lecteurs, nous ne citerons pas les obscénités qui sont le corollaire de cet enseignement, lequel a pour résultat de conduire l'élève à *Sodome*. Les prêtres n'en exaltent pas moins la virginité, la chasteté afin de donner le change sur leur nature dévoyée.

Un philosophe dernièrement disait, au sujet des attentats aux mœurs de la part des prêtres sur les enfants, qui se renouvellent chaque jour : « que les pères de famille, devraient mettre le pape en demeure *d'abolir le célibat des prêtres, ou de soumettre à la castration, ou à l'infibulation tous les membres du clergé catholique !* »

LA CONFESSION ABOLIE PAR SAINT JEAN CHRYSOSTOME
au ıv^e siècle pour cause d'immoralité.

Le lecteur ne nous en voudra pas de lui raconter la petite histoire qui fut cause de cette abolition.

La confession est une invention du paganisme, qui remonte à la plus haute antiquité, et n'était en usage que pour les initiés aux mystères égyptiens, grecs ou persans. Cette pratique ne devait point échapper à cette *bonne mère s inte Église* qui s'en fit une mine d'or inépuisable.

C'était vers le ıv^e siècle. A cette époque, l'église d'Orient dont le siège métropolitain établi à Constantinople, capitale de l'empire (depuis le concile de Nicée) lui donnait toute prépondérance, autant par sa situation, que par ses savants docteurs, sur toutes les églises de l'Etat sans excepter celle de Rome, dont les évêques qui s'y étaient succédé n'avaient jamais brillé par leur savoir mais étaient célèbres pour leur ignorance égale au moins à leur orgueil. N'ayant point encore osé lancer leurs excommunications, ils semblaient assez inoffensifs pour tous les évêques grecs, tandis que la voix du Métropolitain de Constantinople était respectueusement écoutée. Or, il arriva une petite histoire de sacristie qui fit scandale dans la ville. Une très grande dame s'accusa d'avoir connu trop intimement le diacre de son église ; aussitôt le confesseur s'empressa de dénoncer le susdit au grand pénitencier qui déplaça le diacre après l'avoir déposé. *La confession avait donc été révélée !...* Mais alors, le secret n'était nullement garanti ?...

Ce fut un scandale dans Constantinople, un trouble général pour tous les fidèles, dont les plaintes éclatèrent en murmures ; non pas tant pour le fait même, que pour le blâme public qu'il faisait retomber sur l'Église et le clergé ; les choses en vinrent à ce point, que pour faire cesser le scandale, Jean Chrysostome, évêque métropolitain de Constantinople, afin de ne plus voir se renouveler un tel abus de confiance, ABOLIT LA CONFESSION (1) !

Il avait déjà remarqué que la confession primitive, c'est-à-dire publique, était une occasion incessante de remarques scandaleuses faites par les chrétiens dont la charité n'a jamais été proverbiale. Nécaire, le prédécesseur de Chrysostome, l'avait

1. Elle ne fut rétablie que plus tard pour les religieux et les religieuses, afin de savoir ce qui se passait dans les familles, ce ne fut qu'au XIIIᵉ siècle que les papes l'imposèrent au reste des fidèles, afin d'augmenter les bénéfices de l'Église. Nous avons connu des prêtres revenant des colonies qui s'étaient fait une fortune avec l'argent que leur rapportait la confession en taxant les péchés en guise de pénitence.

modifiée en établissant des pénitenciers qui juraient
de garder le secret le plus absolu sur tout ce qui
leur serait révélé. On a vu l'indiscrétion des confesseurs, qui ne tenaient pas compte de leur serment. C'est pourquoi Jean Chrysostome, dans son
indignation, disait aux fidèles : « Confessez-vous
« non aux prêtres, mais à Dieu seul. Il sait tout,
« et ne reproche jamais les fautes qu'on lui a
révélées. » « Je ne veux point, disait-il ailleurs, que
les hommes soient obligés de découvrir leurs
péchés à d'autres hommes. » C'était le langage d'un
Essénien ! (S. Joann. Chrysostome de Lazaro,
Conc. 4, t. Ier, p. 754).

L'Église de Rome qui a canonisé Jean Chrysostome, n'a point suivi les préceptes de son saint.
Ne se contentant pas de rétablir la confession
au XIIIe siècle, elle trouva des coupables quand
même, en taxant de péché non seulement à
peu près tout ce que la loi naturelle prescrit,
mais encore les actions les plus insignifiantes,
comme de se mirer dans une glace... d'avoir
une distraction pendant la prière. On pourrait
écrire un gros volume avec les *et cætera*, sans en trouver la fin ; ce qui fait au chrétien qui prend
l'Église au sérieux, une existence insoutenable. Et
l'on s'étonne des folies religieuses et des inconséquences des jeunes filles sous l'autorité du prêtre ?...
Nous ne parlons pas de tout ce qui se passe dans
les couvents : minuties fatigantes, litanies de
prières au refrain monotone (qui finissent par
abrutir la personne la plus spirituelle), des fautes

contre la règle et des sévérités infligées. Bien que les prêtres, à l'époque du rétablissement de la confession, fussent mariés malgré les injonctions de plusieurs papes, et notamment de Grégoire VII qui voulait imposer le célibat, il y eut un évêque que l'Église appelle saint Basile qui crut devoir entourer la confession de certaines précautions, pour imposer aux religieuses et aux jeunes filles élevées au couvent, de ne se confesser qu'en présence de l'*Ancienne* ou la prêtresse, qui disait-il : « serait mieux à même de suggérer la pénitence et la correction qu'il faudra infliger. » (S. Basil. *Régul. brev. tract. interrog.* 110, t. 2, p. 453.

Les musulmans ont horreur de la confession et ne peuvent comprendre qu'un honnête homme puisse entendre la révélation des actions et des pensées les plus secrètes d'une honnête femme. D'autres, qui ne sont pas musulmans, ne sont pas moins étonnés qu'une honnête femme puisse soumettre ses actions et ses plus intimes pensées à l'impertinente curiosité d'un moine ou d'un prêtre !...

Un mot typique d'un Spartiate répondant à un prêtre qui voulait le confesser : « Est-ce à toi, ou à Dieu que je me confesserais ? — A Dieu, répondit le prêtre peu modeste. — En ce cas, homme, retire-toi, répondit le Spartiate ! »

CHAPITRE III

Sommaire. — Le Messie israélite. — Prophéties non réalisées. — Louis IX, promoteur de l'Inquisition en France. — Canonisé pour ses dons à l'Église. — Les cœurs d'élite. — Les bonnes religieuses. — LE PARRAIN DE PARIS. — *Son cadeau de baptême.* — L'antipape Innocent II. — Prouesses du pape Anaclet II dit Légitime. — La bulle d'Innocent VIII en 1484. — Ses conséquences à travers les siècles. — La bonne foi des princes catholiques. — Charles-Quint et Philippe II. — Ineptie de ce dernier. — Histoire navrante sous Philippe le Bel. — Le baptême ou le bûcher.

(P. 96.) M. Drumont se trompe en affirmant que les Juifs exhalent une odeur particulière; sans doute qu'une personne négligente au point de vue de l'hygiène peut ne pas toujours embaumer, témoin certains moines qui laissent après eux des exhalaisons nauséabondes.

(P. 126.) Le Messie israélite. Encore une prédiction de Daniel qui peut aller rejoindre toutes celles des prophètes qui se trompent, et surtout les prophéties que l'Église prête si gratuitement à Jésus au sujet de la fin du monde ! « Je vous le dis en vérité, cette génération ne passera pas sans que ces choses n'arrivent (S. Luc, xxi, v. 30), et nous sommes au xixe siècle. L'Église ne se contente pas de faire dire à ses prophètes une foule de *contre-vérités* ; elle fait prophétiser même les anges. Ainsi l'ange Gabriel voulant persuader la Vierge Marie qu'elle devait être la Mère de Jésus lui dit : « Il sera grand et sera appelé le Très–Haut, et le Seigneur lui donnera le trône de David son père. Il régnera éternellement sur la maison de Jacob et il n'y aura point de fin à son règne. » (S. Luc, ch. i, v. 32 et 33.)

L'ange ignorait que Marie étant de la tribu de Lévy, David ne pouvait pas être l'ancêtre de Jésus. Joseph, l'époux de Marie, descendait de la race de David ; mais puisque Jésus était le fils du Saint-Esprit selon l'Église, qu'était–il besoin de lui chercher une généalogie terrestre (1) ?

L'Église, qui a remanié et falsifié tant de fois les évangiles pour y introduire ce qui pouvait étayer sa domination, n'en a pas moins laissé assez de contradictions et d'absurdités pour qu'on puisse démolir de fond en comble toutes ses prétentions.

(P. 127.) « Saint Louis, comparé à ses prédécesseurs est au-dessus d'eux ; mais cela ne justifie pas *la canonisation* de l'Église qui l'a trop prodiguée

---

1. L'ouvrage de M. Miron, *Jésus réduit à sa juste valeur*, est un chef-d'œuvre de logique. Son ouvrage est indéniable, il a suivi les évangiles de l'Église et en a fait ressortir les contradictions avec autant d'esprit que de vérité. Enfin le Dieu Jésus y est complétement anéanti, mais il n'altère en rien la noble figure du Fils de Marie, *de Jésus l'Essénien* que nous ferons connaître ultérieurement comme n'ayant rien de commun avec le Dieu de l'Église dont M. Miron a fait si bonne justice.

aux inquisiteurs pour qu'elle soit un brevet de perfection. Elevé par le clergé, il en avait le fanatisme et la cruauté (V. le ch. xi, page 153 de ce livre).

Du reste le roi Louis IX n'est si cher à l'Église que *parce qu'il a établi l'Inquisition en France*, qu'il s'en est fait le protecteur, d'accord avec le pape Alexandre IV, laquelle Inquisition était en pleine vigueur sous François 1er, où elle étalait ses bûchers place Maubert et place de l'Estrapade (le nom lui en est resté), et se continua sous des noms variés jusque sous Louis XV en dépit des historiens qui prétendent« qu'elle n'a pu s'y maintenir» — à ciel ouvert sans doute ; mais à la Chambre ardente... et dans les prisons ? n'a-t-il pas fallu la Révolution de 1789 pour y abolir les tortures !

(Même page.) M. Drumont cite les mérites de Charles-Quint ; les hommes qui ont le sentiment du devoir et de ce qu'on doit d'égard à ses semblables, abhorent le nom de Charles-Quint, qui ne rappelle que les supplices et la misère des peuples. » Ce prince était du caractère le plus dissimulé, il était ferme, mais impitoyable et sans générosité » (Bouillet, *Diction.*, p. 388) — plus que dissimulé c'était l'incarnation du Jésuitisme !

(Même page.) Relativement à la loterie de Murcie où un alcade fut poursuivi comme escroc. Il serait à souhaiter que tous les voleurs, spoliateurs fussent de même poursuivis, depuis le plus infime employé jusqu'au plus haut fonctionnaire de l'Etat, fût-il parent ou allié du chef du gouvernement.

(P. 133.) Ceux qui ignorent les crimes de l'Église peuvent se faire illusion sur son utilité. Ce ne serait pas l'exemple des nobles, « se consacrant au service des autels », qui pourrait convertir personne. La plupart étaient guidés par l'orgueil du pouvoir et la convoitise *des bénéfices*, deux et trois abbayes pour un seul abbé, n'était point un scandale pour les fanatiques de la richesse et de la puissance.

Jamais nous n'avons nié la vertu d'un catholique, dont l'Église sait se faire une enseigne. Les Vincent de Paul, les abbé de L'Épée et tant d'autres, que nous honorons comme des hommes vertueux. n'avaient de catholique que le nom, n'ayant cessé de pratiquer la loi sacrée des ESSÉNIENS.

« *Faites aux autres tout le bien que vous voudriez pour vous-même.* »

La vie de ces cœurs dévoués au principe de la fraternité universelle n'est qu'un long sacrifice. Le Peuple sait les distinguer et les regarde comme des saints. Il en est de même de ces femmes religieuses ou laïques, que rien ne décourage, affrontant la mort sur les champs de batailles ou dans les hôpitaux. Heureuses du bien qu'elles font, le Peuple les aime ; la République en fait des chevalières en leur donnant la croix d'honneur.

Nous les saluons comme de véritables esséniennes, car elles en ont les vertus, le cœur et l'âme (1).

---

1. Malheureusement il n'en est point ainsi des autres religieuses catholiques sous le joug des prêtres. L'histoire des cou-

(Même page.) Nous ne partageons pas la manière de voir de M. Drumont sur la foi catholique, et nous ne pouvons accepter qu'une conviction appuyée sur la Raison et la Science.

Dans l'Église primitive des Apôtres, il n'a jamais été question des dogmes de l'Église catholique, tels que : *la Divinité de Jésus, la Trinité, le péché originel, ni de la damnation des enfants morts sans baptême.* Si de tels blasphèmes peuvent être enseignés comme des dogmes divins, ils doivent être repoussés comme des abominations, par tous ceux qui ont conservé le respect de la Puissance inconnue qui gouverne les Mondes !...

Elle se révèle dans les admirables créations de la nature, et ceux qui l'adorent en esprit et en vérité ne voudraient jamais consentir à l'inférioriser en la mettant au-dessous de la justice humaine.

Si les fils eussent été coupables des fautes de leurs pères, qui l'aurait été plus que Jésus (censément) issu de la race royale de David, race souillée de tant de meurtres, de violences, d'adultères et d'idolàtrie, etc.

L'amour de la justice laquelle engendre *toutes les Vertus sociales,* le Dévouement, la *Solidarité,* qui sont le fond de la Morale *Essénienne,* pour l'union des hommes en une seule famille, ne fut point exclusive à Jésus, car elle a été enseignée par tous les Penseurs possédant le sens intellectuel et l'instinct moral de leur être.

vents de femmes cloîtrées est à faire et le peu qu'on en sait est *arfois bien horrible !...*

Lactance, ce Père de l'Église, dit formellement : « que toute la Vérité, et les vérités tant en préceptes moraux qu'en mystères de religion, avaient été enseignées par les philosophes païens (1) avant Jésus-Christ (Lactance, *Divin institut.*, t. I, p. 535.)

« La Philosophie et la Raison ont recueilli l'héritage méconnu par le christianisme : c'est à elles de faire progresser l'Humanité, que l'Église a vainement essayé d'arrêter dans sa marche, et qu'elle voudrait aujourd'hui faire reculer. » (*Hist. du Christ. Int.*, p. CX *de Potter.*)

(P. 135.) En parlant du Juif, M. Drumont dit : « C'est pour lui, vous le croiriez, que Clovis et les « Francs ont frappé de si lourds coups d'épée, que « Capet a déroulé sa politique de mille ans » (triste politique) « que Philippe-Auguste a vaincu « *à Bouvines, et* Condé *à Rocroy !* »

— Eh bien ! n'en déplaise à tous les admirateurs de la monarchie franque, plût au ciel que le grand Clovis n'eût jamais mis le pied dans la Gaule, elle ne s'en serait pas plus mal trouvée. Sous les Romains, le goût des arts et des sciences était en honneur. *Le jeune empereur* JULIEN, en donnant à Lutèce le nom de *Paris*, l'avait dotée pour son cadeau de baptême, d'une administration et d'un conseil municipal (en 358) qui sous la sauvagerie du règne des Francs s'effondrèrent jusqu'à la revendication de 1789.

1. Les Gnostiques avaient autant de respect et d'adoration pour la Force intelligente qui gouverne les Mondes, qu'ils avaient de mépris pour le Dieu de la Bible et de l'Église, le jugeant comme un mauvais esprit, nuisible à l'espèce humaine.

(P. 144.) « Quand le pape Innocent II vint en France, dit M. Drumont, il célébra dans l'abbaye de Saint-Denis les fêtes de Pâques ; les troupes rangées en bataille formaient la haie et contenaient la foule pressée qui voyait reproduite sous ces yeux dans une image frappante l'entrée de Jésus à Jérusalem » (écrit M. *Vetault* dans *Suger*, cité par M. Drumont).

« *Comme en termes flatteurs ces choses-là sont dites.* »

Et tout cela pour flatter *un antipape* en fuite, après avoir causé d'horribles massacres par son ambition.

Les écrivains catholiques, dans l'intérêt des *tiarés, mitrés et tonsurés*, ont toujours dénaturé l'Histoire. Heureusement que l'Inquisition et ses familiers n'ont pu détruire tous les manuscrits gênant *la bonne mère sainte Église*.

Revenons à l'antipape Innocent II. L'ambition des porteurs de mitre ne connaissait plus de bornes ; s'affranchissant de la discipline de l'Église primitive (*basée sur le suffrage populaire* pour toutes les élections des prêtres et *des surveillants*, qui prirent le titre *d'évêques*), ils se nommèrent entre eux sans égard pour la coutume des Apôtres ; puis, chaque évêque convoitait le siège de Rome, sans souci du schisme, et des guerres effroyables qui en résultaient (1).

Plus le schisme durait, c'est-à-dire l'entêtement

1. Il faut lire l'ouvrage admirable des *Paysans* d'Eugène Bonnemère, qui devrait être aux mains de tous les conférenciers pour le faire connaître dans toutes les communes de France !

3.

de l'usurpateur, plus la vie des peuples qui le soutenaient était précaire. Tel était le cas d'Innocent II qui, bien que Rome eût élu le pape Anaclet II, s'entêta contre lui et se fit sacrer *clandestinement* par l'évêque d'Ostia en 1138 ; mais il fut obligé de se sauver pour éviter la fureur de son rival, qui comme lui avait acheté ses électeurs et n'avait pas plus de sainteté que de probité, car en arrivant à Rome, sa première pensée fut *de voler* le trésor de l'Église. Couronnes d'or massif, crucifix, ostensoirs enrichis de diamants, etc., il fit fondre et monnayer tout ce qui pouvait l'être, et garda le reste, ce qui prouve qu'Anaclet II valait Innocent II, tout en s'excommuniant réciproquement avec une énergie qu'on ne trouve que dans les haines de prêtres.

Une fois en sûreté à Pise, Innocent II envoya ses nonces à Louis le Gros, pour se faire appuyer dans ses prétentions. Ce dernier, heureux d'obliger *un antipape* qui pouvait plus tard lui être utile, lui fit les honneurs d'une entrée à Paris, qui, selon M. *Vétault* était comparable à l'entrée de Jésus à Jérusalem !... comme s'il pouvait y avoir une similitude entre celui qui voulait le bonheur de tous ; et un antipape qui faisait le malheur des peuples !

(P. 158.) M. Drumont nous dit que « les Juifs au moyen âge ne se gênaient guère pour martyriser les chrétiens. » — Ceci n'est pas prouvé.

— Est-ce que l'Église se gênait ?... Jésus avait dit : « Laissez venir à moi les petits enfants » et l'Eglise les brûlait sur le sein de leurs mères !...

M. *Jules Baissac*, dans son *Histoire du Diable*, fait de navrantes révélations sur ce qui se passait en 1627 à Wurzbourg, sous le pontificat et en présence du seigneur-évêque Philippe d'Enremberg, encouragé par l'inepte bulle d'Innocent VIII qui, depuis plus d'un siecle faisait tant de martyrs.

Voici cette bulle (9 octobre 1484, *Summis deside-rantes*); le pape affirme qu'il est venu à « sa con-« naissance que dans la Haute-Allemagne... un « certain nombre de personnes des deux sexes « s'écartant de la foi catholique se livrent aux « démons incubes et succubes (1) ». etc., etc.

Ce pape ignare, sur d'infâmes calomnies. déchaîne sur l'Allemagne le plus grand des fléaux, en affirmant, *lui* qu'on croit infaillible, qu'une foule de braves gens bien innocents, vivent éternellement avec le diable. Ainsi la moindre fausse couche, sous prétexte que l'enfant était « informe », pouvait conduire une mère de famille *à la torture et au bûcher!*

Les détails suivants édifieront les peuples sur la manière dont les prêtres comprennent cette loi irréfragable de l'ÉTERNELLE JUSTICE : « *Ne faites à personne le mal que vous ne voudriez pas pour vous-même.* »

Extrait des jugements du tribunal ecclésiastique des archives de Wurzbourg. Cet état, qui est incomplet, ne comprend que vingt-neuf exécutions sur quarante-deux qui eurent lieu dans

---

1. Cette bulle est une des preuves indéniables des dangers que courent les peuples catholiques et leurs gouvernements avec une papauté infaillible.

cette seule année. Parmi les victimes de la septième exécution se trouve une enfant de douze ans (nous ne parlons point des autres personnes). A la treizième, une enfant de neuf ans et sa petite sœur, toutes deux filles d'une femme qui fut brûlée plus tard. Sans doute que ces bons prêtres ne trouvaient pas cette mère assez torturée ?...

Enfin dans toutes les exécutions il y avait un ou plusieurs enfants variant de l'âge le plus tendre jusqu'à douze ans ; les deux fils du cuisinier de l'évêque ne trouvèrent pas grâce devant lui. La plus jolie fille du pays, Gœbel Babeline, à peine dix-huit ans, une autre jeune fille aveugle, *deux tout petits garçons et deux toutes petites filles.*

Et tout ce petit monde avait été brûlé, dit M. *Baissac*, pour aller rebrûler en enfer ; il cite encore comme une des plus hideuses monstruosités du fanatisme, la torture d'une pauvre mignonnette de dix ans, à laquelle on fit avouer dans la question qu'elle avait eu deux enfants du diable et qu'elle était enceinte d'un troisième (V. le *Theatrum euro-peum* X, p. 400, cité par Soldan. *Hist. des sorcelleries*, p. 416) ; et les exécutions hebdomadaires avaient lieu presque dans toute l'Allemagne !..

Les légendes au sujet des Juifs massacrant des enfants n'ont aucune notoriété, étant d'invention catholique ; elles n'ont pas l'authenticité des archives de l'Inquisition, écrites par ses propres officiers.

Que M. Drumont lise les quatre livres que

Llorente a écrits sur l'Inquisition d'Espagne (dont il était le secrétaire) et publiés à Paris, 1819(1).

Quant aux procédés des inquisiteurs, nous laissons la parole à l'un des principaux, le lecteur jugera jusqu'où peut aller l'infamie des juges ecclésiastiques.

Jean Deloys dit : « La raison pour laquelle nous « ne donnons pas le nom des témoins, parce « qu'encore que régulièrement parlant *les infâmes* « ne seraient pas admis, néanmoins en matière « d'hérésie, ils sont reçus à témoignage *en faveur* « *de la religion* afin que *ce forfait énorme* né demeure « meure point impuni ! Donc, quoique excommu- « niés, parjures, criminels, hérétiques, ils peuvent « déposer contre ceux qui sont suspects d'hérésie... « Pour *charge* et non *décharge*, étant hors de « raison qu'un hérétique soit reçu pour en déchar- « ger un autre. Ainsi peut déposer le fils contre « le père, le mari contre sa femme, la fille contre « la mère et *vice versa*. » — Ses délateurs passent comme témoins à cause du crime d'hérésie, dit l'abbé Goujet qui trouve cela tout simple. — Quelle porte ouverte à la haine et à la vengeance !

1. Llorente, né en 1756 à Rincon, reçut les ordres, devint vicaire général de Calahorra, puis secrétaire général de l'Inquisition en 1789. « Professant des sentiments philosophiques peu conformes à sa position, il fut disgracié en 1801 », dit M. Bouillet dans son *Dictionnaire* ; mais il ne dit point de quelle façon mourut Llorente, cet homme consciencieux qui fut expulsé de France pour avoir déplu aux jésuites, ayant eu l'imprudence de retourner en Espagne qu'il croyait sûre à cause du rétablissement des Cortès. Mais elles furent supprimées en 1823, époque de la mort de Llorente !.. On ne sait pas comment ni de quelle manière il mourut !... *Seule la junte apostolique pourrait le dire !...*

Aucun avocat n'aurait osé défendre un prétendu hérétique sans être aussitôt suspecté d'hérésie.

En face des ecclésiastiques qui se posent toujours en victimes, nous avons cru utile de dévoiler ce procédé en matière de justice, qui n'est qu'un des articles du code sanguinaire de l'Inquisition, laquelle n'est pas encore abolie, comme on le verra.

P. 158.) Ce n'est sans doute pas pour innocenter les pieuses fraudes cléricales, que M. Drumont parle du roi Hérode auquel l'Église attribue le massacre des Innocents, que l'Église fête *innocemment* le 28 décembre (elle est si naïve), ignorant sans doute que ce massacre copié dans la légende de *Christna* (une des incarnations de Brahma) n'a pas été fait lors de la naissance de Jésus, attendu qu'Hérode était mort depuis plus d'un an lorsque Jésus vint au monde, ce qui n'empêche pas l'Église de se proclamer infaillible. (*Hist. de Jésus et sa doctrine*, SALVADOR.)

P. 161.) Le Talmud des Juifs, nous dit M. Drumont, a été examiné à la cour de saint Louis sous la présidence de la reine Blanche.

« Les rabbins, dit l'auteur, se défendirent avec « courage et habileté, ils n'en furent pas moins « forcés de reconnaître que le Talmud contenait « des prescriptions contraires non seulement à « toute société chrétienne, mais encore *à toute* « *société civilisée*. »

— Les rabbins n'osèrent pas dire que toute *la religion chrétienne puisée tout entière dans le Talmud* par saint Paul, était dans le même cas et que l'Évangile est aussi bien que le Talmud *la négation* de la Loi Divine, Sociale et Humaine.

Ayant subi l'influence des pharisiens qui euxmêmes avaient subi celles des Assyriens et des Persans, les rabbins, au retour de la captivité de Babylone, ne se contentèrent pas d'accepter une partie des croyances persanes, ils collectionnèrent *les aberrations théologiques* des divers docteurs du Sanhédrin, dont ils firent le Talmud ; et toutes ces fantaisies, comme un torrent, coulèrent sur la loi de Moïse aux risques de la submerger. Un exemple entre autres. Dans *Samuel*, 1er ch., xv, v. 29, il est dit en toutes lettres : — « Dieu ne ment ni ne se repent. Il n'est pas un homme pour qu'il se repente ». — lorsqu'on lit dans l'*Exode*, ch. xxxii, v. 14 : *et Jéhovah se repentit.*

« Tout ce qu'il y a dans le *Pentateuque* au sujet du pardon de Dieu et de son repentir (dit M. Alexandre Weill (dont la bonne foi est une garantie) est intercalé, supposé, et ses falsifications sont très nombreuses (*Moïse et le Talmud*, p. 13).

On trouve dans le Talmud à peu de chose près, tout ce qui sert de base à la morale des jésuites dont *saint Paul* a été, à quelques siècles de distance, *le vrai fondateur.*

Enfin, toujours d'après M. Drumont, on lit dans le Talmud :

1° « Il est ordonné de tuer le meilleur goym (chrétien). »

2° « La parole donnée à un goym n'engage à rien. » — Système des papes.

3° « Chaque jour dans leurs prières les Juifs doivent lancer trois fois des malédictions contre les prêtres de l'Église. »

— Jusqu'à présent, les prêtres ne s'en portent pas plus mal, et il est à croire que les Juifs valent infiniment mieux que les absurdités contenues dans leur livre. Maintenant, s'il nous fallait citer tous les papes et leurs disciples qui ont mis en pratique ces trois paragraphes du Talmud contre les meilleurs chrétiens, il nous faudrait écrire une masse d'in-folio.

— Si nous racontions les actes de mauvaise foi devenus légendaire de Ferdinand le Catholique qui, comme Charles V, roi de France, avait une autorisation du pape, lui permettant de manquer à sa parole dans toutes les circonstances où il le trouverait avantageux !... non seulement pour eux, mais encore *pour leurs descendants*. Quelle morale !

Philippe II d'Espagne et son père Charles-Quint se sont fait remarquer pour leurs fourberies ; tous deux avaient promis à la noblesse d'abolir l'Inquisition.

Et tous deux la maintinrent au moyen de contre-lettres au Grand Inquisiteur, sans que l'abaissement de l'Espagne ait été une leçon pour leurs descendants.

Charles-Quint, le puissant roi qui ne voyait pas le coucher du soleil sur ses immenses possessions, manquait de bonne foi pour juger la secte cléricale dont il croyait se faire une auxiliaire. Comment peut-on admirer ce monarque au cœur de fer qui livrait ses peuples d'Espagne, de Belgique et des Pays-Bas, aux griffes de l'Inquisition ?

Philippe II, élevé par les moines, s'inspira de leur haine pour l'espèce humaine : impitoyable comme un dominicain, il assistait aux autodafés, se délectant aux cris des Martyrs.

Jaloux de Charles-Quint, il laissa flétrir la mémoire de son père par l'Inquisition qui, ne trouvant pas dans son testament assez de legs pieux, commença le procès de l'empereur défunt, qu'elle accusait d'hérésie, appuyant ses accusations sur le choix qu'il avait fait du docteur Cazalla, chanoine de Salamanca, pour son prédicateur, et de Constantin Ponce son confesseur, qui était évêque de Dresde, personnages suspects d'hérésie ! Un autre grief non moins grave ; on avait trouvé dans la cellule de l'empereur, au couvent de Saint-Just, des inscriptions de la main du monarque, sur la *Grâce et la Justification*, dans le sens des doctrines des novateurs ; de plus, la formule de son testament n'était point celle usitée par les catholiques ; ajoutons à cela que (les biens des condamnés appartenaient à l'Inquisition) c'eut été une grande fortune pour l'Église. Il fallut toute l'énergie de la noblesse pour ouvrir les yeux à Philippe II sur le danger qui, à un temps donné, pouvait se retourner contre lui-même et que de pareilles mesures pourraient lui être appliquées. L'insensé finit par comprendre, puis à force de bassesses et de concessions, il obtint du Sacré Tribunal, qu'on écarterait Charles-Quint du procès entamé contre son confesseur et son prédicateur, qui eux, furent torturés et brûlés, parce qu'ils étaient des Docteurs savants et sans fanatisme.

L'Inquisition ne s'en tenait pas à la terre, il lui fallait encore la vaste région des mers, où son vaisseau, armé de tous les engins de torture, en embuscade comme le tigre guettant sa proie, se jetait sur la *marine royale ou marchande*, appréhendant depuis le commandant jusqu'au dernier matelot, se gagnant sans peine de riches parts de prises. (*Notes historiques* de Manuel de Cuendias.)

C'est par millions qu'il faut compter les victimes de cette catholique invention !

(P. 166.) M. Drumont nous raconte l'histoire navrante d'une famille juive dont le chef avait deux torts, ceux d'être très riche et d'être poète ; avait-il offensé l'orthodoxie du pape et de ses adhérents dans ses écrits ? nullement ; mais la probité cléricale voulait s'emparer de ses richesses, il fut donc arrêté sur une accusation fausse que la torture était chargée de rendre *véritable* et le tour était joué. Cela se passait à Troyes, en 1288, sous Philippe le Bel de si odieuse mémoire ; la condamnation du chef entraînait celle de toute sa famille ; pourquoi ?... Elle se composait de treize personnes, « les malheureux « offrirent de se racheter à prix d'or, on ne consentit « à leur laisser la vie que s'ils abjuraient, ils refu— « sèrent et le samedi 24, ils montèrent sur le « bûcher. Isaac Châtelain, sa femme, ses deux filles, « son fils aîné et sa Femme admirablement belle et « ses deux jeunes fils, etc. » En écrivant ces lignes, M. Drumont ne pense pas que le roi de France était responsable des crimes de l'Église, et ne sent

pas son cœur se révolter à la pensée d'un tel abus
du pouvoir. Le résumé de la morale de l'Église se
réduit à ceci : « le baptême ou le bûcher ! » « Il est
« impossible de parcourir sans en avoir le cœur
« serré, le long martyre d'Israël », — comment il en
convient lui-même, et semble dans son ouvrage
encourager le fanatisme à renouveler ces atrocités ! Pourquoi ses critiques si remarquables ne
s'adressent-elles jamais à *l'Église, source de tous
les abus, de toutes les déviations morales*? Nous
regrettons qu'un esprit aussi délié soit encore
égaré dans le labyrinthe de l'Église, et que sa
vaillante plume ne soit pas au service de la
loi DE SOLIDARITÉ qui *seule* peut sauver le monde ;
nous faisons des vœux pour qu'il ne reste pas plus
longtemps dans les tentacules de *cette horrible
pieuvre*, dont les prisons à Rome rappellent
encore les cloaques de l'Inquisition.

M. Drumont dit encore : « Depuis cent ans, aucun
« Juif n'a été tourmenté, pas un de ces pauvres calo-
« tins n'a réclamé une mesure de violence contre
« eux », — eh bien nous affirmons qu'il est dans
une grande erreur, avec preuves à l'appui, « *les
pauvres calotins* » n'ont jamais désarmé et ne se
sont pas encore convertis aux préceptes de *Jésus
l'Essénien* ; les prêtres n'ont jamais travaillé qu'à la
division générale et personne n'ignore aujourd'hui
que le clergé se divise en deux catégories, dont l'une
est ostensiblement vouée au culte qui est fort
lucratif, et l'autre à l'espionnage qui ne l'est pas
moins. L'Église s'appuie sur deux sociétés secrètes :

la *Milice du Christ*, dont le chef est le Grand inquisiteur universel; et la *Compagnie de Jésus*, dont le général comme pape noir, a la prépondérance sur l'évêque de Rome qui n'est que le pape blanc !!

CHAPITRE IV

LES TEMPLIERS

> « Comme le Grand Maître et ses Chevaliers,
> fidèles à la pureté de la foi catholique, sont en
> très grande considération et devant tous ceux
> de notre royaume, tant par leur conduite, que
> par leurs mœurs, je ne puis ajouter foi à des
> accusations aussi suspectes, jusqu'à ce que j'en
> obtienne une certitude entière. »
>
> *Circulaire du roi Édouard d'Angleterre du
> 4 décembre 1307, adressée au pape et aux rois
> au sujet des Templiers* RYMER (t. III ad ann. 1307).
>
> — Il faut mépriser ces légendes qui donnent
> toujours raison aux bourreaux contre leurs
> victimes. *L'Essénien* RAÏME.

Sommaire. — Une énigme devinée. — Jugement de saint
Bernard sur les Templiers. — La critique vivante des
mœurs du clergé. — Philippe le Bel faux monnayeur.
— Excommunié par deux papes. — Préparation d'un
complice. — Rendez-vous mystérieux. — L'archevêque de
Bordeaux. — Le futur pape. — Les cinq conditions. —
L'émeute menaçante. — Philippe sauvé par les Chevaliers du Temple. — La vue d'un trésor. — Catastrophe
au sacre de Clément V. — Le livre des Hospitaliers. —
Arrestation des Templiers. — Pièges et tortures. — Récusation du procès par le concile de Vienne. — Lâcheté
des courtisans. — Convoitise des souverains. — Le
bûcher. — Biographie de Clément V. — Les explications
catholiques ne peuvent justifier les crimes de l'Église.

(P. 170.) « Cette affaire, dit M. Drumont, est res-
« tée inexplicable comme une énigme dont on n'a
« jamais su le mot. »

— Et là-dessus l'auteur de la *France j...ive* répète sous forme de plaidoyer en faveur de
l'Église et du Trône, les calomnies que les deux
complices firent répandre sur leurs victimes, et l'Ordre du Temple, après avoir défendu héroïquement
le Trône et l'Église, succombait sous la haine et la
cupidité *de l'Église et du Trône* !

Qui donc aurait osé écrire en faveur des Chevaliers enchaînés dans les cachots de l'Inquisition.
sans se faire arrêter comme véhémentement soupçonné de partager les hérésies des accusés ? (1), tandis que les reptiles aux gages de tous les puissants,
pouvaient tout à leur aise expectorer leur venin
contre des accusés condamnés d'avance !.. « Cette
énigme » (dont les catholiques n'ont jamais cherché le mot) il faut qu'elle soit connue de tous, et
que l'on sache le secret des Chevaliers du Temple.
C'est pourquoi ce chapitre est consacré à ces hé-
roïques Martyrs du trône et de l'autel.

Fondé en 1118 par Hugues de Payens, de la maison du comte de Champagne, l'Ordre fut approuvé
par le concile de Troyes en 1127. Leur Grand Maître avait le rang de prince. Les Chevaliers faisaient
quatre vœux : celui de se vouer à la défense des
pèlerins contre les infidèles, et ceux de pauvreté,
de chasteté et d'obéissance.

Sur leur bannière appelée Beaucéant on lit ces
mots : « Seigneur, non pas à nous, mais à ton Nom
que tu dois rapporter la gloire de nos actions. »

1. Ne pas oublier que les formes judiciaires de ce temps-là n'exi-
geaient point la signature de l'accusé !

Saint Bernard leur rendait ce témoignage : « Ils
« vivent sans avoir rien en propre, pas même leur
« volonté, vêtus simplement et couverts de pous-
« sière, ils ont le visage bruni par le soleil. le
« regard fier et sévère ; à l'approche du combat.
« ils s'arment de la foi au dedans et de fer au
« dehors ; leurs armes sont leur unique parure. »

En 1131, Alphonse, roi d'Aragon et de Navarre, institua cet ordre héritier de ses Etats, mais
ils refusèrent (Les Teutoniques n'auraient pas eu
cette délicatesse).

En 1136, Roger III établit les Templiers dans le
Languedoc. Ils étaient à cette époque assez puissants pour lever des armées et équiper des
flottes.

En Syrie, ils soutinrent Louis le Jeune ; en Pales-
tine, ils défendirent Gaza contre Saladin à la bataille de Tibériade, au siège de Damiette en
1219.

En 1248, ils combattaient pour le roi saint louis,
et soutinrent un combat meurtrier pour sauver le
fougueux et imprudent Robert d'Artois, le frère
du roi, qui fut tué avec un grand nombre de Templiers dont il n'avait pas voulu écouter les conseils.

En 1274, ils luttèrent contre le prince d'Antioche,
étant avec le roi de Chypre. Plus tard, en 1291, après
une résistance héroïque pour conserver la ville
d'Acre à la France, ils durent céder aux forces qui
les entouraient. Le Grand Maître et dix Chevaliers,
qui seuls avaient survécus au siège de la ville d'Acre,

s'embarquèrent pour l'île de Chypre où ils s'établirent sous la protection de l'Angleterre.

En 1292, le concile de Salzbourg avait proposé de réunir les trois ordres : *les Templiers, les Hospitaliers et les Teutoniques,* mais le Grand Maître Jacques Molay n'y tenait pas.

Il fit tenir un mémoire au pape Nicolas IV, où il « disait qu'il serait nécessaire que les Templiers se « relâchassent de beaucoup et que les Hospitaliers et « et les Teutoniques se réformassent en bien des « points »; mais il craignait la discorde parmi les frères réunis, « peut-être les entendrait-on se dire entre eux : « Nous valions mieux que vous dans « notre premier état, nous faisions plus de bien ! »

Mais en 1299 les Templiers durent se réunir momentanément aux Hospitaliers pour repousser les barbares.

Ceci prouve que l'ordre des Templiers était le plus sévère et le plus digne : mais aussi c'était un des plus grands griefs de l'Église, qui s'est acharnée à flétrir la mémoire de ces héros dont les vertus étaient la plus sanglante critique des mœurs corrompues du clergé.

Avant de parler de ce procès inique, nous ferons connaître la valeur morale des deux accusateurs, qui, depuis longtemps, avaient prémédité l'abolition du seul ordre vraiment chevaleresque, religieux et militaire qui faisait honneur à la Chrétienté. Laissons aux peuples de toutes les nations, le soin de prononcer de quel côté se trouvaient la dignité, l'honneur, le Droit et la *Justice !...*

L'histoire de Philippe le Bel, dit *le Faux Mon-*
nayeur, est connue, néanmoins certaines particu-
larités ne le sont guère (puisque M. Drumont
parle d'*énigme*).

Philippe IV, dit le Bel, était un homme sans
scrupule et d'une fourberie telle, qu'il ne reculait
devant aucun crime pour satisfaire ses passions
malsaines; né en 1265, monté sur le trône en 1284
il mourut en 1314.

> « L'histoire lui donna le surnom de le Bel,
> Elle eût dû le nommer *le voleur*, *le cruel*,
> La mort des Templiers qu'il fit livrer aux flammes,
> Et sa fausse monnaie, et ses impôts infâmes
> Eussent justifié ces titres mérités ;
> Châtiment faible encor pour tant d'iniquités ! »

(*Chronologie de l'histoire de France*, par *Arnoult* aîné.)

Cet homme sans cœur était doué de beaucoup
d'esprit ; ses lettres au pape Boniface VIII en sont
la preuve. S'il eût été élevé ailleurs que sur les
genoux de l'Église, ce prince eût été tout autre ;
mais l'exemple du clergé n'était point fait pour lui
inspirer la vertu, et rien ne pouvait l'arrêter lorsqu'il s'agissait de satisfaire sa jalousie et ses convoitises.

Un seul trait peint Philippe IV. Guy de Dam-
pierre, comte de Flandre, avait une fille charmante
fiancée au roi d'Angleterre ; la voulant pour un de
ses fils, en convoitant les Etats du père, Philippe
donne une brillante fête à Paris, invite les princes ses
voisins. Le comte de Flandre, sans défiance, arrive
avec sa fille, Philippe fait enfermer le comte de

Flandre dans la tour du Louvre, la jeune fille qu'il garde de force meurt de chagrin et il s'empare des états du père !

Pour soutenir cette infamie, Philippe se préparait à la guerre, lorsque Boniface VIII, espérant tirer un avantage de ce conflit, offrit sa médiation que le roi refusa. Le pape se vengea par la bulle *Clericis laïcos*, défendant à Philippe de lever aucun impôt sur le clergé de France sous peine d'excommunication pour les laïques et les ecclésiastiques qui paieraient au roi aucun impôt sans l'autorisation du Saint-Siège. Philippe, ne voulant pas reconnaître le pouvoir temporel que s'arrogeait le pape, passa outre et fut excommunié ainsi que tous les Français avec lui ! Les papes employaient leurs foudres, non pour frapper le vol et la trahison, mais seulement dans leur intérêt personnel et surtout pour leur cupidité rapace, qui s'étendait aussi bien sur le denier du pauvre, que sur la fortune du riche. Les lignes suivantes donneront une idée de l'arrogance de ce pontife.

Extrait d'une lettre du Pontife au roi :

« Boniface, évêque de Rome, serviteur des ser-
« viteurs de Dieu, à Philippe, roi des Français.
« Crains Dieu, et observe ses commandements.
« Nous voulons que tu saches que tu nous es soumis
« pour le temporel comme pour le spirituel, etc.

Le roi répondit : « A Boniface qui se dit
« pape, peu ou point de salut. Que votre

« extrême fatuité sache que nous ne sommes
« soumis à personne pour le temporel, etc. (1). »
Réexcommunié cette fois avec tous les officiers du royaume ainsi que « tous les prélats,
« prêtres qui fonctionneraient », Philippe répondit à cette attaque par un concile nombreux qui se
tint à Paris, où Boniface fut accusé d'hérésie manifeste,« de simonie, d'homicides et de bien d'autres
« vilains péchés, d'athéisme et d'inceste, qu'il était
« sodomiste et meurtrier de plusieurs prêtres qu'il
« avait fait tuer en sa présence, etc. »

Le concile français décida que Boniface VIII ne
devait plus être regardé comme pontife, qu'il fallait le déposer comme incorrigible (2).

Le Pontife finit par mourir de colère en se
voyant démasqué, après avoir été insulté par No-
garet, l'envoyé de Philippe ; mais le roi persista et
voulut obtenir cette condamnation par le *concile
œcuménique* en flétrissant la mémoire de Boniface ;
un nouveau procès fut entamé et dura jusqu'au
concile œcuménique de Vienne (1311), le pape était
mort en 1303. Ce second procès fut curieux ; de
tous côtés, des témoins en foule venaient déposer
contre le pape.

Nous ne rappellerons ici qu'une seule pièce de
ce procès fameux : l'acte de l'audition des témoins.

---

1. *Vit. pap. Bonifat. VIII, Francise Pepin Chron.*, l. IV, cap. 41,
p. 738. — Mezeray, *Abrég. chronol. de l'hist. de France,* t. I, p. 493.
2. Du Puy,*Histoire du différend entre Boniface VIII et Philippe
le Bel,* p. 102.
Philipe devait en appeler au concile de Vienne pour son
excommunication.

Ils déposèrent que Boniface disait : « Qu'il est
« ridicule de croire que Dieu puisse être à la fois
« un et trois. Que le Saint-Sacrement est une jon-
« glerie ; qu'avoir commerce avec une jeune fille
« ou un jeune garçon est un acte aussi indifférent
« que de se frotter les mains l'une dans l'autre :
« que ses camériers, dans leurs disputes, se repro-
« chaient les sales faveurs dont le Pontife les avait
« flétris (1), et qu'en mourant le pape avait refusé
« la confession et la communion. » Enfin le concile décida que Boniface VIII ne devait plus
être regardé comme pape légitime !

Les peuples catholiques réclamaient contre la
honte que cette publicité faisait rejaillir sur le
nom chrétien ; et ce fut dans ce temps-là, *comme
aujourd'hui, l'impunité pour les plus coupables,*
nous disons *les,* car à peu de chose près, ces crimes
étaient assez ordinaires chez *les papes.* Ce qui
est assez bizarre de la part de ces hommes qui ont
inventé le célibat des prêtres, se prétendent infaillibles, font loi en religion *et sont athées !*

Ces détails étaient nécessaires pour faire connaître les iniquités des papes, et la faiblesse des
conciles qui n'avaient pas assez d'énergie pour déposer un pontife prévaricateur à toutes les lois
divines et humaines autrement qu'en paroles.

Boniface VIII, condamné par le concile de Paris
pour des crimes abominables, dont un seul eût

____

1. Ses camériers s'appelaient entre eux *meretrix papæ.* Du Puy,
p. 523 et suivantes.

entraîné la mort pour tout autre, n'en reste pas moins sur son siège. Et le concile hésite à flétrir sa mémoire. Ce n'est qu'en 1311, huit ans après sa mort, que le concile œcuménique de Vienne se prononce. Aussitôt la crainte « de faire rejaillir la honte sur le nom chrétien » le réduit au silence, qui se fait sur les crimes de Boniface comme il se fera sur ceux de l'assassin des Templiers : Clément V.

Le concile suprême œcuménique ne trouvant point les accusations contre les Chevaliers du Temple justifiées, désapprouva la façon dont était dirigée l'enquête. La papauté et la royauté n'en tinrent aucun compte, et s'il n'y avait à reprocher à la papauté que cette infraction au droit sacré de la défense, cela suffirait pour condamner à jamais l'institution pontificale.

Dans ses conflits avec le siège de Rome, Philippe n'avait point oublié sa haine jalouse contre les Templiers : la gloire et l'estime universelle qui s'attachaient à eux, lui était insupportable ; de plus, il les savait riches, quel coup double s'il pouvait parvenir, en les anéantissant, à s'emparer de leur trésor !... Mais il lui fallait un pape à lui... Depuis qu'il était monté sur le trône, cinq papes s'étaient succédé, Honoré IV, Nicolas IV, Célestin V, Boniface VIII et Benoît XI. Les deux derniers l'avaient excommunié et avaient eu en grande estime l'ordre du Temple. Qu'importe, il aurait son pape. Il connaissait le caractère ambitieux de Bertrand de Goth, archevêque de Bordeaux. Il lui écrivit une lettre confidentielle, assignant un rendez-vous secret dans un abbaye au milieu d'une forêt près de Saint-Jean-d'Angély. Puis il s'y rendit avec les plus grandes précautions.

Abordant l'archevêque, il lui dit : « Voulez-vous être pape ? » Le prélat protesta de sa soumission à tous les désirs du monarque, s'il lui procurait la papauté : Philippe lui posa cinq ou six conditions : la première, de le réhabiliter de l'excommunication ; la deuxième, de révoquer toutes les censures prononcées contre lui, ses ministres et ses alliés ; la troisième, de lui accorder pour cinq ans les décimes de son royaume, la quatrième, de *condamner authentiquement la mémoire de Boniface* ; quant à la cinquième, il se réservait de la déclarer en temps et lieu... Le prélat promit tout (*Hist. de France*, p. 119, Anquetil). Le cinquième article n'était autre que la destruction des Templiers.

Après s'être emparé des Flandres, comme on sait, il pressura les populations avec tant d'iniquité qu'elles se révoltèrent, préférant mourir sur un champ de bataille que d'être indéfiniment maltraitées et ruinées.

La situation des esprits en France étant dans le même état, il dut ajourner son départ. L'augmentation des impôts, l'altération des monnaies qui n'avaient plus que *le septième de leur valeur*, avaient exaspéré le Peuple, et le mécontentement était si grand dans toute la France et surtout à Paris où les murmures s'exprimaient avec tant de violence, qu'il n'eût fallu qu'un homme déterminé pour renverser le gouvernement. Un jour, Philippe se trouvait non loin du Temple, séparé de son escorte, il dut fuir à la hâte devant une masse furieuse qui l'aurait tué, sans l'intervention des Templiers qui occupèrent la foule (tandis qu'un des Chevaliers ouvrait précipitamment une petite porte dissimulée dans la muraille), heureux de trouver un refuge dans le Temple, auprès de ces braves Chevaliers, qui avaient si courageusement défendu ses ancêtres, et lui sauvaient la vie. L'émeute se divisa ; une partie s'en fut démolir la maison d'un courtisan du roi, tandis que l'autre montait la garde autour du Temple, guettant la sortie du monarque pour lui faire sentir de raisons touchantes. C'est ainsi qu'il fut tenu pendant deux jours, sous la menace d'un peuple justement irrité. (*Hist. de France*, Anquetil.)

Cette hospitalité qui sauva l'existence d'un abominable brigand, amena la destruction de l'Ordre des Templiers.

Voulant mettre à profit son court séjour au Temple, il demanda au Grand Maître Jacques Molay à voir le trésor de l'Ordre. Ce dernier sans défiance le lui montra. Le trésor était immense, se composant : non seulement de la fortune particulière des Chevaliers, lesquels faisant vœu de pauvreté abandonnaient leurs biens à l'Ordre ; mais encore de tous les dons considérables de la chrétienté, qui avait voulu contribuer à une expédition sur terre et sur mer que devaient faire les Chevaliers, afin de mettre un terme aux pirateries, et assurer à l'avenir la liberté du commerce et l'existence des chrétiens en Syrie.

A la vue de tant de richesses, toutes ses convoitises se réveillèrent ainsi que sa haine jalouse contre les Templiers dont la gloire militaire était l'objet de l'admiration générale.

Dissimulant sa rage, il flatta le Grand Maître, le prit pour parrain de son quatrième fils; il fallait bien éloigner tout soupçon en attendant le moment propice. Dans la crainte d'un *tolle* général, il s'abriterait derrière un pape qui serait bien à lui, étant son œuvre.

L'histoire nous a prouvé assez souvent que les papes ne durent qu'autant que le veulent bien les personnages qui ont intérêt à les remplacer, ce qui explique la fin de Célestin V et celle de Benoît XI(1).

Enfin il réussit à faire élire son archevêque de Bordeaux pape, sous le nom de Clément V, en 1305. Il fut couronné dans l'église de Saint-Just, à Lyon, avec une magnificence inouïe. La foule était montée sur une vieille muraille pour contempler le cortège composé des plus grands seigneurs

1. Ce dernier mourut empoisonné en 1304 au moyen de figues que lui avait fait donner Philippe le Bel (comme l'ont avancé plusieurs auteurs), qui lui furent présentées de la part d'une de ses pénitentes (*Raynald*, no 43, t. 23, p. 358). — Quant à Célestin V, il fut la victime de Boniface VIII. Ce crime lui fut reproché aux deux conciles, celui de Paris et celui de Vienne (1311).

Le doux moine arraché à sa cellule dont on fit le pape Célestin V, ne régna que six mois et ne pouvant réformer les monstrueux abus de la cour pontificale, retourna dans sa cellule et prédit que Boniface monterait sur le saint siège comme un renard, qu'il régnerait comme un lion et mourrait comme un chien » — sans prévoir qu'il mourrait assasiné par son ordre !...

du royaume, lorsque la muraille s'écroula, écrasant un grand nombre de personnes, renversant de cheval le pape et blessant le roi. Le duc de Bretagne perdit la vie dans cette circonstance.

Une fois pape, Clément V se garda bien de flétrir la mémoire de Boniface VIII, comme il l'avait promis à Philippe, de même qu'il lui avait promis de le faire empereur ; il fit au contraire presser les électeurs de nommer à l'empire Henry, comte de Luxembourg ; mais s'il manqua de parole pour des choses qu'il ne jugeait pas devoir lui rapporter grand profit, il n'en fut pas de même pour les Templiers dont il devait partager les trésors avec son royal complice.

On se rappelle qu'en 1299 les Templiers s'étaient unis aux Hospitaliers (de Saint-Jean de Jérusalem) pour repousser l'invasion des Tartares ; il s'ensuivit entre les deux ordres une profonde estime dont les Hospitaliers voulurent laisser une marque à leurs frères du Temple. C'était un livre où ils avaient réunis tous les documents relatifs aux évangiles qu'ils attribuaient à saint Jean. Le disciple bien-aimé mentionnait toutes les sectes diverses qui s'étaient formées après la disparition de Jésus. Ce livre précieux contenait la pure Morale débarrassée de toutes les contradictions des évangiles attribués à saint Luc (le secrétaire de saint Paul) *et désignait les récits apocryphes et les interpolations de différentes sectes que l'Église adopta plus tard !...*

Ce livre avait été reçu comme un don précieux avec promesse de garder le secret le plus absolu sur son existence ; mais la papauté en fut instruite par un traître (1).

Le prieur de Montfaucon, pour sa mauvaise conduite, fut condamné par le Grand Maître à la prison ; un misérable du nom de Noffodei, chassé de son pays et du Temple où il servait comme domestique, se joignit à lui et tous deux croyant avoir des motifs de vengeance contre l'Ordre, firent des dénonciations calomnieuses contre les Chevaliers captifs.

Le 13 octobre 1307, le Grand Maître, qui se trouvait dans l'Ile de Chypre, fut appelé en France, sous prétexte de réunir son Ordre à celui des Hospitaliers pour une expédition.

A peine était-il arrivé à Paris avec ses Chevaliers, qu'ils furent tous arrêtés dans leur palais du Temple, que le roi occupait déjà, après avoir fait main basse sur toutes les valeurs de l'Ordre.

Le même jour, les Chevaliers sont arrêtés dans toute la France, après la promulgation (le 14 septembre 1307) de l'acte d'accusation publié par Philippe où il les qualifie « de *loups ravissants, de perfides, d'idolâtres*, dont les œuvres, les paroles seules sont capables de souiller la terre et d'infecter l'air. »

Les habitants de Paris sont convoqués dans les jardins du roi pour être sermonnés par les moines ayant pour mission d'ameuter le Peuple contre les Proscrits !

Ils étaient dans les fers. L'Inquisiteur, dont le

---

1. Lors de l'arrestation des Chevaliers, les Familiers de l'Inquisition fouillèrent de fond en comble le palais du Temple pour trouver le livre, sans pouvoir y parvenir.

nom doit être cloué au pilori de l'histoire, s'appelait *Guillaume de Paris*. Tant qu'un prévenu n'est pas jugé, il doit être présumé innocent ; il n'en est point ainsi dans les prisons de la sainte Église ; tous les prévenus qui s'y trouvent sont tourmentés, isolés, loin de tout conseil ; les Chevaliers du Temple furent interrogés par ce Guillaume avec la plus insigne mauvaise foi. Manquant du nécessaire, *ces nobles Guerriers de la défense*, marchant de pair avec les princes, sont privés des secours spirituels qu'ils désirent. Ils se plaignent, les infortunés, que les 12 deniers qu'on leur donne pour leur nourriture ne sont pas suffisants, « car « on leur prend 3 derniers pour le coucher, et « 2 sols *pour faire ôter leurs fers* quand on les fait « paraître devant les commissaires et autant pour « les *remettre* (Dupin, p. 167).

Par la lettre au roi d'Angleterre qui nous sert d'épigraphe, on peut être édifié sur la réputation irréprochable dont jouissait l'Ordre du Temple. A peine sont-ils arrêtés que la lâcheté *de la mauvaise race* se fait jour, ainsi que la cupidité des hommes de proie. C'est pourquoi tous les souverains se laissèrent convaincre par le déluge des circulaires de Philippe qui en inondait toutes les cours d'Europe, et comme chaque nation à peu près, possédait une Commanderie *avec son trésor*, les souverains, à l'exemple de Philippe le Bel, *en bénéficiaient*.

C'est pourquoi vingt-six princes, pour faire leur cour au roi de France, se déclarèrent accusateurs, et de tous côtés archevêques, évêques, princes, abbés, chapitres, communautés, bourgs et châteaux envoient leur adhésion. Le roi et le pape, à force de calomnies, étaient arrivés à obtenir pour les Chevaliers, dans la plupart des autres Etats de l'Europe, le même sort qu'en France. Et avant le jugement des Templiers, le très saint-père et très Clément V, lançait une bulle d'excommunication contre toutes les personnes qui accorderaient aide, secours, retraite ou conseil à ces infortunés ! (1).

On promet la vie, la liberté, la fortune aux Chevaliers qui avoueront les crimes dont l'Ordre est accusé. Pour les engager, on leur présente de prétendues lettres du Grand Maître, par lesquelles ils sont invités à faire des révélations. Lorsqu'ils résistent à tous les genres de séduction, on les livre au bourreau ; vaincus par la souffrance, si quelques-uns consentent à donner raison aux accusateurs, puis se rétractent en regrettant leur faiblesse, on les envoie à la mort comme relapses et hérétiques, non pas pour avoir commis le crime dont on les accusait, mais pour avoir révoqué leurs aveux !

La haine et l'animosité sont telles, qu'on déterre et qu'on brûle les os des Templiers morts avant l'accusation (2). Un nombre considérable de Chevaliers sont morts martyrs dans la torture sans jamais avoir rien avoué !!!...

1. Et les prêtres osent prêcher le pardon des injures et la fraternité en donnant de tels exemples !...
Copiam litterarium magni magistri. (Joan. canonic.) Sti victoris. Toutes les fourberies.
2. *S. Joannis de Thuro exhumata atque combusta (Idem).*

Cette accusation se divisait en 127 articles (dont nous ne citerons que les principaux) envoyés par le pape aux commissaires apostoliques, aux inquisiteurs et aux évêques de tous les pays où se trouvait une maison de l'Ordre, pour diriger les informations, en conformité des désirs du pape infaillible qui ne pouvait se tromper quand il accusait ! Voilà où en étaient les troupeaux de l'église, n'importe à quels rangs qu'ils appartinssent.

C'est ce même Clément V [accusant sur les infàmes calomnies de Philippe, *les Templiers innocents*], qui refusait d'adhérer aux arrêts des conciles de Paris et de Vienne, condamnant pour ses crimes avérés la mémoire de Boniface VIII, afin de ne point compromettre la papauté. Cette institution cléricale, quoi qu'on fasse pour la couvrir, est un scandale permanent pour l'Humanité.

L'instruction donnée aux commissaires par l'inquisiteur Guillaume pour obtenir des aveux, est un chef-d'œuvre de perfidies et de scélératesses. « Quelle procédure que celle qui commence par « la torture ! Quels juges que ceux qui commen-« cent par déclarer à l'accusé, que s'il n'avoue pas « les crimes qui lui sont imputés, il est d'avance « condamné à mort ! Quelle partialité que de rédi-« ger seulement les réponses qui sont à la charge « des accusés ! » (Raynouard, *Précis hist.*, 1805).

C'est ainsi que ces infortunés ont subi la torture dans tous les royaumes, même en Angleterre, *qui s'inclinait alors sous les ordres de l'inquisition de Rome !...*

5

Il est très probable que plusieurs Chevaliers, épouvantés par les menaces, séduits par les promesses ou vaincus par les tortures, firent des aveux ; mais de quelle valeur peuvent être des aveux obtenus par la séduction, ou arrachés par la douleur ?... ils aggravent au contraire le crime et l'opprobre des accusateurs !

On lit dans une bulle de Clément V à Philippe le Bel, datée d'Avignon, que le roi avait témoigné au pape que le retard qu'avait éprouvé l'affaire des Templiers pouvait occasionner de tristes et dangereux effets. « Plusieurs des Templiers, disait le roi. « qui avaient avoué qu'ils étaient coupables, voyant « l'affaire traîner en longueur, tombent dans le dé- « sespoir, se méfient du pardon ; d'autres, au con- « traire, rétractent leurs aveux ; ces retards exci- « tent les murmures du Peuple contre votre gran- « deur. et contre moi-même. Il dit que nous ne « nous soucions, ni vous ni moi, de cette affaire : « mais *que nous en voulons seulement aux biens* « *que les Templiers possédaient.* » (N° 19, carton des Templiers, n° 3, trésor des Chartres.)

Ainsi dès cette époque, le Peuple avait trouvé *le vrai motif.* On savait que la défense n'était pas libre. — Quoique détenus dans les diverses prisons de Paris, soixante-quinze Chevaliers se portèrent comme défenseurs de leur Ordre et vinrent devant les juges qui avaient leur siège fait d'avance. Aussi ne tinrent-ils aucun compte de la défense et des plaintes de ces nobles Chevaliers. [Mais elles ont traversé les siècles et la *postérité a jugé les juges* !...] Nous en détachons ces extraits :

« Les formes légales, disaient les Chevaliers,
« ont été violées envers nous , nous avons été saisis
« comme des brebis qu'on mène à la boucherie...
« Jeté dans d'affreuses prisons, on nous a fait subir
« toute espèce de tourments, un grand nombre de
« Chevaliers *sont morts dans les tortures et des suites*
« *de ces tortures.* Plusieurs ont été forcés de porter
« con're eux-mêmes, un faux témoignage qui, ar-
« raché par la douleur, n'a pu nuire ni à eux ni à
« l'Ordre !

« Quant aux chefs d'accusation que la bulle du
« pape proclame contre nous, ce ne sont que *faus-*
« *setés, déraisons, turpitudes, mensonges détesta-*
« *bles et iniques* ; nous demandons à comparaître
« en personne devant le concile général, etc.

« N'est-il pas étonnant qu'on ajoute plus de foi
« aux mensonges de ceux qui, pour sauver leur vie,
« cèdent à l'épreuve des tortures, qu'à ceux qui, pour
« la défense de la Vérité, *sont morts* avec la palme
« du martyre ! et à ceux qui survivent, et pour
« satisfaire leur conscience ont souffert et souffrent
« encore chaque jour ! » — Ils ont demandé à
être menés devant le concile général et le concile
ne les a pas réclamés.

Nous n'avons indiqué ici qu'une faible partie de
cette procédure monstrueuse employée par le pape
et le roi. Ceux qui voudront fouiller le fond de ce
cloaque d'infâmes turpitudes cléricales, liront le
Précis historique de Raynouard (publié en 1805).

Les prétendus aveux de soixante-douze Chevaliers que le pape dit avoir interrogés, aucun procès-verbal ne les mentionne. L'information ornée de deux cent cinquante témoignages, présentée par les délégués de Clément V au concile œcuménique de Vienne (1) tenu en 1311, ne lui paraît pas offrir de preuves capables de le déterminer à abolir l'Ordre. En refusant son adhésion au procès, le concile ne fit qu'un acte de justice, car il n'ignorait pas que la grande majorité n'avait pas été interrogée, et de quelle nature étaient les interrogatoires. Les dispositions prises contre les Templiers, et leur condamnation, non seulement n'ont aucune valeur, mais elles sont *une forfaiture contre la décision du concile œcuménique* qui pour le clergé catholique, *représentait l'autorité!...*

Des malheureux Templiers, qui avaient cédé à la torture en avouant des crimes imaginaires [ce n'était pas assez] l'église en fit des délateurs, des accusateurs contre leurs frères !... Telle est la morale catholique !

Par le jugement du concile de Sens, les Chevaliers qui avaient fait des aveux *furent déclarés innocents* et mis en liberté ; ceux qui n'avaient rien avoué furent condamnés à la prison. Quant à ceux qui disaient à leurs juges : « nous avons cédé à la douleur des tortures, mais nous révoquons les faux aveux qui nous avaient été arrachés » ; le concile

1. Le concile œcuménique se composait de 300 évêques sans compter les prieurs, abbés, etc. A l'unanimité ils répudièrent les procédés du procès qui ne pouvait arguer d'aucune preuve (Voir les archives des Templiers).

décidait qu'ils s'étaient, dans leurs aveux, reconnus hérétiques et qu'en se rétractant ils le redevenaient, qu'ils étaient relaps et condamnés à être brûlés *et ils l'étaient !* Telle était la justice catholique!

A Bologne et à Ravennes ils furent absous par les conciles ; en Aragon aussi, mais après avoir subi la torture. En Allemagne, ils se présentèrent en nombre et en armes au concile qui s'empressa de reconnaître leur innocence !

— En Chypre où ils étaient puissants, nombreux et bien armés, forts de leur conscience, ils se livrèrent à la justice. Ils ne furent point proscrits.

— A Metz, tous les Templiers soutinrent l'innocence de l'Ordre et ne furent point punis. Partout ailleurs, ils aimèrent mieux souffrir la prison perpétuelle que d'avouer les mensonges qu'on leur imposait. Cette diversité de jugements des différents conciles suffisent pour prouver l'iniquité de la condamnation des Chevaliers du Temple (2).

Le Grand-Maître Jacques Molay avait une réputation de vertu, de probité et de bonnes mœurs (très rares parmi les membres du clergé) tellement avérée qu'on n'osa pas lui imputer les crimes honteux qu'on supposait autorisés par les statuts de l'Ordre. Le fourbe inquisiteur ne lui demandait que fort peu de chose qui n'entachait ni l'honneur ni la dignité de l'Ordre.

— Le désir d'épargner la torture et la mort à ses Chevaliers, l'espoir de s'entendre avec le pape,

2. Catalogue des manuscrits de Baluze (p. 525). — Voir Rymer, tom. 3.

d'apaiser le roi ; ces considérations ont pu le faire condescendre à un aveu momentané qui se réfutait de lui-même ; mais dès qu'il connut le piège infâme de l'inquisiteur, il se hâta de faire une rétractation solennelle, qui fut suivie de celle de tous ses Chevaliers et comme dit M. Raynouard :

« *Sans cette erreur, peut-être ils paraîtraient moins Grands !* »

Le roi, furieux, assembla aussitôt son conseil privé ou il fut décidé que le Grand Maître serait brûlé ; lui, le brave des braves dont la vie entière était faite de dévouement et d'héroïsme !...

Jacques Molay monta courageusement sur l'échafaud avec les Siens qui moururent comme des Héros et des Martyrs (1).

Maintenant une courte biographie de Clément V pour l'édification des catholiques. Ce pape féroce était de mœurs scandaleuses, n'osant pas habiter Rome où il n'était pas estimé, il établit sa cour à Lyon *avec une maîtresse et un icoglan* ; l'une était la comtesse de Périgord, et l'autre son neveu.

Sa vie n'est qu'un tissu de perfidies. Voulant soulever contre les Turcs une croisade, il ose affirmer dans une bulle, que l'homme le plus infâme qui s'y enrôlera, quand même il aurait mérité l'enfer éternel, il sera exempté et pourra même retirer trois ou quatre âmes du purgatoire !

1. Plus de 350 Chevaliers étaient morts dans les cachots de l'Inquisition, de privations et des suites de la torture, sans avoir rien voulu avouer. Si l'église confessait le nombre incalculable d'innocents qu'elle a martyrisés, elle serait l'exécration du monde entier !

La mémoire de Clément V doit encore être exécrée pour avoir comme Innocent III poursuivi par le fer et le feu l'extermination de ce qui restait de Vaudois, contre lesquels il publia une croisade, et en fit d'un seul coup massacrer quatre mille, dont tout le crime consistait à être irréprochables sous le rapport des mœurs, ce qui était une condamnation de celles du clergé !...

CHAPITRE V.

LA MILICE DU CHRIST.

Sommaire. — Le catholicisme du roi-Soleil. — La cupidité d'une famille noble. — Opinion de Proudhon sur le prêtre. — Les blasons qu'on redore. — Les outrages de l'église se retournent contre elle. — Juifs et Chrétiens, victimes de l'église catholique. — Nécessité de l'Union des Peuples — Pamphlet de Léon XIII contre les Franc-Maçons — Les sociétés secrètes de l'église de Rome. — Le roi des bourreaux. — La milice du Christ. — Le pacte de sang. — Ce que l'église catholique fait des relations de famille !...

(Page 176). Nous ne croyons à aucune des légendes non contrôlées du moyen âge sur les Juifs, accusés d'empoisonner les fontaines ; mais nous croyons sur des preuves indéniables, à l'empoisonnement moral que l'église fait subir à l'Espèce humaine du berceau à la tombe ; heureusement que depuis 1789 le contrepoison à pu circuler au profit de la Vérité.

Les prêtres ont tellement conscience d'avoir excité la haine et le massacre contre les Juifs, et sentent si bien la responsabilité qui leur incombe dans toutes ces exterminations, qu'ils éprouvent aujourd'hui le besoin de les expliquer; mais ils ne peuvent les justifier en aucune manière.

Quoi qu'il en soit des temps où l'église trônait dans toute sa puissance, disposant des empires, de la conscience et de la vie des Peuples; avec le temps présent, où l'église n'ose plus réclamer le bras séculier contre les hérétiques pour les brûler; ce n'en serait pas moins de la dernière imprudence de se fier à cette tranquillité qui n'est qu'apparente, et faire inconsciemment le jeu de cette ennemie, en divisant la Famille humaine qu'il faut au contraire réunir sous la loi du Père des humains. « Aimez-vous « tous, soyez dévoués à ceux qui souffrent, et solidaires « pour mettre un frein aux entreprises des *mauvais* « qu'il faut convertir à de meilleurs sentiments ! »

(Page 209). — Sous louis XIV, époque où les jésuites gouvernaient les consciences, où la morgue unie à l'imprévoyance du monarque, compromettaient l'existence de l'Etat en province, le plus grand nombre des commerçants, des agriculteurs étaient ruinés par le fisc; *le royal minotaure suçait à son profit l'or et le sang du pays*, laissant le trésor public épuisé par ses fêtes *sardanapalesques*. Ce jouisseur effréné ambitionnant toutes les gloires, fit périr pour sa gloriole des milliers d'hommes dans des guerres aussi insensées qu'inutiles. Si le roi-Soleil ne s'occupait guère de ce qui pouvait faire la prospérité de l'État, en revanche il bâtissait Versailles et Marly; s'il écrasait

les Français d'impôts, il comblait de gratifications
ses flatteurs, et payait des pensions à des étrangers
pour faire célébrer sa munificence (Voir les comptes
de Colbert).

Du reste dans la longue carrière du roi-Soleil,
pas le moindre souci de ses crimes ; affichant ses
adultères avec un cynisme révoltant, n'ayant ni
conscience, ni probité ; mais possédant l'absolution de ses confesseurs qui lui permettaient chaque jour de renouveler ses orgies ; tel était le roi
Louis XIV, très dissolu, très orgueilleux et très
catholique, craignant beaucoup l'enfer, ce qui n'est
une garantie ni pour la Vertu ni pour le Mérite.

Enfin comme résultat de ce qu'on doit attendre
d'un élève du clergé, tous les éléments de prospérité de la France, absorbés par cette personnalité
encombrante, firent place à une misère si complète, que la plupart des Paysans en étaient réduits
à manger de l'herbe sur la fin du règne de ce fléau,
et ce fut un juif, *Samuel Bernard*, qui sauva une
situation bien embarrassée (1).

(P. 210). On reproche aux Juifs leur usure. Un
lieutenant de police en parlant d'eux disait :
« Qu'ils se font une espèce de religion de tromper
« autant qu'ils le peuvent tous les chrétiens avec
« lesquels ils traitent. » — Ce magistrat ne devait
pas s'étonner pour si peu, s'il connaissait la base
de sa propre religion sortie de la bible ! N'est-il pas
dit dans *ce livre* [regardé *comme sacré* par tous les

---

1. Comme on le verra chap. XIV.

chrétiens] — au sujet de la fuite d'Egypte : « chacun
« demandera à sa voisine et à l'hôtesse de la mai-
« son, des vaisseaux d'or et d'argent et des vête-
« ments que vous mettrez sur vos fils et vos filles ;
« ainsi vous butinerez les Egyptiens (*Exode*, ch.
« III, v. 22).

Ce sont les conseils que *censément* le dieu de
Moïse donne aux Israélites lors de leur départ,
comme une manière ingénieuse de s'approprier le
bien d'autrui, et puisque les chrétiens ont accepté
la bible comme un livre dicté par Dieu même, ils
n'ont donc pas le droit de faire un crime aux Juifs
de suivre des enseignements, si contraires à la probité des gens honnêtes qui ne sont ni juifs ni
chrétiens ; les chrétiens le peuvent d'autant moins
que leur église et leur clergé du moyen âge, en
vols, filouteries, extorsions, spoliations, ont
dépassé tout ce qu'on peut rêver en ce genre, en y
joignant la plus effroyable des violences. Ce ne
sont donc point les Juifs qu'il faut attaquer ; mais
les fausses religions qui permettent ou conseillent
de tels crimes !

Si, au lieu de persécuter les Juifs et les Chrétiens
pour les dépouiller de leur fortune, l'église les
eût instruits dans les devoirs sociaux en les traitant avec la douceur à laquelle ont droit toutes
les Créatures de Dieu, en leur donnant de bons
exemples, un chrétien n'aurait jamais osé aujour-
d'hui préconiser les atrocités du moyen âge ! et a
notre époque cette église ne serait pas à l'*index*
de tous ceux qui, en dépit de ses faux dogmes, ont

conservé le culte *du Dieu unique* qui n'a rien de commun avec les dieux de la bible et de l'évangile ! Brûler ne sera jamais une raison, *et la question ordinaire ou extraordinaire* ne peut être une réponse aux aspirations légitimes de l'Être humain !

(P. 213). L'auteur de la *France Juive* se trompe en croyant que la cupidité est l'apanage du Juif, elle se retrouve dans toutes les classes de la société. M. Drumont le prouve lui-même dans le récit qu'il fait de ce droit de protection fictive. En 1715, un noble, du nom de Brancas, astraignait plusieurs familles Juives à lui payer chaque année quarante livres. « Les Juifs protestèrent qu'ils « n'avaient nul besoin de protection. » Les Brancas s'obstinèrent à « protéger quand même » — c'est-à-dire à spolier les trente familles d'Israël « qui deux ans après s'élevaient à 480, ce qui faisait la somme de 19.200 livres pour les Brancas » — qui n'y avaient aucun droit

Si nous voulions entrer dans les détails des exactions exercées sur les malheureux travailleurs par ces soi-disant nobles de toutes les Nations, qui en fait de cupidité, d'escroqueries, de dettes impayées, ont dépassé tout ce qu'on reproche aux Juifs (non pas que nous excusions ces derniers, le vol est aussi indigne pratiqué par un empereur, roi, prince ou noble, que par le plus simple citoyen); mais nous préférons remonter aux sources, sans nous arrêter aux tromperies d'un marchand vendant des choses au-dessus de leur valeur, lorsque nous voyons partout s'étaler les maisons de commerce de l'église, appointées par le gouvernement qui l'autorise à vendre une marchandise *qui n'a jamais existé* ! et Proudhon était dans le vrai lorsqu'il disait (dans la *Révolution au XIXe siècle*, p.288) : « *Il ne se passera pas un demi-siècle peut-être avant que le prêtre ne soit poursuivi comme escroc !* »

Le prestige de l'église, des princes et de la noblesse s'efface de plus en plus par eux-mêmes, grâce à leur absence de sens moral et à leur dédain pour l'opinion publique. C'est à qui veut redorer son blason. Que la fiancée soit *juive* ou *chrétienne*, de bonne ou de mauvaise race bourgeoise, peu importe, pourvu que la fortune rêvée atteigne un chiffre. Ce n'est pas que nous estimions plus les uns que les autres, car pour nous il n'y a de vrais nobles que ceux qui le sont PAR LEUR MÉRITE PERSONNEL ; mais nous nous plaçons au point de vue de ceux qui assistent à la vente d'un nom, et aux résultats de la conduite *du gendre à M. Poirier.*

(P. 216). Nul ne peut blâmer les Israélites de se faire chrétiens pour garantir leur existence dans les pays comme l'Espagne où l'église et ses haines dominent. « Faites-le », écrivaient les Rabbins, « mais gardez toujours la loi de Moïse dans le cœur ». Ces Rabbins nous semblent infiniment plus raisonnables que les prêtres fanatiques. En quoi l'église pourrait-elle trouver à redire au sujet des tolérances rabbiniques ; n'a-t-elle pas des absolutions pour tous les crimes et des dispenses pour tout faire, qu'elle vend à beaux deniers comptants ?...

(Même page). Nous savons bien que l'église a des épithètes outrageantes pour *ceux* qu'elle a forc d'accepter ses mensonges, qui, selon elle, *n'ont plus le droit de s'en affranchir*; elle les appelle des *renégats ou apostats* et dit qu'ils retournent à leur vomissement, lorsqu'ils retournent à leur dogmes primitifs; mais tous ces outrages retombent d'aplomb sur elle-même.

Car l'église de Rome n'est qu'*une renégate*, qui a violé, tronqué et complètement dénaturé les préceptes de *Jésus l'Essénien*, et ne peut *retourner à son vomissement puisqu'elle n'en est jamais sortie*; attendu qu'en acceptant les élucubrations de l'apôtre Paul, et celles de l'empereur Constantin, elle s'est fait un lit de fange où elle s'est corrompue !...

(P. 228). En quoi ceux qui avaient le malheur d'attirer l'attention de l'église devaient-ils absolument subir sa loi? Ceux qui les blâment devraient s'adresser cette simple question. — Si je fusse né Juif, n'aurais-je pas agi de la même façon, tout en détestant les oppresseurs qui torturent jusqu'aux consciences !

P. 231). On reproche aux Juifs : de n'avoir jamais travaillé à la terre, de n'avoir exercé d'autre métier que le trafic... Que pouvaient-ils faire de mieux?... Toutes les carrières leur étaient interdites, toujours en suspicion ils étaient obligés d'être nomades (1).

« Des gens qui avaient tué le bon Dieu » dit M. Drumont, lequel semble approuver cette haine implacable à travers les âges, contre une Nation

---

1. Nous avons déjà répondu à cette question dans notre préface.

irresponsable, de la mort d'un homme condamné par le gouvernement romain, comme factieux.

(P. 234). S'il est vrai que les Juifs « sont les « ennemis secrets de tout le Genre humain », il faudrait les supposer les plus criminels, les plus fous, ou les plus imprévoyants des hommes. Rien dans leur conduite antérieure ne justifie une semblable supposition; et si cela était nous n'en espérerions pas moins les ramener, dans leur intérêt le plus cher, aux sentiments de la justice, en leur prouvant que s'ils ont le droit d'exécrer la persécution, ils n'ont pas celui de détester leurs frères en souffrance !

Quel serait le Juif du moyen âge qui pourrait dire qu'il a souffert de l'inquisition plus qu'un catholique, ou qu'un protestant ?... L'église n'a-t-elle pas fait des Martyrs dans tous les rangs et dans toutes les sectes religieuses, dont le plus grand crime à ses yeux était de mettre DIEU au-dessus du *prêtre* !

L'église a excité la guerre entre toutes les Nations, qui lui prêtaient le flanc par leur haine jalouse, et, grâce aux divisions qu'elle a semées, tous les avantages ont été pour l'église qui les exploite tour à tour.

DE L'UNION SEULE, dépend aujourd'hui le salut du Monde, et tous ceux qui portent un cœur d'homme doivent travailler à cette union avec le DÉVOUEMENT *d'un fils de la Grande Famille.*

Qu'importe à chaque Peuple que son voisin pense en religion d'une façon ou d'une autre ; ce qui lui importe avant tout, c'est d'en être secouru en cas d'attaque de la part d'un voisin.

(P. 261). Au sujet des Francs-Maçons sur lesquels Léon XIII appelle la vindicte des gouvernements dans une encyclique insensée, M. Drumont les accuse de connivence avec les Juifs contre la France.

— Nous ne pouvons admettre une pareille affirmation, connaissant trop de choses à l'avantage de l'Esprit fraternel de cet Ordre chevaleresque, et nous allons répondre par des faits historiques aux calomnies du Vatican dans le chapitre suivant.

Qu'il y ait en France *des traîtres*, abusant de l'hospitalité qu'ils reçoivent, cela n'étonne personne, toutes les Nations sont dans ce cas et se divisent en deux partis, LES BONS et les mauvais citoyens ; mais de la, à faire de la *Franc-Maçonnerie* le bouc émissaire de la réaction, afin de donner le change, sur les agissements de cette dernière, il y a un abîme ; et l'on ne parviendra pas à faire oublier les fautes et les crimes de ceux qui sans relâche travaillent sciemment à la ruine du Pays, dans l'intérêt de leur fortune particulière !

Quant au pamphlet de l'évêque de Rome contre les Francs-Maçons, il est trop perfide pour passer sous silence ; il faut que l'opinion soit édifiée sur la valeur des dénonciations de Léon XIII ; mais avant, nous donnerons connaissance de deux sociétés secrètes des papes bien autrement dangereuses, que toutes celles qui ont pu exister parmi les Laïques. *Nous voulons parler des Jésuites, et des soldats du Christ !*

Cette dernière fut fondée en même temps que l'inquisition officielle, en 1484, par le bourreau Torquemada, chargé par le pape Sixte IV de l'établir en Espagne; il fut tellement féroce que le pape Alexandre VI. d'horrible mémoire, cru devoir modérer son zèle (mais inutilement). C'est ce même Torquemada qui engloba la jeunesse espagnole dans la bande *des souteneurs de l'inquisition*, qu'il eut l'impudeur de nommer *la Milice du Christ*, devenu par un blasphème de l'église le patron des plus odieux bandits.

La Milice *du Christ* a soutenu et partagé la puissance de l'inquisition, et a fonctionné de la façon la plus cruelle contre les plus hauts personnages de toutes les Nations. Nous ne disons pas qu'elle fonctionne aujourd'hui *ostensiblement* de la même manière; mais comme l'inquisition n'a jamais été abolie par l'église, la *Milice du Christ* ne l'est pas davantage. Elle s'est au contraire multipliée dans toutes sortes de confréries parmi les bourgeois de provinces, sous les noms les plus divers! Ceux qui font partie de ces sociétés ignorent le plus souvent à quel usage on les fait servir, si tous ne sont point assujettis aux serments terribles de la Milice du Christ, tous rendent des services à l'église selon les temps, les lieux et les circonstances.

Les soldats du Christ.

Dans les usages, coutumes et culte de l'église catholique, nous ne pouvons assez le répéter, tout est *sacrilège et profanation !* Ainsi les plus grands crimes sont sanctifiés et portent des noms illustres. l'inquisition qui les résume tous ; s'appelle *sainte*. une société d'espions de toutes nuances et de délateurs de tous rangs, forment ce que l'église appelle avec tant d'irrévérence la *Milice du Christ* !

Afin d'illustrer la sainte compagnie, on faisait croire aux nobles qu'on voulait y affilier ; qu'il fallait justifier de la pureté du sang, c'est-à-dire que l'on ne descendait ni de Juifs, ni d'Arabes, ni de parents condamnés par l'inquisition (*règlement sacré des conditions pour être de la Milice*). Ce règlement n'était que pour exciter l'émulation des nobles à en faire partie, ce qui n'empêchait pas d'admettre dans cette compagnie, les femmes publiques et les malandrins qu'on affranchissait de l'obligation de faire la preuve d'aucune pureté, en considération des grands services qu'ils pouvaient rendre au saint-office, qu'ils appelaient *la cause de Dieu* (1).

Cérémonial du serment qui lie à l'inquisition la Milice du Christ.

Tous les ans, la veille des auto-da-fé solennels, le grand inquisiteur recevait une fournée de ces familiers infâmes, qui abdiquaient dans la main du

---

1. La cause de Dieu, le service de Dieu, le dévouement à Dieu. Pour tous les familiers du Saint-office, Dieu n'est autre que l'inquisition; sa cause, son service, et le dévouement qu'on doit à Dieu se rapportent à elle seule ...

roi des bourreaux (1), revêtu de ses habits pontificaux les plus somptueux, leur dignité d'homme,
leur honneur et tous les sentiments humains.

Cette étrange milice, dit *Llorente* (*Hist. de l'inquisition*) était très nombreuse. L'inquisiteur Torquemada s'était montré si cruel, avait si bien encouragé l'espionnage et la délation, qu'un grand
nombre de gentilshommes illustres, jugeant qu'il
était plus prudent d'appartenir au saint-office que
d'être déclarés suspects, s'offrirent volontairement
comme *soldats du Christ*.

*Formule du serment qui lie l'espion délateur au
saint-office.*

1° L'*inquisiteur* sur son trône, au récipiendaire : — « Jurez-vous de vous consacrer corps et
âme au service de notre sainte religion catholique
apostolique et romaine ?

— Le *récipiendaire* à genoux, avec enthousiasme,
la main sur son cœur : « Je le jure ! » — sans se
douter peut-être à quoi il s'engageait ; et lorsqu'il
s'en apercevait, il n'était pour lui d'autre issue, que
de s'enfoncer jusqu'au fond de cet abîme du crime,
sous peine d'être lui-même « véhémentement
soupçonné d'hérésie ».

2° Jurez-vous de ne jamais prêter l'oreille
aux doctrines corruptrices et empestées des impies

---

1. C'est le nom que les Espagnols donnent au grand inquisiteur ; tous ces détails sont tirés des notes historiques de M. de
CUENDIAS.

du Nord, qu'on appelle des philosophes et des réformateurs ? » — « Je le jure. »

3° Jurez-vous de ne donner asile ni protection à un hérétique, ou à un homme poursuivi comme tel par le saint tribunal ? » — « Je le jure. »

4° Jurez-vous de poursuivre de la parole et du glaive, tout juif chrétien judaïsant, ou luthérien, protestant ; de les dénoncer au saint tribunal pour la plus grande gloire de Dieu et de les livrer. fussent-ils vos hôtes ! soit que vous les ayez entendus proférer des hérésies, soit que vous les ayez vus commettre des actions indiquant *qu'ils ne sont pas dans le vrai chemin du salut* (1), soit que vous les ayez seulement soupçonnés de ne pas être attachés de cœur et d'âme à notre sainte religion ou que vous vous soyez aperçu qu'ils en avaient négligé quelques pratiques ?... soit enfin que dans leur maison ils aient toléré quelques négligences semblables de la part d'un des leurs ? » — « Je le jure. »

5° Jurez-vous d'être toujours prêt à marcher pour le service de Dieu au premier appel de ses représentants (2), fussiez-vous auprès d'un ami mourant ou de votre mère agonisante ? »

6° Jurez-vous de renoncer à tous les liens d'amitié ou de famille lorsqu'il s'agira de la cause de Dieu, et de dénoncer sans restriction vos frères, vos sœurs, votre mère, votre père, votre femme,

---

1. Qui donc pouvait juger une si grave question ?.. Etait-ce le premier venu ; et de quel droit un homme, fût-il prêtre, peut il s'ériger en juge de son semblable ?..

2. Représentants du crime !

même vos enfants, si vous veniez à découvrir en eux des sentiments contraires à notre sainte foi ? »

— Si le récipiendaire éprouve quelques nausées en face du rôle infâme que l'église lui impose ; il est aussitôt noté comme hésitant et l'objet d'une surveillance dangereuse pour sa sûreté; à la moindre défaillance, il ne tarde pas à disparaître dans les *in-pace* des cachots de l'inquisition.

Mais s'il s'est senti un cœur de prêtre, si aucune émotion n'est venue altérer son visage, s'il a savouré d'avance, toutes les vengeances qu'il pouvait tirer de sa nouvelle situation et qu'un « je le jure » ait été retentissant, alors il reçoit la marque de son intronisation dans la *noble milice des espions délateurs !*

Désormais il aura sa plaque de métal sur laquelle est gravé un Christ entouré d'un soleil, puis un imprimé renfermant les instructions données aux familiers, sur tous les procédés à employer pour *faire naître les occasions* ou le soldat du Christ « peut servir la *cause de Dieu !... »*

A la disparition de la torture en France en 1789, l'inquisition se dissimula en se modifiant. Les jésuites en prirent la direction et changèrent le nom de *soldats du Christ* en celui de *Jésuites à robes courtes*, lesquels se retrouvent dans tous les rangs de la société laïque, dans toutes les fonctions gouvernementales; et cela *chez tous les Peuples catholiques !*

— Que la papauté obtienne la moindre partie des territoires qu'elle avait si effrontément usurpés, on verrait reparaître l'inquisition dans les Etats prétendus de l'église, *avec sa milice de soldats du Christ*, qui recommenceraient de plus belle leurs prouesses, que les limites de ce livre ne permettent pas de raconter. Le lecteur peut faire lui-même ses réflexions sur ce que deviennent les relations de la famille, de la société et des Nations, avec *de pareilles milices !*

Quant à l'intempestive encyclique de Léon XIII contre la Franc-Maçonnerie, on ne se serait jamais attendu à ce manque de tact de la part d'un homme qu'on dit si intelligent. Comment peut-il donner l'occasion aux souverains de se rappeler le passé désastreux de l'église catholique, dont l'ambition politique de ses papes a causé de si cruels bouleversements dans les empires !

CHAPITRE VI.

LES FRANCS-MAÇONS.

C'est le sort de la Vérité d'être combattue ;
c'est le **sort** de la Vertu d'être persécutée. La
Maçonnerie a eu à lutter en Italie, en Allemagne, etc., contre les calomnies de l'ignorance
et du fanatisme; mais une société qui a pour principe l'utilité publique ; pour but, la perfection
de l'homme et son bonheur ne succombera jamais.

(L'abbé Pierre *Denis*, prieur de Talezieux
et *Franc-Maçon.*)

Sommaire. — Léon XIII contre les Francs-Maçons. —
Excitation à la haine par un pape. — Souverains et
personnages maçonniques. — Pie IX franc-maçon. —
Pièces authentiques. — Bulles des papes. — Le mal
dont elles sont causes.— Rétablissement de l'inquisition
par les Bourbons en Espagne 1815. — La sainte église apostolique. — Histoire d'un officier F∴ M∴ en 1826. — Les
prisons des prêtres.— Messie de l'Espagne traîné sur la
claie et pendu. — Un Juif brûlé à Madrid 1826. — protestant au bagne pour une bible. — Cannibalisme des
élèves de la Sainte-Milice. — Résultat de l'éducation
catholique. — Les Francs-Maçons. — Leur religion et
leur prière, — Le secret de la Franc-Maçonnerie dévoilé.
— Poésies maçonniques. — Histoire d'un voyageur sauvé
trois fois par le signe maçonnique.

(Page 261). Si l'évêque de Rome a commis une mauvaise action en se faisant le dénonciateur de la Franc-Maçonnerie vis-à-vis des gouvernements, ce n'est point une raison pour les catholiques d'appuyer ses calomnies. Avant de croire à celles qu'un pape peut inventer contre ceux qu'il veut perdre, il faut lire la vie de ses prédécesseurs, afin d'être renseigné sur la valeur morale des chefs de la secte catholique, et ne pas emboîter le pas après le dernier venu dans des accusations aussi graves que celles de Léon XIII contre les Francs-Maçons.

M. Drumont reproche aux Francs-Maçons des faits complètement dépourvus d'authenticité. L'histoire a fait la lumière sur les Francs-Maçons, aussi bien que sur les Templiers. Le beau rôle ne peut jamais être pour les persécuteurs, malgré toutes leurs calomnies contre leurs Victimes, qu'il est si facile de rétorquer.

Pour donner du poids à ses accusations, Léon XIII s'appuie sur la façon dont Benoît XIV jugeait les Francs-Maçons qu'il fit persécuter en Italie avec une grande cruauté (c'était de 1740 à 1758) sur l'accusation qu'ils étaient « *athées, sataniques et ennemis de l'église* ». Les propriétaires étaient menacés de la destruction de leur immeuble s'ils leurs donnaient asile. L'inquisition faisait brûler leurs ouvrages. En Pologne et en Portugal, elle les empoisonnait, Philippe V en Espagne les envoyait aux galères. En 1742, en Portugal, trois sont torturés par l'inquisition. Enfin la persécution fut générale contre eux, grâce à Benoît XIV qui fait l'admiration de Léon XIII. Nul doute qu'il suivrait son exemple s'il le pouvait ; à défaut de l'inquisition, pour obtenir l'équivalent de ses résultats, il s'adresse à tous les gouvernements, les désignant à leur vindicte, dans son encyclique fulminante ; mais autre temps, autres mœurs !

Avant de donner toutes les preuves du contraire des affirmations de Léon XIII contre la Franc-Maçonnerie, nous allons citer quelques noms de divers personnages qui en faisaient partie. Nous donnerons de préférence les noms historiques, nous réservant pour la fin de la liste, un nom qui ne fera pas exulter l'évêque de Rome et son entourage.

NOMS DES FRANCS-MAÇONS

ALEXANDRE, grand-duc de Wurtemberg, oncle de l'empereur de Russie. Ce prince fut reçu à Paris, en 1808, dans la loge du Phénix.

ATTEIGNANT (l'abbé Charles-Gabriel de l'), chanoine de Reims, fut un des hommes les plus spirituels de son siècle. Il naquit à Paris en 1697.

BALZAC (Louis-Charles), architecte, membre de l'Institut d'Égypte et fondateur de la loge du grand Sphynx à Paris.

BARON (l'abbé Olivier-Julien), prieur de la croix de Corneillié et l'un des fondateurs, avec le baron de Walterstorff, de la loge « La réunion des étrangers ». Orient de Paris.

Le procès-verbal imprimé de la séance d'installation de la loge présente ce passage du discours du frère l'abbé Baron.

« Le projet sublime des fondateurs de notre

« Ordre, fut de ne plus voir un jour, dans les ha-
« bitants des deux hémisphères, que les membres
« séparés d'un même corps, d'une même famille.
« de les rapprocher et de les unir par les liens de
« la fraternité. Si ces principes naturels eussent
« été gravés dans tous les cœurs, on n'eût pas vu
« quinze millions d'hommes nouveaux disparaître
« du sol américain peu à près la découverte du
« nouveau monde ; la France n'eût pas eu pen-
« dant quarante années de guerres civiles, ses en-
« trailles déchirées par les mains de ses propres
« enfants (1). »

BERNER (le marquis de); ce fut lui qui apporta de Paris à Berlin en 1758 les hauts grades français.

BEURNONVILLE (le général comte de), ministre d'État, pair de France, élu en 1814 grand administrateur de l'Ordre Maçonnique, ancien Grand Maître national de toutes les loges de l'Inde, etc.

BIELEFELD, envoyé de la cour de Prusse à la Haye (*Hist. littér.*), allemand, auteur des *Lettres familières* où se trouve le récit de l'initiation du roi de Prusse, Frédéric II et d'autres détails curieux par la Franc-Maçonnerie.

BOUBÉE. litt., auteur d'un écrit qui a remporté le prix maçonnique.

BRUNSWICK (le duc Ferdinand de), l'un des plus zélés protecteurs de la Franc-Maçonnerie, grand supérieur de la septième province, il provoqua le convent de Wilhelmsbad en 1782 et mourut en 1792.

BRUNSWICK (le duc Léopold-Maximilien-Jules de), il per-

---

1. L'abbé Baron, Franc-Maçon, ne pensait pas comme les évêques de Rome. Les Espagnols, qui pensent comme eux, ont éventré quinze millions d'hommes; tandis que ceux qui pensent comme les Francs-Maçons veulent l'Union et la Fraternité!

dit la vie en sauvant plusieurs personnes victimes d'une
inondation de l'Oder.

CAGLIOSTRO (Alexandre comte de); il fut condamné à mort
comme franc-maçon par l'inquisition à Rome en 1791.

CHARLES II, roi d'Angleterre. Il y fit fleurir l'Institut Maçonnique dont il était membre.

DELILLE (l'abbé Jacques, poète célèbre), né en 1738, mort
en 1813.

DENIS (l'abbé Pierre), prieur de Talézieux, premier ora-
teur de la loge des étrangers.

DIETRICK (Mme la baronne). Elle présida en qualité de
Grande Maîtresse la loge d'adoption tenue par les Francs-
Chevaliers à Strasbourg, 1805, à laquelle l'impératrice José-
phine assista.

EXPILLY (l'abbé Jean), membre du Grand Orient de
France avant la Révolution, né en 1719, mort en 1793.

FRANKLIN (Benjamin), né à Boston en 1706. Le F∴ M∴
appartient à l'histoire du nouveau et de l'ancien monde.
Turgot, la ministre philosophe, disait de lui : « *Il ravit la
foudre au ciel et le sceptre aux Tyrans.* »

FRÉDÉRIC (GUILLAUME), stathouder de Hollande. Ce souverain se déclara protecteur de la Franc-Maçonnerie en février
1814, et permit au prince royal, son fils, d'accepter le titre
de vénérable d'honneur, *de la loge Frédéric-Guillaume* (autrefois loge de Napoléon, d'Amsterdam).

IWANOWA, impératrice de Russie, initiée en 1731.

JOSEPH II, empereur d'Allemagne. En 1785 il publia un
règlement sur la Maçonnerie.

KELLERMANN (maréchal de France), duc de Valmy, élu en
1814, mort en 1835.

KORN (le comte de). Ce fut dans son hôtel à Brunswick
que Frédéric II fut reçu maçon (1738).

LAMBALLE (Mme le princesse de), Grande Maîtresse.

LA TOUR-D'AUVERGNE (le prince de) grand officier d'honneur du Grand Orient de France.

LECLAIS (l'abbé François), prêtre , bachelier de Sorbonne.

Lenoir (le chevalier Alexandre), conservateur des monuments français.

Luxembourg (le duc de Montmorency), Grand Maître du rite égyptien en 1784.

Magon de Médine (contre-amiral de France), tué en 1805 au combat de Trafalgar.

Masséna (maréchal, duc de Rivoli), grand officier d'honneur du Grand Orient, en 1814.

Morin (Joachim), qui fut député par le conseil des Empereurs d'Orient et d'Occident en 1762, à l'effet d'établir la Maçonnerie de perfection en Amérique (il était Israélite).

Prusse. — Le Prince Henry-Guillaume, reçu Franc-Maçon par son frère Frédéric II.

Charles de Brandebourg, margrave, et le prince Frédéric-Guillaume de Holstein-Beck.

Reggio (le maréchal duc de).

Robins, curé de Saint-Pierre d'Angers.

Saxe-Weimar (le prince Bernard de) vint visiter les loges à Paris en 1812.

Schouvalof (prince russe). Il avait une loge dans son palais à Moscou.

Soult (le maréchal), duc de Dalmatie.

Stanhope (Philippe), comte Chersterfild, ambassadeur d'Angleterre en Hollande, 1781. Il présida la loge de la Haye dans laquelle il fut initié :

François, duc de Lorraine, et plus tard empereur d'Allemagne.

Sussex (prince Frédéric, duc de), grand maître de toutes les loges d'Angleterre, d'Ecosse et d'Irlande.

Washington (le général, premier président de l'Amérique), grand maître de toutes les loges des Etats-Unis, élu en 1791.

Yorck (le duc d'York). Il fut reçu dans la loge de l'Amitié à Berlin, en 1765.

Dans ces quelques noms se trouvent 11 premiers ducs, 4 prêtres et 12 grands dignitaires, plusieurs savants et cinq têtes couronnées. Ajoutons aux souverains.

ASKERI-KHAN, PRINCE IMPÉRIAL DE PERSE.

Sa réception à Paris fut des plus remarquables. Il fit un discours qu'il termina ainsi : « Le ciel a « bien pu m'accorder quelque gloire ; mais loin « de me laisser éblouir par l'éclat d'une grandeur « éphémère qui doit passer avec moi, je désire « acquérir une gloire plus solide et plus vraie, « celle de vivre dans l'estime des gens de bien, et « de partager avec vous la reconnaissance des « hommes malheureux. Je désire appartenir à la « Société des Francs-Maçons puisqu'ils se réunis- « sent pour pratiquer les vertus et secourir l'indi- « gent. »
— Ce prince ne partageait nullement les senti- ments de l'évêque de Rome.

BERNADOTTE (Jean-Baptiste), roi de Suède et de Norwège sous le nom de Charles-Jean, né à Pau en 1764. Le roi Oscar son fils est Grand Maître des loges suédoises.

NAPOLÉON Ier. Il protégea la Maçonnerie après s'être fait recevoir avant son départ pour l'Egypte. Il donna son frère JOSEPH, roi d'Espagne comme Grand Maître et pour deux Grands Maîtres adjoints, son beau-frère JOACHIM Murat, roi de Naples, et le prince CAMBACÉRÈS, archi-chancelier de l'Empire.

L'Impératrice JOSÉPHINE présida la loge des Francs-Che- valiers.

BOURBON (S. A. S. Louis de), prince du sang, fut Grand Maître en France, 1743.

Charles XIII, roi de Suède, a même fondé un ordre pour les Francs-Maçons illustres.

Le duc de Chartres, depuis duc d'Orléans 24 juin 1771, cinquième Grand Maître.

Le prince Eugène, beau-fils de Napoléon Ier.

DAMES

Madame la duchesse de Bourbon, grande maitresse des Francs-Maçonnes, présida en 1777, à la tète de toute la noblesse de la Cour, la loge de la Candeur où furent initiées :

La comtesse de Rochechouart et la comtesse de Polignac.

L'impératrice Joséphine n'a laissé dans le souvenir de ceux qui l'ont connue que des actes de bonté généreuse. Elle fit rendre à une foule d'émigrés leurs biens ; à d'autres, elle fit accorder des secours considérables (*L'Univers maçonnique*).

Le pape Pie IX, reçu franc-maçon en 1839 (1).

(REE.·. LOGE MAÇ.·. CHAINE ÉTERNELLE O.·. DE PALERME).

« Nous soussignés, maitres, officiers et membres possédant les trois grades maçonniques de Saint-Jean, au nom du Souverain Grand Maitre, certifions à tous ceux à qui il appartiendra :

« Que ce jourd'hui, dans cette tenue à 'dix heures de la nuit, nous avons reçu comme membre de cette loge, suivant le règlement et le rituel en usage dans ce Resp.·. Atelier et en observant rigoureusement la constitution de la puissance maçonnique sous l'obed.·. de laquelle notre loge est placée, le F.·. Jean Ferreti-Mastaï, originaire des Etats pontificaux, lequel, après avoir prêté le serment en notre présence, a certifié n'appartenir à aucune

---

1. Plusieurs journaux importants ainsi que la *Paix* ayant publié à diverses époques les documents qui se rattachent à cette réception, nous croyons être agréable à nos lecteurs en les reproduisant.

autre société secrète, que celle formée par notre Resp.˙.
Loge et a acquitté les droits d'initiation conformément
au tarif.

Par ces raisons nous invitons toutes les loges et tous les
Maçons de l'Univers à le reconnaître en qualité de véritable et
sincère Franc-Maçon, reçu par une loge régulière et parfaite,
ainsi que nous le jurons sur notre foi d'homme, et notre
honneur de Maçons, à tous ceux qui verront ces présentes.
En foi de quoi nous signons le présent document.

Ne varietur : Giov. Ferretti-Mastaï.
Le Maître de la L.˙. Matteo Chiava.
Le secrétaire de la L.˙. Pablo Duplessis.
Le M.˙. de la G.˙. A.˙. A.˙. de Naples, Sixto Calano.

Première quinzaine du mois de l'année profane et civile
1839.

Les parrains de Mastaï étaient Matteo Chiava, président de la cour de Justice de Sicile à Palerme,
via Alta, n° 215 ; Pablo Duplessis, négociant
via Ponta, à Palerme ; Sixto Calano, colonel des
ingénieurs royaux, place Fernando VII, n° 11,
à Naples.

On trouve ce texte et les renseignements dans
les archives d'une loge allemande. Mastaï d'ailleurs
avait donné comme référence principale, son Altesse Royale le prince de Bavière, or le prince
avait fait déposer le diplôme dans un des ateliers
dont il était le souverain comme Maître de la G.˙.
L.˙. du royaume.

Voici la note justificative :

O.˙. de Nuremberg. la Resp.˙. L.˙. Fidélité germani-
que issue de la G.˙. L.˙. Mère aux Trois-Globes de Berlin,

possède en ces archives sous le n° 13,715, le document ci-contre, copié, certifié et attesté en due forme, le Grand.·. Se.·. de la G.·. L.·. *Lux perpetua* de Naples.

D'autre part, le prince de Bavière a ajouté l'attestation suivante :

Je certifie ce qui est exposé ci dessus et j'affirme que la pièce est aux archives sous le n° indiqué.

GUILLAUME DE WILTTELSBACH,
Prince de Bavière,
M.·. de la G.·. L.·. de Bavière.

Ceci explique la réputation de libéralisme qui le précéda dans son avènement au trône pontifical ; ce n'était point un pape comme les autres, il avait des idées très nettes sur LA JUSTICE ; il était bienveillant, il parlait de réformes, aussi fut-il accueilli avec enthousiasme comme une espérance. Tout était *à la Pie IX* : les mouchoirs, les cravates, les chemises mêmes portaient l'empreinte vénérée du cher pontife. Hélas ! le doux Pie IX ne fut qu'un leurre ; les Patriotes dont il avait béni les drapeaux furent traqués, emprisonnés et torturés ; bientôt les massacres de *Pérouse qu'il avait ordonnés*, ou les femmes furent jetées par les fenêtres, les enfants embrochés dans les baïonnettes, etc., donnèrent la mesure de la mensuétude du cher pontife qui avait complètement oublié les principes des Francs-Maçons, pour adopter ceux des jésuites auxquelles il s'était affilié en dernier lieu, et parmi lesquels il avait choisi son nouveau confesseur, afin de remplacer celui que l'honorable compagnie avait écarté. Son successeur Léon XIII n'étant que l'homme-lige des fils de Loyola, rien d'étonnant à ses exaspérations contre la démocratie, et ses appels réitérés à la coercition des gouvernements contre la Pensée indépendante et le Libre Arbitre.

Nous n'ignorons pas que le diplôme de F∴ M∴ de Pie IX, si désagréable pour le vatican et pour l'*infaillibilité des papes*, a été démenti par Veuillot, qui avait toutes les audaces puisqu'il avait bien celle de faire l'éloge de l'inquisition et de l'appeler de tous ses vœux, en faisant valoir aux princes son utilité et leur propre intérêt à la rétablir ; mais de quelle valeur peut être *le démenti* d'un soutien quand même de l'église ? ou de l'église elle-même ? ne sait-on pas qu'elle fait mentir par violence ou autre moyen tous ceux qui reçoivent son mot d'ordre (1). D'ailleurs voilà sur quoi repose le démenti de Veuillot, il affirme, de son autorité privée, que les princes ne signent jamais de leurs noms de famille, que dans toutes les maisons souveraines ils ne signent que de leur nom patronymique. »

A cela on peut répondre que dans une institution comme la Franc-Maçonnerie, qui représente la Famille Humaine, où tous les membres signent leur nom de famille, ce n'est pas le démenti de M. Veuillot qui peut interdir aux princes d'avoir le bon goût de s'y conformer. Avant d'écrire son

---

1. La suggestion subie inopinément par l'infortuné *Léo Taxil* en est la preuve la plus convaincante !

article. il devait visiter les archives   indiquées ci-
dessus.

PERSÉCUTIONS EXERCÉES PAR L'ÉGLISE CATHOLIQUE
CONTRE LES FRANCS-MAÇONS.

En 1740, le digne petit-fils de Louis XIV sous le
règne de l'inquisition en Espagne, Philippe V, fils
soumis de l'église, rend un édit contre les Francs-
Maçons, et le saint-office les envoie aux galères
après la question préalable.

(1742). L'évêque de Marseille publie la bulle de
Benoît XIV contre les Maçons. Dans la même
année l'Ordre est cruellement persécuté en Portugal. L'inquisition déployant toutes ses cruautés
parvient à détruire l'Ordre dans le royaume.

Louis XV interdit la cour aux seigneurs qui se
font Maçons, et dans presque tous les royaumes
catholiques, les gouvernements s'empressent, de
donner raison aux haines des papes Clément XII et
Benoît XIV qui les ont poursuivis comme athées.
On ferait de gros livres sur les atroces persécutions
de la papauté contre les Hommes les plus Illustres
par la vertu et le talent, et surtout contre les tolérances de la libre-pensée.

Après la rentrée des Bourbon on croyait l'inquisition abolie à jamais en Espagne par Napoléon Ier.
On comptait sans le pieux roi Ferdinand VII qui fit
d'elle sa police.

Après 1815, lorsqu'on arrêtait un Franc-Maçon
en Espagne, après plusieurs mois d'emprisonnement,

on le chassait du royaume, mais lorsqu'il était Italien il était cruellement maltraité comme on va le voir.

Le frère J. P. Quatero, Italien, d'une famille ancienne, ayant suivi les aigles Françaises à Moscou, à l'exil de Napoléon, se retira en Espagne et fut breveté lieutenant. Lors de la dernière occupation des Français en 1826, une ordonnance royale invita les officiers de la garnison de se retirer dans leur maison et d'indiquer leur adresse afin de recevoir le tiers de leurs appointements.

Retiré à la villa-Neuva de Sigas à treize heures de Barcelone ; il y était depuis plusieurs mois, lorsqu'une nuit *six familiers de la junte apostolique* (le nouveau nom de l'inquisition) forcent son domicile, y font une perquisition vigoureuse et triomphante ; car ils avaient mis la main sur son diplôme de Franc-Maçon. Meubles, argent, tout fut saisi. Lié et garotté, il fut enlevé de chez lui et enfermé dans la prison de la ville, puis retransporté la nuit dans un couvent où les moines l'attendaient, le reçurent à coups de poings, lui arrachant la barbe en le traitant de Franc-Maçon ; puis de là transporté à Barcelone contusionné et couvert de sang jeté dans un cachot appelé *Dormitorio*, de quatre pieds de hauteur, soixante de long, 24 de large où quatre-vingt malheureux entassés manquant d'air y agonisaient ; trois de ces victimes expirèrent sous les violences brutales des gardiens.

Passant par toutes les angoisses dans les interrogatoires que ses bourreaux lui faisaient subir pendant plus de trois heures, ou les menaces les plus terribles succédaient aux promesses les plus séduisantes pour l'obliger à dénoncer le F. M. de sa connaissance : enfin ne pouvant rien obtenir. après *treize mois* de détention, la *junte apostolique* fut obligée d'envoyer les pièces à conviction à la commission militaire, espérant le faire juger comme rebelle au roi. La commission jugea qu'être F. M. n'était qu'une infraction qui ne méritait pas la peine de mort et renvoya l'officier des fins de la plainte, tout en le condamnant aux frais. Bien que l'inquisition s'était payée d'avance de ses frais de mauvais traitements envers le prisonnier, en faisant main basse sur les meubles et sur son argent, elle en attendait d'autre de sa part, avant de lâcher le malheureux qui serait resté dans ses tenailles, sans le secours d'un F. M. qui le délivra de sa prison et facilita son départ pour l'Angleterre.

En 1828. l'Espagne s'est encore signalée. Le tribunal de Grenade a condamné *au gibet* le marquis de Cavrilland, riche propriétaire de Cordoue, et le capitaine don Alvarès de Sotomayor, tous deux *suspectés* d'être Francs-Maçons et de ne s'être pas dénoncés eux-mêmes !...

N'est-ce pas à l'Espagne qu'était réservée la triste célébrité, de persister au xixe siècle dans la cruauté cléricale, qui lui fit mettre à mort avec torture en 1826 la Loge Maçonnique de Grenade composée de sept Maçons !

Il n'est pas indifférent de connaître l'intérieur des prisons de *cette bonne mère Sainte église* qui a tant d'indulgence pour les coupables *riches*.

Ce qu'on appelait les châteaux de l'inquisition, n'étaient que des souterrains profonds, de véritables tombes à trente pieds sous terre. Dans chaque cachot, long de douze pieds et large de huit, se trouve un lit de camp de quatre pieds de large sur douze de longueur. Chaque cachot contenait de six à huit personnes, dont trois ou quatre, les plus robustes, couchaient sur le sol humide, et les autres sur le lit de camp.

Dans un coin, un vase énorme pour satisfaire les besoins naturels, vidé seulement tous les huit à quinze jours, achevait de vicier l'air en asphyxiant les prisonniers.

Dans beaucoup de prisons, celle des Femmes était au-dessus de celle des hommes, il en résultait pour ces derniers un surcroît de pestilence attendu qu'un large trou dans le plafond laissant passer les excréments du cachot supérieur, ajoutait encore à l'infection générale de ces saintes prisons (*Notes historiques* de M. de Cuendias).—Ce qui prouve l'infamie sacerdotale, c'est cette odieuse recherche dans le raffinement de cruautés, qui, une fois la Victime arrêtée, la poursuit jour et nuit par tous les genres de supplices, ne lui laissant pas un instant de tranquillité pas même dans son cachot. Nous ne savons si ces horribles baquets sont encore en usage aujourd'hui dans les prisons du vatican ; mais ce qui est bien avéré par certains de nos contemporains qui y ont été appréhendés, c'est que, aucune prison en Europe n'est aussi abominable et ne pourrait lutter avec cette *incurie voulue* des prisons épiscopales.

Avant de mourir, LE NOBLE RIEGO fut insulté par le bourreau lui-même. « Je te tiens, lui disait-il, « Franc-maçon, fils du diable et cette fois tu paieras « tout ce que tu as fait. » Et ce nouveau Libérateur, qui avait rêvé l'affranchissement de l'Espagne, tant souhaité par l'Europe ; fut traîné sur une claie et pendu sur la place de la *Cebada*, à Madrid, en 1823, sur les ordres de Ferdinand VII, aux grands applaudissements de la populace, excitée par les prédications *des moines contre l'Illustre Victime* à laquelle l'église ne pouvait pardonner d'être Franc-Maçon !

Là ne s'arrêta point l'œuvre de « ces bons calotins », comme les appelle M. Drumont qui semble les plaindre. Ferdinand VII, ayant dans l'intérêt de son odieuse politique, rétabli l'inquisition comme on vient de le voir; pendant l'occupation française de 1826, un pauvre Juif fut brûlé en place publique à Madrid ; un soldat français témoin de ce supplice fut tellement saisi d'horreur, qu'il s'évanouit ; rapporté à sa caserne, il expirait en arrivant. — Au commencement du règne d'Isabelle II, un protestant perquisitionné fut condamné à douze ans de galères, pour une bible trouvée chez lui !

Autre exemple de 1865, en Sicile. Une émeute ayant éclaté à Palerme fomentée par les bons prêtres et moines à propos de la suppression de quelques couvents (il y en avait cent douze dans la province), voici ce qu'on lit dans le *rapport offi-*

ciel du général Cardona *envoyé par* Victor-Emma-
nuel, pour mettre fin au désordre causé par ces bons
prêtres. Au quartier Victoria, ces doux agneaux
crucifièrent un artilleur, les yeux arrachés, les
membres mutilés, le corps horriblement disloqué!...

Près du couvent de Saint-Antonio, un gendarme
qui avait reçu des coups de stylet à la tête et laissé
pour mort sur la place, ramassé par des moines, au
lieu de le secourir [il vivait encore], ils le portèrent
sur un bûcher et le brûlèrent! [Toujours même
système.]

Vingt-huit hommes, gardiens de la sûreté, faits
prisonniers, ont été massacrés comme *seuls* les
catholiques savent massacrer, c'est-à-dire avec
toutes les tortures. Un entre autres fut condamné à
mourir de morsures chrétiennes. Et il s'est trouvé
des tigres à face humaine pour exécuter l'horrible condamnation. Son corps déchiré en lambeaux,
le malheureux râlait sous les coups de dents de
ces bêtes fauves, lorsqu'un prêtre passa avec le
viatique. Aussitôt la bande de ces monstres inter-
rompit son horrible supplice, quitte à le reprendre
après le passage du prêtre devant qui elle s'age-
nouilla en se signant! — Quelle piété!...

Ainsi donc voilà les plus sûrs résultats de l'éducation catholique!... Tout ce que l'église de cette
secte a fondé au moyen âge en fanatisme, en cruauté,
en crimes de toutes sortes, en simonies de toute bassesse; tous ces us et coutumes sont restés invaria-
bles dans ses usages *contre l'Humanité, contre la
Justice et la Raison*! Seulement, selon les circons-

tances elle les modifie, change leurs noms, mais le fond reste le même. L'inquisition n'a jamais cessé d'exister. Nous l'avons vue en Espagne sous le nom de *junte apostolique* servir de police à la royauté. A Rome, elle s'appelle *la Sacrée Congrégation de l'Index*, ou la Grande Pénitencerie ; mais comme l'église se trouve très gênée dans son œuvre *d'étouffement intellectuel*, de concert avec les jésuites ses maîtres, elle ne cesse de réclamer *le pouvoir temporel* en revendiquant la possession des provinces Italiennes qu'elle a extorquées autrefois, contre tout droit et contre sa propre religion ! (puisque son Dieu a dit que son royaume n'était pas de ce monde). Or l'évêque de Rome, dirigé par les jésuites, voudrait faire revivre le moyen âge ; c'est pourquoi, ses discours destinés aux chancelleries font valoir, à l'égard des puissances, la nécessité d'appuyer l'autorité religieuse qui leur servirait de parangon dans toutes les circonstances difficiles. Cette bonne sainte église prédit aussi sûrement qu'elle a prédit en l'an mille la fin du monde !

Si Léon XIII trouve un homme politique assez dépourvu de prévoyance pour donner dans son piège ; *cet homme ira à Canossa et s'en reviendra en chemise !*...

Léon XIII attaque la Pensée libre, cette Fille du ciel que Dieu a donnée à l'homme pour le consoler de ses épreuves.

La Libre-Pensée se défend ! Aux Contemporains de juger ce procès de plus de dix-huit siècles, que le dix-neuvième doit finir !...

CONVICTIONS DES FRANCS-MAÇONS

Discours sur l'immortalité de l'âme.

Nous en extrayons ces lignes.

Malgré les schismes et les préjugés des différentes sectes de l'empire du Monde, nul ne révoque en doute l'immortalité de l'âme ; tous par des sentiers divers cherchent les portes du ciel, et tous croient y entrer s'ils sont vertueux. Nous respectons toutes les religions ; mais nous employons tous nos efforts pour éclairer l'incrédule qui les méprise ; c'est un frère en démence et malheureux que nous devons rendre à lui-même et au bonheur. (Le F∴ *Delauriers*), *L'Univers Maçonnique*, p. 184.

— Qu'est-ce en définitif que la Maçonnerie ? »
« Elle est l'ordre et la Vérité dans toute chose, elle
« est la haine de tous les vices et l'amour de toutes
« les Vertus, elle est la voix éternelle qui dit :

— « Ne fais point aux autres ce que tu ne vou-
« drais pas qu'il te fût fait ; fais-leur au contraire ce
« que tu voudrais qu'ils te fissent... »

Ainsi la Maçonnerie est tout pour ceux qui la comprennent, elle n'est rien pour ceux dont l'âme est éteinte : ou plutôt elle est le miroir où ils n'osent se regarder.

— « Les religions s'emparent de l'homme dès sa
« naissance et ne le quittent qu'à la mort.

— « La Maçonnerie au contraire ne prend
« l'homme que dans la force de l'âge lorsque son

« intelligence peut lui montrer la valeur de chaque
« chose. Par la Science, elle apprend tout ce que
« Dieu a voulu que l'homme sût pour distinguer
« *le Bien* du mal ; *le Vrai* du faux ; *le Courage* de
« la lâcheté ; *la Probité* de la tromperie ; *la Géné-*
« *rosité* du cruel égoïsme. Par *la Vertu*, elle apprend
« à vaincre les obstacles que lui opposent l'igno-
« rance et la mauvaise foi. C'est le baptème de
« l'Honneur et du Savoir ! C'est l'initiation à la
« dignité, à la grandeur humaine ! (l'*Univers*
« *Maçonnique*, p. 195.)

EXTRAIT DE LA PRIÈRE DES FRANCS-MAÇONS

Souverain Architecte de l'Univers, c'est à ta plus
Grande Gloire que commence nos travaux.

O Toi Principe Radical et Générateur, Éternel
Sacré. Être Divin nécessaire à tous les êtres, dont
les décrets portent le caractère de l'Amour et de
la JUSTICE, source de toutes les puissances, Germe
de toutes les actions suprêmes, Foyer de toutes
les félicités, Vraie Sagesse ! O Toi qui t'es peint
dans tes merveilles et particulièrement dans
l'homme ! Nous implorons de ton Divin Amour les
secours qui nous sont nécessaires pour travailler
efficacement au grand œuvre. Notre volonté est
prête à recevoir les Rayons suprêmes qui rayonnent
de ta Lumière. Nous voulons suivre ta Loi. Daigne
nous accorder Ton Secours, etc. (Voir 227).

Pour accuser ces Hommes d'athéisme, il faut de

la part des papes et de leur église, une fameuse dose d'ignorance ou de mauvaise foi.

RÉVÉLATION DU SECRET ET DES MYSTÈRES DE LA FRANC-MAÇONNERIE

Des Hommes se réunissent en secret, et ces Hommes ne reçoivent dans leur société que des hommes qu'ils supposent le mériter. Pour les connaître il faut les étudier, il faut les mettre aux prises avec leurs passions.

On s'empare du candidat, on l'entoure d'illusions et de prestiges, on ouvre une vaste carrière à son imagination, on le prive momentanément de l'un des sens le plus précieux, on le conduit dans les lieux inconnus, difficiles à parcourir. On l'isole. Il n'entend que le silence, bientôt il est en scène, on le questionne, on le menace, on le place dans les situations les plus graves, les plus fausses, son esprit, son cœur, ses passions sont attaqués...

Dans ces situations si pleines de contrastes ; de ces situations vives, dramatiques, instantanées, naissent de sa part et malgré lui, d'innombrables éclairs de raison, de prudence, de sagesse, de folie, de force, de faiblesse, de tristesse, d'abandon.

Et cette volonté puissante qui fait mouvoir tant de fils différents et qui sont pour le récipiendaire, comme autant de chaînes à triples anneaux, le conduit au but où il tend ; mais dont on peut l'éloigner à jamais sans qu'il puisse se rendre compte à lui-même et encore moins aux autres de ce qui s'est passé, de ce qu'on a voulu de lui. Demande-t-il sa liberté ? à l'instant même il la recouvre ; mais comme un fantôme, comme une ombre, comme une vapeur tout a disparu... Il se retrouve là, où on l'a introduit d'abord. Persiste-t-il dans sa demande ? Les épreuves sont reprises, le chaos renaît, les éléments se combattent. l'homme et la nature sont aux prises... mais le calme renaît et de nouveau tout rentre dans le silence.

On ne lui promet ni titre, ni honneur, ni richesse ; on lui fait jurer d'être fidèle à sa **Patrie**, aux lois, au gouvernement de son **Pays**, en lui recommandant avec insistance, d'être simple, modeste, désintéressé, humain, sociable, avec tous les individus ; on ne lui offre *que l'agrégation maçonnique, c'est-à-dire la qualité de frère !*

Et cet homme riche ou titré, savant ou sans instruction, homme du Monde ou de la Nature, promet et accepte tout pour devenir frère !...

— Profane, sage, ou à préjugés ; profane de bonne foi ou railleur : *Voilà les mystères de la Maçonnerie* (1) !

---

1. M. Drumont cite des poésies maçonniques qui n'ont d'autre portée qu'un délassement récréatif. Parmi toutes celles qui sont sous nos yeux, dont la portée morale atteint les plus hautes régions de la poésie nous n'en citerons que quelques-unes qui sont aussi simples que touchantes, qui, nous l'espérons, suffiront à édifier le lecteur sur la valeur *des calomnies catholiques*, sur LES FRANCS-MAÇONS.

POÉSIES MAÇONNIQUES (1)

EXPLICATION DE LA MAÇONNERIE.

Loin de ce monde injuste où l'intrigue prospère,
L'éclat de la Vertu nous donne la lumière,
Et, dans ce Temple auguste asile du bonheur,
Tout élève mon âme en énivrant mon cœur.
C'est la que, rencontrant une liberté sage,
L'homme de tous ses droits fait le plus noble usage,
Pratique la Morale avec austérité
Et, sans jamais la craindre, entend la Vérité.
L'infortune par lui n'est jamais repoussée.
Le seul amour du Bien occupe sa pensée,
D'un généreux secours l'indigent est certain,
Lorsqu'aux portes du Temple il vient tendre la main.

Par le F.'. JOUBERT.

A CERTAINS PROFANES QUI VOUDRAIENT LE POUVOIR
POUR FERMER LES LOGES.

..... L'art royal que nous professons
N'a rien à redouter des maîtres de la Terre :
Il est indépendant, antique, salutaire ;
Il brave les climats, la foudre et les saisons.
Est-il persécuté.... le voile du mystère
Couvre alors ses travaux, fait circuler ses dons ;
Il entoure, il instruit l'un et l'autre hémisphère,
Par des serments sacrés, par d'austères leçons.
Oui, tant que du soleil brillera la lumière,
    Il existera des Maçons !

1. L'Univers maçonnique.

7.

LE MAÇON VOYAGEUR, PAR LE F∴ EUGÈNE DE PRADEL

Description de trois sinistres où l'Auteur n'a dû la vie qu'à sa qualité de Franc-Maçon.

I

Non loin de ce détroit où vont se réunir.....
Et les flots africains et les superbes ondes
Qui portent fièrement le tribut des deux mondes,
Pirate audacieux, cruel enfant d'Alger,
Un forban nous atteint, je n'échappe au danger
Qu'en bravant un danger plus redoutable encore,
Je nage au fond des flots : Ressaisi par le More,
A l'instant où la vague allait m'ensevelir,
Au signe de détresse il me voit recourir.
Le pirate est Maçon ; rare et touchante preuve
Il écarte les fers de l'enfant de la Veuve ;
Il nous rend le vaisseau, les biens, la liberté,
Et dans un noble élan de générosité,
— Mon frère est avec vous, dit-il à l'équipage,
« Allez, vous lui devez le bonheur du voyage.»

II

Un jour vers ces climats, où l'inquisition
Prêtait un fer sanglant à la religion,
L'odieux fanatisme en ses cachots avides
Déjà me préparait des tourments homicides ;
J'allais périr ; celui qu'on accablait de maux,
Victime des méchants, priait pour ses bourreaux.
Tout à coup, ah ! le ciel prend pitié de mes peines,
Un inconnu s'avance, il détache mes chaines !...
Me dirige à travers ces dédales affreux
Dont la voûte frémit aux cris des malheureux.

Me remet un peu d'or et d'une voix austère,
— Je suis Maçon, dit-il ; j'ai dû sauver mon Frère,
Pars, et de t'acquitter si tu chéris la loi,
Rends un jour au malheur ce que j'ai fait pour toi !

III

En d'autres temps enfin jeté par le naufrage
Sur les bords redoutés d'une tribu sauvage,
Les féroces regards de ces noirs habitants
Dont la faim menaçait mes membres palpitants ;
Leur langage, leurs cris et leurs danses fatales,
Tout me révèle assez les peuples cannibales.
C'en est fait et la mort sous d'horribles couleurs
A frappé mon esprit de toutes ses terreurs.
Leur chef se montre armé d'un large cimetère,
Vieux Cacique, autrefois conduit en Angleterre.
Aux mystères d'Hiram il fut initié.
Mon aspect dans son cœur réveille la pitié,
On m'avait dépouillé, le vieillard s'en indigne,
Un bijou, des Maçons constamment révéré,
Il incline son front vers ce signe sacré,
Me presse dans ses bras, me présente l'hommage
Des dociles sujets de la tribu sauvage.
Comblé d'honneur, de soins... dans l'un de ses canots
J'osai... trompant ses vœux, me risquer sur les flots
Un vaisseau m'accueillit... et la Maçonnerie
Pour la troisième fois me rend à ma Patrie.

IV

Voilà par quels secours, quels prodiges heureux,
Elle nous fait bénir son culte généreux.
Noble Maçonnerie, amitié que j'invoque
Des rives de l'Indus aux bords de l'Orénoque,

Depuis les monts glacés de l'affreux Groenland,
Jusqu'au détroit lointain frayé par Magellan,
De nos relations préparant la carrière
Vous portez aux humains la paix et la lumière.
Votre empire est si doux et si juste à la fois
Que, d'un même niveau les sujets et les rois
Sous vos paisibles mains glissent leurs humbles têtes.
Sur l'homme encor sauvage étendant vos conquêtes,
Il pense, il sait aimer, dès que vous l'instruisez,
Les Peuples sont par vous vaincus, civilisés !

(*L'Univers maçonnique*, de 1837, p. 198).

Nous trouvons dans la SEMAINE FRATERNELLE *de M. Décembre Alonnier* du 20 mars 1887 une pensée maçonnique extraite d'un livre intitulé : *Heures noires et nuits blanches*, par le F.·. M.·., Vard (*horticulteur*).

« DIEU seul contient le vrai »

. . . .

Quelle idée avez-vous de la Maçonnerie,
Me dit-on. — Dans la grande et commune Patrie
C'est, dis-je, une Patrie intime, qui comprend
L'Univers, et s'étend partout où le jour brille ;
Où la Vérité luit : c'est l'immense Famille
Où tout Peuple, où tout homme ont droit au même rang !

— Qu'y a-t-il à reprendre dans nos révélations, *que tout le monde connaît*, excepté les hommes de sacristie qui n'en veulent rien savoir afin d'être plus à l'aise dans leurs calomnies contre cet ordre aussi moral que chevaleresque ; mais ils ne donnent le change à personne quand ils accusent les F.·. M.·. d'athéisme. *Car tout le monde sait bien que l'athéisme trône au Vatican !...*

SEPTIEME CHAPITRE.

Sommaire. — Le ministère catholique du 16 mai. — Prouesses de M. de Broglie. — Les perles de la magistrature catholique. — Les coupables impunis. — Les ministres prévaricateurs. — Les faux nez. — Les coureurs de portefeuilles. — Un nouveau 16 mai. — Les droites et M. Rouvier. — Protestations du Pays contre le nouveau ministère. — Lettre de M. Colfavru. — Le gouvernement personnel de M. Grévy. — Le général Boulanger. — Blâme universel infligé au gouvernement. — L'anarchie bourgeoise par M. Laisant. — Le cléricalisme et son compère.

Nous ne comprenons pas l'indulgence de M. Drumont pour les extravagances de M. de Broglie, et pourquoi nous présenter son gouvernement comme un modèle. Le Peuple ne s'y est point trompé en le qualifiant de gouvernement *des curés* et du DÉSORDRE IMMORAL. « D'après les aveux de M. Drumont, « M. de Broglie ne savait rien de rien du Paris « moderne ». — Mais alors de quoi venait-il se mêler ? comment ! « il ne connaissait pas le cœur « de la France » et il avait la prétention de la gouverner.

« M. de Broglie passait pour un honnête homme, » dit M. Drumont ; cela est possible ; tant de gens sont surfaits par les amis plus ou moins intéressés ; ensuite on peut être fort honnête et très médiocre en capacités politiques et administratives ; pour juger un personnage il faut le voir à l'œuvre afin de pouvoir apprécier l'homme d'État. Or, il est difficile d'admettre l'honnêteté d'une personne qui accepte d'être le chef du gouvernement d'une République, lorsqu'elle n'a pour objectif *que son renversement*, et la livre à ses plus mortels ennemis. Détruisant la position des Républicains dans l'administration, pour placer ses créatures, écrasant la Presse de procès ruineux, faisant de la candidature officielle à tour de bras et à coup de millions !... *Voilà les prouesses de M. de Broglie !*

Partout on criait contre lui à l'iniquité, à l'arbitraire. *Dans toute la France, il n'y avait que plaintes et malédictions contre l'honnête catholique qui présidait le ministère du 16 mai.*

Qu'on en juge : nous lisons dans la *Lanterne* du 7 juin 1878, le premier article, *Les condamnations sur commande.*

« Les fumiers du 16 mai sont riches, il suffit de les fouiller même superficiellement pour y trouver des perles !...

« Exemple : Les journaux bonapartistes commettent délit sur délit. Que faire ? télégraphie un procureur général au ministre. »

« — Poursuivez trois ou quatre *journaux répu-* « *blicains !* répond le ministre »...

Un procureur de tribunal répondant à un procureur général :

« — Je ne vois pas de délit, impossible de poursuivre. »

Et le procureur général réplique :

« — Il n'y a pas de délit, c'est vrai ; *mais poursuivez tout de même*. JE SUIS SUR DU TRIBUNAL !

« Voilà, n'est-ce pas, une belle leçon de respect envers la magistrature, une belle leçon de confiance dans la Justice, une belle garantie de sécurité pour les Citoyens. »

— Comme condamnation de presse, ce qui valait à un journal réactionnaire seize francs d'amende, valait trois et quatre mille francs à un Journal Républicain.

En disant que « *le duc de Broglie a été le fléau de son Pays* », M. de Pressensé exprimait l'opinion publique ; mais M. de Broglie n'était pas seul coupable ; le parti clérical voulait son coup d'Etat.

M. de Pressensé (1) ne s'y est point trompé. Le clergé, dit-il, n'a pas attendu qu'on lui demandât son eau bénite, etc. ; de lui-même, il a approuvé, il a sanctionné les insultes, les mensonges, les procédés illégaux... les évêques et les archevêques se sont faits les âmes damnées du gouvernement, ils l'ont poussé à violenter la constitution. Tous les mandements des évêques n'avaient qu'un but : conduire leurs ouailles aux scrutins comme à un saint combat. Le saint-père lui-même promit des indul-

1. Christian World, 1877. p. 877.

gences à ceux qui prieraient pour le triomphe de la sainte cause.

Il est inutile pour les défenseurs du 16 mai de déclarer qu'ils ne s'identifient pas avec la cause du cléricalisme. Ils sont liés à lui comme à leur soutien indispensable. C'est le clergé qui les a poussés à jeter le défi au Pays et c'est le clergé qui réclamera la part du lion ! au jour de la victoire (1) !

Le catholicisme est instinctivement reconnu, dit M. Schérer, *pour être l'ennemi des institutions populaires* et de la libre-pensée (2).

Aux yeux des républicains le catholicisme est le principal obstacle à l'établissement final d'institutions démocratiques (3).

M. Monod dit avec tous ceux qui connaissent à fond la question, que la République ne peut vivre qu'à la condition d'anéantir le cléricalisme (4).

« L'honnête homme », selon M. Drumont, avait si bien conscience de la juste colère de ses victimes, qu'en prévision de sa chute, il mit une partie de ses biens sur la tête de son fils ; après avoir savouré la puissance, il tomba du pouvoir comme *les Polignacs, les Guizots* et autres, sous la réprobation générale.

Il fut bien question de le mettre en jugement ; quelques naïfs crurent un moment qu'il serait obligé d'indemniser les malheureux qu'il avait rui-

---

1. Christian World, 1877, p. 764.
2. Contemporary, juillet 1880, p. 939.
3. Modern Review, juillet 1880, p. 546.
4. Contempory, 1879, mai p. 348.

nés, et de rendre compte des quatorze millions dépensés en candidatures officielles !... Pure illusion.

— « Ceux qui lui succèdent, nous dit un des nôtres, craignant sans doute pour l'avenir d'avoir à répondre sur de pareils détournements, passeront une éponge complaisante sur les méfaits de l'*honnête homme* qui n'en conservera pas moins son titre de *sénateur et son audace* pour attaquer sur tous les prétextes la République qu'il n'a pu renverser. »

— Que deviennent les responsabilités ? — Ne perdez donc jamais de vue, nous dit notre ami, que lorsqu'on est si indulgent pour les coupables, c'est qu'on a soi-même *l'espoir ou la crainte* de le devenir ; c'est pour cela que la peine du talion porte l'épouvante jusqu'au paroxysme dans la conscience des *honnêtes gens sans scrupule* !

Et pourtant il faudra bien en venir aux responsabilités sérieuses. Si en 1830 le ministère Polignac qui avait livré la France aux jésuites (1), avait été payé de sa peine pour avoir violé la charte et suscité une guerre civile ; la France n'aurait pas eu à se défendre contre un Guizot ; et si les complices de l'empire eussent été punis de leur trahison, l'Assemblée nationale n'aurait pas eu à subir les

1. Sous le nom de pères de la Foi, les jésuites envahirent toute la France, établissant partout des collèges et chapelles qui existent encore. Faisant des processions qui rappelaient leur bon temps du moyen âge.

Du reste M. de Polignac était inspiré de Dieu, dit-il en confidence à M. Be   ver la veille des fameuses ordonnances qui le firent chasser de France avec Charles X (*le Correspondant*, 25 *janvier* 1879, *p.* 204).

mensonges de M. *Rouher* et ses complots permanenents contre la sûreté de l'Etat. Si on avait rendu à M. de Broglie et à ses séides, l'équivalent de leurs persécutions et malversations, M. Ferry aurait regardé deux fois à dépenser, avant le vote des chambres, *les millions de l'Etat* dans une expédition ruineuse. Enfin si tous les *juges prévaricateurs*, qui ont siégé dans les commissions mixtes de l'empire, avaient été *flétris et punis* comme ils le méritaient; nous n'aurions pas eu le scandale de les voir siéger parmi nos magistrats et servir la réaction des ultramontains avec tant d'effronterie.

Ce que nous disons au sujet de M. de Broglie est applicable à tous les ambitieux qui font passer leur intérêt personnel avant celui de la France. Ceux-là mettent des faux nez, promettent des réformes, publient d'excellents programmes comme celui de M. Ferry en 1869, pour être députés. Une fois ministres, ce sont des *bornes-obstacles* sur le chemin du progrès. Mais de quoi se plaint-on? Il ne manque rien au nouveau ministre. — Oh ! il n'a jamais renié son programme, il le *maintient en principe ; mais le moment n'est pas opportun pour l'appliquer.* Et ce moment ne vient jamais!...

D'autres plus déterminés dans leur parjure renient carrément leur passé et font banqueroute à leurs électeurs, pour un vil intérêt se prostituent dans des alliances inavouables, se mêlant à toutes les intrigues de couloirs, s'agglomérant à des êtres sans conscience qui vendraient à l'étranger l'honneur de la Patrie s'ils en trouvaient l'occasion.

L'opinion publique n'admettra jamais qu'un ministère s'effondre sur le plus futile prétexte, pour donner satisfaction à des ambitions malsaines. Ce qu'elle admet encore moins, c'est qu'à la chute d'un ministère, les ministres les plus compétents dans leurs départements doivent suivre, dans sa retraite, leur président du conseil. C'est insensé !!!...

Sans doute que si cela défait d'une façon déplorable les affaires de la France, cela fait admirablement bien, celles *du coureur de portefeuille* qui souvent ne connaît pas l'a, b, c, d, du département qu'il doit administrer, tandis que son devancier y était passé maître. Qu'importe, on égalisera les capacités, avec des calomnies (système Bazile). On les dépassera même avec l'appui des journaux bien pensants ; heureusement toutes ces roueries sont bien vite usées et la Vérité devient parfois écrasante contre toutes les calomnies mises en circulation, surtout lorsqu'elles ont pour résultat de compromettre les intérêts industriels *et l défense du Pays* !

Est-ce qu'on renverse M. de Bismarck en Prusse ? Ne lui laisse-t-on pas toute la latitude de faire ce qui lui plaît pour inquiéter l'Europe ?...

Pourquoi donc renverse-t-on si souvent en France, pour des mièvreries, des hommes qui ont la confiance du Pays, pour les remplacer par des brouillons, et souvent des mazettes !..

Où est la nécessité de faire tomber avec le chef du cabinet, les ministres dont la spécialité n'a rien de politique et dont les plans et travaux seront changés ou même désorganisés par leurs successeurs ?

Témoin ce qui vient de se passer à la chute du ministère de M. Goblet. Le Pays avait confiance dans la capacité de ses gouvernants, dont le talent était satisfaisant : l'honneur et la dignité du Pays étaient respectés au dehors comme au dedans. Lorsqu'une intrigue de couloir vint remettre tout en question.

Les envieux jaloux de la popularité de certains ministres poursuivirent avec un acharnement inouï leur élimination du nouveau ministère, aux risques de provoquer les plus graves événements. Aussi le *tolle* fut général et les protestations les plus accentuées contre cet ostracisme surgirentelles de toutes les provinces.

Nous regrettons de ne pouvoir les reproduire toutes, nous bornant à citer celle qui les résume dans ces quelques mots :

LES COMITÉS RÉPUBLICAINS DE NANTES A L'UNANIMITÉ,

Considérant que les ministres, le président d'une République doivent se soumetttre aux volontés de la Nation représentée par ses mandataires ;

Considérant qu'au lieu de tenir compte des désirs exprimés par les Républicains de la Chambre, le président de la République a suivi dans la dernière crise ministérielle une ligne politique anticonstitutionnelle ;

Considérant qu'on ne peut avoir aucune confiance dans un ministère se disant Républicain, et qui pour conserver le pouvoir pactise avec les ennemis de la République, après leur avoir sacrifié un ministre essentiellement Français dont le patriotisme et l'énergie ont donné confiance au Pays;

« Blâmant le ministère Rouvier pour son alliance avec la droite de la Chambre ;

« Blâmant énergiquement le président de la République et passe à l'ordre du jour. »

— M. Colfavru a fait une protestation dans la Presse (9 juin 1887) aussi juste que modérée en disant du président de la République :

« Il a accompli cette sorte de coup d'Etat que le
« 16 mai avait à peine osé rêver, de faire gouver-
« ner le Pays par un président de conseil, pris *en*
« *dehors des chambres et par un Sénat qui ne relève*
« *que de quelques milliers d'électeurs...* Avec le
« concours de plus en plus accentué *des droites* et
« contre la majorité des Républicains, par un parti
« qui voulait écarter une personnalité éminente de
« l'ancien cabinet. »

— Comment M. Grévy, si correct, a-t-il pu tomber dans le piège de son entourage et comment se laissa-t-il influencer par *son gendre et ses plus mortels ennemis*, pour accepter de se faire le bouc émissaire de la haine et du mépris qu'ils inspirent ?...

Ce que nous ne pouvons comprendre, c'est que M. Grévy, dont le passé est tout à sa gloire, reste impassible et ne démente point par une manifestation, toutes les assertions des journaux sur sa conversion aux opportunistes, qui trouvent *opportun* de trahir toutes les aspirations du Pays en le désespérant. M. Grévy ignore donc l'opinion générale sur les actes qu'on lui reproche ?... et les journaux *monarchiens* peuvent donc le calomnier tout à leur aise ?

M. Grévy, en conciliabule avec son entourage, sous la domination de M. Ferry, ne veut donc pas savoir jusqu'à quel point est détesté par le Peuple, *l'homme de la famine, du Tonkin, des fausses dépêches, et de la division des Républicains?...* il veut donc persister à se compromettre et à partager son impopularité !...

·M. Grévy ne sait donc pas les intrigues et les ambitions effrenées de celui qu'il reçoit dans son intimité, il ignore donc son pacte avec le Vatican et la droite... et ses manœuvres pour se mettre à sa place ?

« Qui mal veut mal lui tourne », dit un vieux proverbe ; l'avenir nous apprendra si M. Grévy a eu raison de mettre sa confiance dans M. Ferry.

En attendant, ce couplet circule, et résume la situation des Esprits :

LE GÉNÉRAL BOULANGER

L'envie au front d'airain, à l'œil louche, aux mains croches,
Est sortie en rampant de son impur bourbier,
Essayant de salir *un Bayard sans reproches*,
Un noble Patriote, un Preux, un Chevalier !
Vils sont les envieux, car de toute la France
Le cri des cœurs l'acclame et l'appelle au pouvoir ;
En lui tous les Français ont mis leur espérance,
BOULANGER *est pour eux l'Honneur et le Devoir.* »

LE FRANC-BRETON.

Paris, Juin 1887.

Dans l'*Anarchie bourgeoise* que vient de publier M. Laisant, député, le sympathique écrivain dévoile les résistances d'une catégorie aussi égoïste qu'inconséquente qui se fait l'entrave permanente de la République ; mais il ne faut pas la confondre avec cette autre *Catégorie Bourgeoise* qui fait tant d'honneur à la France, dont M. Laisant lui-même fait partie et d'où ressortent *nos Hommes les plus éminents* ! ·

Cette réserve faite, il exprime l'opinion du Pays avec autant de talent que de Vérité lorsqu'il dit :

« Les hommes qui continuent à distribuer des « millions au clergé catholique, les hommes qui « maintiennent un ambassadeur auprès du pape, « qui conservent le traitement des chanoines ; ces « hommes-là peuvent bien répéter tant qu'ils vou- « dront : *le cléricalisme est l'ennemi*, ils n'en res- « teront pas moins, en dépit de toutes leurs protes- « tations, *des cléricaux !* » — Et plus loin :

« La bourgeoisie, c'est entendu, ne croit pas « plus que les prêtres, pas plus que personne, au « soi-disant vérités du catholicisme; mais pour « assurer sa prédominance, pour garder ses privi- « lèges effectifs, pour continuer à tirer profit du « pouvoir qu'elle détient, elle a le plus grand « intérêt et, sous n'importe quelle forme de gou- « vernement, à ne pas laisser le Peuple s'affranchir « et s'émanciper. Or, quel plus merveilleux instru- « ment de domination morale et d'asservissement « intellectuel que la hiérarchie catholique. »

— Conservant le Concordat et le budget, la bour-

geoisie aurait dit à l'église… « sois mon auxiliaire,
« je serai le tien, vivons d'accord pour gouverner
« le monde, répètent-elles toutes deux. En réalité,
« la bourgeoisie a fait en cette matière comme en
« beaucoup d'autres, le plus stupide des calculs,
« elle a oublié que l'église catholique par sa
« nature même, n'admet pas le partage du pou-
« voir. Son but est toujours et ne peut cesser
« d'être *la domination universelle.*

La Bourgeoisie se fait une illusion complète
et se ménage le plus cruel lendemain lorsqu'elle
compte sur l'appui de l'église.

« Et lorsque vous entendez ces tristes hommes
« d'Etat, paradant sur leurs tréteaux et mettant
« leurs paroles en contradictions avec leurs actes,
« répéter en s'égosillant « *le cléricalisme, voilà*
« *l'ennemi* » vous pouvez leur répliquer hardiment
« *le cléricalisme, voilà le compère !* »

— Si bien démasqué qu'on ne peut plus ignorer
les accointances du clergé catholique avec cette
catégorie bourgeoise du Sénat et de la Chambre
qui refusent toujours de faire passer aux Instituteurs les soixante millions, jetés si maladroitement
au clergé hostile au gouvernement de la République.

« Le gouvernement, dit M. A. S. Morin, ne doit
accorder à aucune secte des subventions qui cons-
titueraient la plus efficace des protections… et
pour ce qui est du catholicisme en particulier, ne
serait-ce pas une coupable aberration que de sub-
ventionner un clergé qui professe ouvertement une

hostilité implacable contre les Institutions Nationales et ne cesse d'exciter au renversement de la République. »

Les inconséquents ne se doutent guère, qu'ils contribuent par leurs intrigues à éclairer l'éducation morale et politique des Electeurs, qui ne tarderont pas à les mettre de côté, en recherchant *les Hommes d'élite* que leur talent recommande et que leur modestie retient trop à l'écart (1).

1. Pendant que nous écrivions ce livre, les événements politiques renversaient M. Grévy et tous ceux qui ont abreuvé de calomnies le général Boulanger!...

« Qui mal veut mal lui tourne. »

CHAPITRE VIII

LES JÉSUITES

Sommaire. — M. Bethmond aime les jésuites. — Le bon
ton des conservateurs. — Le pape Paul III. — Petite
biographie des jésuites. — Leurs hauts faits. — Les calamités qu'ils suscitent. — Leur condamnation. — Leur
bannissement de France en 1763. — Abolition de leur
ordre par le pape Clément XIV en 1774 — Lé pape meurt
empoisonné. — Le pape Pie VII les rétablit — Le clergé
de France en 1789, — Retour des jésuites avec les Bourbon en 1815. — Le clergé jésuite en 1887. — Les ultramontains ; — ce qu'en pense l'*Opinion*. — La *Lanterne*
et son Directeur. — Ces braves gens de rois. — Conversion de l'église catholique à la barbarie des Franks ; —
l'église s'empanache et se blasonne. — L'église catholique, devenue et restée féodale, n'a plus rien d'humain.
— Utile à rien, nuisible à tout.

(Page 261). En trouvant sous la plume de M. Drumont l'éloge des jésuites, nous n'avons pas été peu
étonné. Un homme aussi érudit ne peut pourtant
pas ignorer le bagage historique de ces maîtres pa-
telins. Faut-il croire aussi que M. Bethmont, qui,
dit-on, fait partie de la classe dirigeante, a étudié
l'histoire de ces célèbres instituteurs de la jeu-

nesse dans *Cretineau-Joli*, ou dans quelques autres
pères Loriquet qui les mettent au premier rang, pour
n'avoir pas hésité à confier l'éducation de son fils
aux diciples d'Ignace de Loyola?... Jusqu'à ce jour
nous croyions que M. Bethmont appartenait au
parti Républicain, a-t-il donc comme tant d'autres,
changé son fusil d'épaule ?.. Quoi qu'il en soit, il
donne un triste exemple d'inconséquence et de
dédain pour les lois de son Pays.

Nous savons bien qu'il est de bon ton dans le
parti des conservateurs d'abus, et dans celui des réac-
tionnaires contre tout progrès, d'avoir en grande
considération la Compagnie des jésuites ; ils sont
si indulgents (*quand ils croient devoir l'être*),
qu'avec eux on peut tout se permettre, puisqu'avec
leur système de *probabilisme* il n'y a plus, ni péchés, ni fautes, ni crimes ; ce qui est fort commode
pour ceux qui n'ont aucune conscience, et veulent
avoir l'air de croire à un semblant de religion.
Comme d'une autre part, le clergé en France a
déclaré par la bouche de ses évêques que tous ces
membres étaient avec *Loyola*, en un mot, *qu'ils*
étaient tous jésuites ; nous sommes obligés en conscience d'apprendre à ceux de nos contemporains
qui les ignorent, les actes de *ces hommes épidé-*
miques à travers les Nations, qui, grâce à L'INDIFFÉ-
RENCE COUPABLE des gouvernements, *ont contaminé*
les Peuples infectés aujourd'hui du jésuite et de
l'ultramontain ; mais comme ce sujet exige quelques détails nous en faisons l'objet principal de
ce chapitre.

LE PAPE PAUL III, LE PROMOTEUR DES JÉSUITES

Il n'est pas indifférent de faire connaître l'existence édifiante du protecteur de la célèbre Compagnie. Dans l'*Histoire des papes* traitée par un catholique de bonne foi, M. Bouvet de Cressé (Paris, 1826) nous lisons à l'avant-propos ces mots. « Ceux
« qui liront ce livre seront scandalisés comme
« nous l'avons été nous-même des exemples, des
« plus grands vices, l'ambition, le sacrilège, le
« parjure, le mépris le plus formel des choses
« saintes, les désordres les plus effrénés, les dé-
« bauches de toutes sortes, enfin une corruption
« totale dans la doctrine et dans les mœurs se trou-
« vent notés pour la durée des siècles dans l'his-
« toire des papes. »

— D'où vient donc, qu'on ne trouve dans son histoire que des éloges sur le mérite, les talents, la vertu de certains papes dont les actes ont été répréhensibles à tous les points de vue avant et après leur intronisation, et que les plus grands scélérats semblent trouver grâce devant sa plume? Qu'on en juge : en parlant de Paul III, élu le 13 octobre 1534, « il fut choisi, dit-il, par les cardinaux du conclave, en récompense de son mérite, de son esprit et de ses rares vertus dont il avait donné des preuves dans les plus illustres emplois. »

— De toutes ses intrigues politiques et de sa vie privée pas un mot; ayant eu la curiosité de connaître les rares vertus *de cette sainteté*, nous avons trouvé de jolis détails confirmés dans l'histoire du député Lavicomterie (1792), date où les écrivains avaient pour la première fois *la liberté* de consulter les archives, de dire la Vérité sans euphémisme.

Paul III était une créature du célèbre Alexandre VI auquel il avait livré sa propre sœur pour obtenir de lui le chapeau de cardinal; puis il empoisonna sa Mère et un de ses neveux afin d'en hériter; il en fit autant à une autre de ses sœurs par jalousie. (*Hist des papes*, par LAVICOMTERIE.)

Étant légat de la marche d'Ancône, il séduisit une jeune fille de grande famille, se faisant passer pour un gentilhomme de la suite du légat, l'épousa secrètement sous un faux nom et l'abandonna. Cette jeune fille, en apprenant la vérité, devint folle !

Il empoisonna Bosc-Sforce, le mari de sa fille Constance qu'il avait déjà pervertie et qu'il regrettait d'avoir mariée. « Ces faits sont d'une dépra- « vation si profonde et si peu connus, qu'on ne « voudrait pas y croire si on n'indiquait pas les « sources, dit l'écrivain » (1).

— Ce n'est donc pas étonnant de voir un tel pape accepter les secours *de Loyola* pour la défense de son siège et lui accorder toute licence.

A Rome, Loyola commence par spéculer sur les fils de famille. Il convertit beaucoup de jeunes gens *juifs très riches* pour lesquels il forma un éta-

1. Etat de l'Église depuis les apôtres. — Imprimé ch. Eustache Vignon en 1591.

blissement qu'il dirigeait, et obtint du pape que les nouveaux convertis conserveraient les biens qu'ils possédaient au moment de leur conversion, et qu'ils hériteraient des biens acquis *par l'usure.* (Dans la suite Jules III et Paul IV établirent sur les synagogues une taxe au profit de la maison des juifs convertis ; ne craignant point de froisser la conviction des parents auxquels. on enlevait par ruse et perfidie, leurs enfants, en les obligeant de payer encore une redevance, afin de renter les suborneurs qui s'adjugeaient la fortune des jeunes gens tombés dans leurs pièges. Les jésuites n'ont jamais négligé le commerce fructueux des conversions.

A peine sont-ils autorisés, qu'ils se répandent partout, comme des miasmes pestilentiels. En Chine, au Congo, au Brésil, au Paraguay, en Egypte, en Abyssinie, au Canada. Déjà la Pologne et le Brabant, la Sicile et la Corse voient s'élever sur leur sol de nombreux collèges de jésuites.

Les protestants et les catholiques d'Allemagne, sous le règne de Maximilien II, s'entendaient à merveille, prêts à signer une paix qui devait assurer l'avenir du Peuple Allemand, lorsque les jésuites arrivèrent pour susciter dans l'empire, *l'horrible guerre de trente ans* pendant laquelle leur impérial pénitent Ferdinand II, à leur instigation, fit périr dans les massacres et les supplices plus de 12 millions d'hommes, parmi lesquels se trouvaient les plus illustres Allemands et Hongrois. (Voir l'*Hist. secrète du gouvernement de l'Autriche*, A. MICHIELS.)

HAUTS FAITS DES JÉSUITES

Cette société date de 1542, son code est à la fois politique et *censément religieux*. Le général de cette armée exerce une autorité absolue sur chacun de ses membres, qui dans ses mains doit être comme un cadavre. L'Italie, la France, l'Espagne et le Portugal ont chacun un chef provincial.

Le seul péché capital pour eux *est ce qui peut leur nuire*, le reste n'est que peccadille. En 1542, seize jésuites viennent à Paris, dès leur début ils y causent du trouble.

1547. — Robadilla est chassé d'Allemagne pour écrits séditieux contre l'intérim d'Augsbourg.

1560. — Le P. Gonzalès Silvera, espion des jésuites et du roi de Portugal, est mis à mort au Monomotapa.

1581. — Les trois jésuites Campiani, Kerwin et Briant sont exécutés à Londres, pour avoir conspiré contre la reine Elisabeth.

1588. — Ils animent la ligue et prêchent contre Henry III, en faveur de Philippe II d'Espagne, le souteneur acharné de l'inquisition (1).

1589. — Jacques Clément, leur élève, assassine le roi

1592. — Le P. Commolet prêche contre Henry IV

1. Lire dans l'*Histoire de Paris*, par *Dulaure*, l'effroyable misère des habitants de Paris pendant cette horrible guerre civile de la Ligue excitée par le clergé et les jésuites.

demandant un Aod pour délivrer la France du tyran.

1594. — Jean Chatel tente d'assassiner Henri IV, les jésuites qui lui avaient mis le couteau à la main sont chassés de France.

1595. — Le P. Guimard est pendu pour avoir fait l'apologie du régicide.

1597. — Le pape Clément VIII reproche aux jésuites de semer le trouble dans l'église.

1598. — Les jésuites font assassiner Maurice de Nassau et sont chassés de la Hollande.

1603. — Le roi Henri IV craignant pour sa vie les rappelle publiquement ; mais ils étaient déjà subrepticement rentrés en France.

1604. — Le cardinal Frédéric Borromée les chasse du collège de Bréda.

1610. — Ravaillac assassine Henri IV. La même année le P. Mariana publie l'*Institut du prince* où il fait l'éloge de ceux qui tuent les souverains.

1618. — Les jésuites sont chassés de la Bohême *comme perturbateurs de repos public et corrupteurs de la morale.*

1619. — Ils sont pour la même cause bannis de la Moravie.

1631. — Les cabales des jésuites amenèrent au Japon une persécution sanglante.

1641. — Les jésuites allument en France et en Europe une longue persécution contre le Jansénisme, et causent des maux incalculables.

1643. — Ils sont chassés de Malte.

1646. — Ils font à Séville, en Espagne, une banqueroute restée fameuse.

1661. — Ils continuent leur persécution contre les Jansénistes, détruisent de fond en comble leur retraite de Port-Royal et violent leurs tombes.

1669. — Révélations sur la morale, l'enseignement et les mœurs des jésuites, (1) faites par un prêtre au grand scandale du bas clergé. Le pape Clément IX reste impassible (2).

1683. — Déclaration du clergé de France sous Innocent XI reconnaissant les libertés de l'église gallicane, que les jésuites furent obligés de signer, mais ils ne tinrent aucun compte de leur signature.

1685. — Les jésuites parviennent à obtenir de la cruauté imprévoyante de leur affilié *Louis XIV*, la révocation de l'édit de Nantes, qui causa la ruine de l'industrie française dont bénéficièrent *l a Prusse et l'Allemagne* par l'émigration des Protestants fuyant *les tortures et les galères du roi jésuite*.

1709. — Nouvelles profanations du cimetière des Jansénistes.

1. Sous le titre *La morale des jésuites*, par un docteur de la Sorbonne [à Mons (Belgique), chez la veuve Waudret, à la Bible d'or, MDCLXIX.] Ce livre contient 2 volumes de 446 pages et les documents les plus complets sur la perversité de cette société, où se trouvent les chapitres (mais avec plus de détails) qui furent annexés à la condamnation par le parlement de France un siècle plus tard, en 1763.

2. A l'exception du pape *Clément XIV* qui les abolit en 1774, tous les autres papes furent leurs protecteurs et leurs lâches complaisant. Naturellement l'épiscopat a cru devoir suivre l'exemple de ses papes, sans néanmoins oser s'afficher .En 1885. tous les ordres de ses moines non autorisés ont été mis hors de France, et les jésuites chassés de nouveau. C'est ce moment qu'ont choisi les évêques pour jeter leur mitre par-dessus les moulins, en se déclarant *tous jésuites*. S'appuyant sur l'inconcevable tolérance du gouvernement, Moines et jésuites sont rentrés plus nombreux que jamais !...

1713. — Jamais assouvis dans leur vengeance impie, les jésuites obtiennent du pape Clément XI la condamnation des Jansénistes ecclésiastiques et laïques, et de leur livre, que n'avaient même pas lu le pape ni les jésuites ; car toutes les propositions que renfermait ce livre étaient rigoureusement *orthodoxes* au point de vue de la doctrine évangélique adoptée par l'église ; mais elle était au point de vue des jésuites en contradiction avec leur morale, et les jésuites restèrent seuls maîtres de la place, ayant, *deux des leurs* avantageusement placés, l'un sur le trône pontifical (Clément XI) (1), et l'autre sur celui de France (Louis XIV). Aussi la bulle *Unigenitus* du pape, devint-elle un brandon de discorde et de persécutions. Aux yeux des jésuites, le plus grand crime des jansénistes était la pureté de leurs mœurs et leurs vertus.

Cette bulle infernale enfanta deux mille volumes d'impertinences, disait Diderot, et produisit quatre-vingt mille lettres de cachets. » — Cette époque désastreuse pour la morale et les penseurs était

---

1. Clément XI, effrayé des désordres causés par la Bulle (œuvre du jésuite Letellier), confia à *M. Amelot* les regrets de l'avoir publiée. Amelot lui demanda pourquoi ce nombre baroque de cent une propositions condamnées. — « Eh ! M. Amelot, que vouliez-vous que je « fisse ? Le père Letellier avait dit au roi qu'il y avait plus de « cent propositions censurables ; il n'a pas voulu passer pour men- « teur, on m'a tenu le pied sur la gorge pour en mettre plus de « cent, pour montrer qu'il avait dit vrai, je n'en ai mis qu'une de « plus, » et le pape se mit à pleurer ! (*Les Jésuites*, p. 6º, A. ANDRÉ) — Aujourd'hui comme toujours le pape est sous la tutelle des jésuites.

celle du triomphe des jésuites en tout et partout, jusque dans le conseil du roi-soleil sous le patronage de M^mo de Maintenon et *du féroce Letellier, confesseur du roi.*

1713. — Le jésuite Jouvency, dans une histoire de sa Société, installe parmi les martyrs, les assassins des rois ; son livre est condamné au feu malgré la puissante protection de *Letellier.*

1723. — Pierre le Grand ne trouve de sûreté pour sa personne et de tranquillité pour la Russie que dans le bannissement des jésuites.

1753. — Banqueroute frauduleuse et colossale du jésuite Lavalette.

1753. — Damiens, leur élève, attente à la vie du roi. Les jésuites publient une nouvelle édition de leur doctrine *enseignant le meurtre des souverains !*

1758. — Le roi de Portugal est assassiné dans un complot dirigé par les PP. Malagrida, Matus et Alexandre. Les jésuites sont chassés.

1761. — Scandale de la banqueroute du P. Lavalette. Le Parlement de Paris commence une enquête et découvre l'immoralité de leur doctrine.

1762. — Arrêt du parlement qui chasse les jésuites de France et de toutes ses possessions. » Cet arrêt est rendu toutes chambres assemblées [entre autres motifs nous citons ceux-ci] « comme étant des gens « professant une doctrine dont les conséquences « iraient à détruire la loi naturelle, ou à rompre tous « les liens civils de la société, en autorisant *le vol, le* « *mensonge, le parjure, l'impudicité* la plus cri- « minelle et généralement toutes les passions, tous

« les crimes par l'enseignement de la compensation
« occulte, des équivoques, des restrictions menta-
« les et du péché philosophique. »

A l'appui de cette sentence solennelle, le parlement décide qu'un extrait des livres et doctrines
des jésuites y serait joint pour lui donner plus de
force encore. Voici quelques passages de cet
extrait :

— Si un juge a reçu de l'argent pour rendre un
jugement injuste, *il est probable* qu'il peut conserver cet argent. C'est confirmé par cinquante-huit
docteurs jésuites.

— En quelle occasion un ecclésiastique peut-il
quitter son habit sans encourir l'excommunication?... Il est répondu.

S'il le quitte pour une cause honteuse ou pour
aller incognito dans un lieu de débauches. (*Praxis
ex Societ tis Jesus schola. Tr.* 7, *ex.*6, *n°* 103.)

S nche dit: On peut jurer qu'on n'a pas fait une
chose quoiqu'on l'ait faite effectivement en entendant en soi-meme qu'on ne l'a pas faite *un cert in
jour..* et cela est fort commode en beaucoup de ren-
contres et est toujours très juste quand cela est nécessaire ou utile à la santé, l'honneur ou le bien.
(*Oper. mor..* p. **2**, t, **III**, c. b, n° **13**.)

Le père Antoine Casnedi affirme que Dieu ne
défend le vol qu'autant qu'il est regardé comme
mauvais et non pas lorsqu'il est connu comme bon.

— Quand et comment Dieu s'est-il manifesté à
cet impudent fourbe, il a oublié de le dire. Dans
un traité sur le Décalogue (le P. *Fagundez*, Lyon

1640, t. I, chap. 2, p. 501) : « Des enfants chrétiens et catholiques peuvent accuser leurs pères d'hérésie quoiqu'ils sachent que pour cela ils seront brûlés et mis à mort comme l'enseigne *Tolet*.., et non seulement ils peuvent leur refuser la nourriture, s'ils tâchent de les détourner de la foi catholique, ils pourront *justement les tuer*. »

Escobar dans la théologie morale dit : « *Qu'il est permis de tuer en trahison un proscrit !* »

Et ces maximes abominables se délayent sous toutes les formes dans un million huit cent mille volumes de 5 à 800 pages, dans la bibliothèque de cette Compagnie où la loi irréfragable de L'ÉTERNELLE JUSTICE se trouve outragée par ces impuretés jésuitiques.

Quant aux doctrines de leurs casuistes en matière de luxure cela dépasse, toutes les horreurs que l'histoire a flétries ; « ce sont des inventions de crimes inimaginables », dit Ch. Sauvestre (*Monita secreta*, p. 45), de fornications, sacrilèges, de débauches contre nature, comme le célibat forcé peut seul en faire éclore dans un cerveau troublé, et tout cela trouve chez leurs casuistes indulgence et même justification (1).

En 1774. — Le pape Clément XIV, après avoir dûment examiné les constitutions et les doctrines de ces hommes pervertis, après avoir eu *l'adhésion de tous les cardinaux*, lesquels ont reconnu et con-

---

1. Extraits vérifiés par les commissaires du parlement, de la doctrine des jésuites, dénoncée par l'abbé Chauvelin, conseiller à la Grand' Chambre.

firmé le jugement du parlement, Clément XIV lança contre eux une bulle d'abolition de la Société de Jésus. Le digne Pontife remplissait un devoir sacré en essayant d'écraser le serpent venimeux ; mais il ne se faisait point illusion sur la vengeance de ses ennemis, car il dit en posant la plume : « Je viens de signer mon arrêt de mort ! » En effet il mourut peu de temps après dans d'horribles souffrances causées par un poison inconnu (1).

En 1779 ils se réfugièrent en Russie où ils captèrent la faveur des amants de Catherine.

1814. — Après avoir été chassés de Rome par les Français pendant la République, ils furent rétablis partout par Pie VII qui était de leur compagnie, comme on en peut dire autant de tous les papes qui les protègent. Ils rentrèrent en France avec les Bourbon. La Révolution de 1830 les fit rentrer sous terre, ou plutôt se dissimuler en changeant de nom.

Il est facile de comprendre leur acharnement à vouloir instruire la Jeunesse pour s'en faire des séides dans toutes les branches d'administrations gouvernementales et des appuis dans le monde. Qu'en pense M. Drumont ?

1. De tous les papes qui composent la liste des 262 évêques de Rome, aucun n'est comparable pour l'esprit de justice, la bonté, les qualités du cœur et les capacités à Clément XIV, mort martyr de son devoir en abolissant l'ordre des jésuites si universellement condamné. D'où vient donc que cet honnête Homme n'a été ni canonisé ni pris au sérieux par l'Eglise qui s'est empressée de rétablir le foyer d'infection que renferme la Compagnie de Jésus, en lui rendant tous ses privilèges !

Que devient la prétention des papes à l'infaillibilité, quand le successeur peut détruire l'œuvre de son prédécesseur ?..

L'histoire édifiante de MM. les jésuites, dont à notre grand regret nous ne pouvons donner ici que de faibles *aperçus*, n'a pas convaincu les ultramontains qui livrent encore leurs enfants à l'éducation des jésuites, mais *tels que*, ils suffisent pour juger *cette compagnie*.

Nous avons dit : qu'en 1669, l'enseignement pervers des jésuites fut dévoilé et jeta une perturbation inouïe dans le clergé ; nous ajouterons que le pape fut accablé de la part des curés de protestations indignées contre les jésuites, insistant « sur les dangers d'un tel enseignement qui renverse « non seulement le christianisme, mais même tous « les sentiments humains. Que la religion inven- « tée par les jésuites était « ce qu'il y a de plus infâme, « de plus abominable, de plus corrupteur contre « la morale universelle, *que les païens eux-mêmes* « *ont toujours respectée.* » — Ils faisaient appel au pape et à l'épiscopat de France pour condamner de telles abominations.

Le pape Clément IX. ne donna pas signe de vie, il réservait toutes ses foudres contre la traduction en français du nouveau testament, et supprimait par un décret cette œuvre « *comme témér ire,* « *scandaleuse, et sentant l'hérésie* qui devait être « anathématisée ! » Quant à la MORALE IMMONDE ET HÉRÉTIQUE à toutes les lois de l'ÉTERNELLE JUSTICE ; l'inquisition, si terrible pour la moindre dissidence, fit comme le pape, elle garda le silence (1) !

1. A l'égard des jésuites, hérétiques, à tous les points de vue, le silence du pape et de l'inquisition est une preuve indéniable

Quelques évêques les censurèrent ; mais auprès des ignorants, les jésuites faisaient passer les censures pour des approbations. ce qui désolait les curés, surtout ceux de Paris.

Dès ce moment commence ce travail occulte d'assimilation du clergé catholique à la Compagnie de Jésus, déjà la moitié des prélats étaient acquis aux doctrines, et le reste ne devait pas tarder à se laisser gagner par la contagion. Ce qui se passe de nos jours en est une preuve et M. Drumont n'est pas le seul admirateur de la célèbre Compagnie. M. l'abbé A. Sicard, du clergé de Saint-Philippe, veut bien nous apprendre ce que nous savons de reste. c'est qu'à moins de quinze ans de distance de cette formidable abolition de la Compagnie de Jésus par le plus digne des papes, Clément XIV (et signée de tous les cardinaux), le clergé des provinces en 1789. entre autres de Péronne, de Dax, de Bar-sur-Seine. de Villeneuve de Berg, etc., ainsi que toute la noblesse réclamaient les jésuites, trouvant que sans eux, « les lumières, — et la religion, — étaient absentes des écoles, que l'éducation dégénérait *(ce qui n'était guère à l'honneur du clergé qui la faisait exclusivement)* ; enfin les plus osés émettaient

---

que la prétendue hérésie n'était qu'un prétexte pour accaparer la fortune de ses victimes et porter la terreur dans les consciences. La moindre hésitation à croire aux inepties de l'Eglise était réputée le plus grand des crimes sous le nom d'hérésie.

L'Inquisition n'a jamais été qu'une question de commerce infâme; à l'aide de ses agents provocateurs elle se vengeait horriblement de celui qui tentait de s'affranchir, même dans sa pensée, du joug de l'Eglise ! !

« le vœu que les jésuites fussent rappelés » (1) !

La franchise vaut toujours mieux que l'hypocrisie, c'est pourquoi nous savons gré au clergé de
1887 d'avouer publiquement sa solidarité avec —
les pères de Loyola. — Qui se ressemble s'assemble.
Maintenant nous savons à quoi nous en tenir sur la
valeur des étiquettes. Et nous ne pouvons que répéter avec Charles Sauvestre (dans *les Jésuites*, p. 3) :

« Aujourd'hui nous sommes plus que jamais
« persuadés que l'existence de la société de Jésus
« est un danger public, non seulement pour la
« France ; mais pour le monde entier ! »

LES ULTRAMONTAINS

Les fils de Loyola tout en ne se mariant jamais,
n'en sont pas moins des pères qui engendrent
des monstres par milliers ; ne pouvant plus s'appuyer sur *les fanatiques du poignard et de la torche* comme au temps de la Ligue, ils ont mis au
monde une armée de mécréants, qui, sous le nom
d'ultramontains, se sont ralliés à l'immonde morale
des jésuites, affectant de soutenir ainsi que leurs
pères, *l'Eglise et le trône.* Comme Calipso, ils ne peuvent se consoler du départ de leurs idoles impériales ou royales. Aussi, à défaut d'une descendance
héraldique, ils se contenteraient du premier
aventurier venu, bâtard ou légitime, et feraient

1. L *Enseignement et les congrégations religieuses*, par l'abbé
Sicard (*Correspondant* du 25 juin 1879, Paris).

volontiers le sacrifice de la dignité qui leur manque, pour retrouver *l'œil de bœuf* du roi-soleil si cher au courtisan, ou la salle à manger d'un souverain quelconque... seule patrie des ultramontains de toutes couleurs, et des réactionnaires de toutes nuances.

Les ultramontains se désolent de ne plus être *des sujets à monarques*, devenus citoyens d'une RÉPUBLIQUE qui ne daigne pas leur demander compte de toutes leurs trahisons envers le Pays, ils ont la nostalgie de la servitude et des sinécures où pullulent les charançons de l'Etat.

La plupart de ces tranche-montagnes qui emboîtent le pas derrière les épaves d'une noblesse qui s'efface, s'imaginant qu'il est de bon goût de renier nos Ancêtres, ces travailleurs utiles qui ont fait la prospérité de la France, pour faire croire qu'ils font partie de la descendance des bandits féodaux *allant à la proie*, écorcheurs et routiers qui ont laissé de si belles fortunes à leurs descendants.

En voyant les amusements de cette tourbe jésuitique ultramontaine, qui ne cesse de dénigrer le Pays dans ses feuilles prostituées, dans le livre, jusque dans ses chants populaires qui frisent l'obscénité, on ne peut s'empêcher d'admirer la propagande faite pour le triomphe de la JUSTICE et du DROIT, par le vaillant Directeur de la *Lanterne*, qui éclaire l'obscurité du dédale ou l'arbitraire et la spoliation égarent leurs victimes.

Que *M. Mayer soit bouddhiste, mahométan, juif ou chrétien*, peu nous importe, il n'en est pas moins pour ceux qui savent l'apprécier, le vaillant champion de la JUSTICE pour tous, qui combat les abus et sait fustiger les hommes d'où qu'ils viennent et quelle que soit leur position sociale.

(P. 287). « Ces braves gens de rois ne savaient pas travailler, comme on dit en bourse ». — M. Drumont semble ignorer qu'ils savaient bien la prendre... la bourse, et pour virer dans leur caisse le numéraire qu'elle contenait, il n'y avait pas de *manieurs d'argent* à leur comparer. « Ils avaient au fond un cœur paternel », continue M. Drumont ; ceci est un comble ; leur cœur paternel était si bien au « fond » de leur estomac, qu'au dehors il n'en paraissait aucun vestige.

Ce n'est sans doute pas de « ce brave homme » de Louis XV, dont notre auteur voulait parler, ce bien-aimé monarque dont le cœur paternel ne pouvait se passer d'avoir un parc de jeunes filles, qu'il instruisait de toutes les manières, ce qui ne déplaisait point à la noblesse, laquelle se faisait un honneur de lui fournir des élèves, tandis que les bourgeois récalcitrants, qui réclamaient contre l'enlèvement de leurs jeunes filles, étaient fourrés dans les cachots de la bastille. Ce n'est pas tout, ce bon père de famille épuisait le trésor de l'Etat, écrasait d'impôts le travailleur, ne lui laissait pas même le pain nécessaire à sa subsistance en l'affamant, *par son infâme commerce sur les grains.* Et « ce brave homme de roi » vivait dans la plus douce quiétude d'une conscience rassurée, ayant autour de lui une collection d'évêques, de prélats toujours prêts à lui donner une absolution générale pour tous ses forfaits. Dieu sait ce que l'Eglise retira en dons, legs, etc., des vices et des crimes des rois, dans lesquels l'autel et le trône trouvaient leur compte! il n'y avait de lésé que le Peuple et la Morale !

Il serait curieux de faire le total des revenus de l'Eglise, provenant des fautes et des crimes de ses paroissiens qui ont la naïveté de croire qu'elle peut les absoudre pour de l'argent.

M. DRUMONT VOIT LES JUIFS PARTOUT ET NE LES VOIT PAS LA OU ILS SONT.

(P. 292). Si par **Juif** il entend la spéculation ou plutôt la spoliation la plus effrontée, la plus odieuse, la plus sacrilège, qu'aucune autre ne pourra jamais égaler, c'est absolument *celle des papes et du clergé!* Est-il possible d'imiter leurs ruses, leurs bassesses et leur persévérance pour enlever la fortune et l'héritage des naïfs qui croient au charlatanisme du prêtre romain ? En dehors de toutes leurs turpitudes que les journaux dévoilent, nous connaissons des extorsions de la part des ecclésiastiques, qui mériteraient le bagne, *si la judicature*, si improprement appelée la justice, ne conservait pas pour les tonsurés, avec une tendresse inexplicable, *ses deux poids et ses deux mesures*; mais en fait de vols, d'extorsions abominables, tels que les exècre M. Drumont, eh bien, les papes, auteurs et fondateurs de l'inquisition, ont dépassé tous les crimes, et laissent bien loin derrière eux les bandits les plus célèbres !

Oui, le pape et son clergé, voilà *la vraie famille usurière ! la seule* dont il faudrait se garantir à tout prix, *la seule nuisible*, à tous les points de vue, celle qui est, par-dessus tout, le plus grand fléau de l'espèce humaine !

Malheureusement encore, peu de personnes sont initiées aux manœuvres frauduleuses employées par l'Eglise pour escroquer le numéraire de ses paroissiens ; depuis la neuvaine qui doit guérir d'une maladie chronique, les bouteilles d'eau de Lourdes vendues comme médicaments, jusqu'aux messes dites pour retirer les âmes du purgatoire ; tout est trafics, marchandage et chantage dans l'église, sans que la police ni la magistrature ne viennent s'opposer à ces scandaleuses exploitations !...

D'après l'exemple que l'Eglise a donné aux princes, *de toutes ses turpitudes, ces braves gens de rois n'ont fait que rançonner le Peuple de toutes les façons en essayant d'égaler l'Eglise!...*

La Révolution de 1789 n'a été qu'une idylle auprès de ce qu'elle aurait pu être, si le Peuple s'était rappelé *les famines, les pillages, les massacres et toutes les atrocités* qu'il dût subir si longtemps sous le règne prétendu paternel de ces rois qui. étant élevés par l'Eglise, n'avaient d'humain que la forme!...

Mais un roi peut tout faire, c'est *l'élu de Dieu.*

disent les prêtres, sans s'embarrasser de prouver cette absurdité. Où ont-ils vu que Dieu protégeait le crime et que le succès le justifiait? C'est la morale des jésuites: « *la fin justifie les moyens!* » Mais cette infamie a été repoussée de tout temps *par les Laïques*, qui intuitivement ont conservé la tradition de LA LOI DIVINE DE Justice et de Probité, gravée dans la conscience humaine.

Quant *à la bonne mère sainte église*, qui n'avait jamais essayé *de convertir* les Francs, elle s'était au contraire *pervertie* en les dépassant dans leurs vices, d'orgueil, de luxe et de richesses, en s'affublant de titres féodaux, leur prenant leurs armes et jusqu'à leurs blasons. Les Francs avaient deux qualités, ils étaient braves et tenaient leur parole comme un engagement ; l'Eglise les rendit lâches en consacrant le parjure!...

Jean II, roi de France au xiv° siècle, reçut des papes, pour lui et pour ses descendants dynastiques, un bref qui les dispensait de tenir leur promesse écrite ou verbale.

Le même bref fut accordé au roi d'Espagne, Ferdinand V dit le catholique, pour lui et ses successeurs. Ce qui permit à Charles-Quint de recevoir une forte somme de sa noblesse pour l'abolition de l'inquisition qu'il promit, et signa solennellement, en envoyant secrètement au grand inquisiteur une contre-lettre qui annulait sa déclaration précédente.

Inventant le nom d'*hérétique* pour outrager ceux qu'elle perdait, l'Eglise était la seule hérétique à la morale, à la religion naturelle et à l'humanité. Donc avant de brûler les autres elle aurait dû se brûler elle-même : comme prévaricatrice des lois de son Dieu, des décrets de ses conciles et de ses propres canons.

« Utile à rien, nuisible à tout ;

« Telle est l'Eglise catholique (1) ! »

1. Lorsque cette Eglise imposait aux Juifs, sous peine *du feu*, de réformer leur culte, elle n'aurait pas dû avoir tant de cruauté pour les Juifs après s'être si audacieusement emparé de leurs dogmes.

Lorsqu'on bénéficie de la dépouille d'un voisin ; n'est-ce pas le comble de l'ingratitude de lui reprocher que ses meubles antiques ne sont plus de mode ?

On ne peut trouver dans aucune langue une expression assez forte pour qualifier le procédé de l'Eglise, consistant à torturer jusqu'à la mort ceux qu'elle ruinait !!! (Voir l'*Histoire de l'Inquisition*, par LLORENTE, Paris, 1819.

CHAPITRE IX

Sommaire. — MARAT, son histoire est à faire. — Ses
œuvres littéraires et scientifiques. — Acharnement de
ses ennemis. — Son triomphe. — Paroles que les Peuples
ne doivent pas oublier. — Sa prédiction. — Erreur de
Charlotte Corday. — Sa ruse pour obtenir une entrevue.
— Mort de Marat. — Sa prophétie se réalise. — Les
Sans-culottes ont défendu la Patrie. — La bulle du pape
Pie VI. — Elle fait égorger les prêtres constitutionnels.
— La royauté a perdu le sens de la France. — Peut-on
perdre ce qu'on n'a jamais eu ? — L'inconnaissance de la
France est héréditaire chez les Bourbon. — M. Drumont
ne dit pas tout ce qu'il sait sur eux. — Louis XVIII. —
Orgueil sacrilège du clergé. — Puissance occulte dont il
faut se défier. — *Un nouveau Canossa*. — Grégoire VII.
— M. de Bismarck associe le pape à sa politique. —
Léon XIII dirige les élections en Allemagne. — En France
il ordonne la candidature Ferry. — Résultats de l'éducation catholique. — L'Eglise primitive des Apôtres n'a
rien de commun avec l'Eglise impériale du concile de
Nicée ! — La maxime de M. Isaac Pereire.

(P. 296). M. Drumont sous l'influence du préjugé accepte une fausse légende sur une personnalité qui fut doublement victime de la calomnie
et de l'assassinat. Pendant trop longtemps on s'est
plu à faire de Marat un des boucs émissaires de la

Révolution. Il n'était plus là pour se défendre et son histoire n'est pas encore faite.

Avant de joindre au nom de l'*Ami du Peuple* l'outrage, il faudrait lire ses ouvrages, connaître ses actes, ses discours, son amour pour la Justice, sa fidélité pour la cause du Peuple et son dévouement à le défendre, qu'il a payé de sa vie en tombant sous le couteau des royalistes.

Il ne faudrait donc pas s'en rapporter *aux pères Loriquets* dont les mensonges se plaisent à dénaturer les faits qui dévoilent leurs intrigues. Il est donc nécessaire pour la nouvelle génération de rétablir la Vérité sur toutes choses (1).

Marat n'était point Juif comme le suppose M. Drumont à cause des deux syllabes de son nom Ma-ra, les deux premières du nom de *Maranès* qui, pour les Espagnols, servait à désigner avec mépris les descendants des souverains Arabes, qui s'étaient soumis à l'Eglise catholique.

Marat est né en 1744 à Boudry près Neufchâtel (en Suisse) de parents calvinistes, et fut à la fois médecin et chirurgien fort instruit. Il publia suc-

1. On ne doit jamais accepter l'histoire écrite par un parti, sans la contrôler. Quand on consulte le dictionnaire *Bouillet* approuvé par le saint-siège, la congrégation de l'index et l'archevêque de Paris nous savons d'avance que les Républicains les plus vertueux seront traités de démagogues et que les noms de certains inquisiteurs ne s'y trouveront pas, de même que certaines monstruosités historiques seront considérablement adoucies grâce à l'euphémisme. Si on s'en rapportait au dictionnaire des gens de lettres de 1772, — l'héroïque *Jean Hus* n'avait reçu le sauf-conduit de l'empereur Sigismond que pour venir exposer sa doctrine et se conformer à sa condamnation ! .. Les catholiques fanatisés ne reculent devant aucun mensonge.

cessivement des œuvres scientifiques, politiques et autres, telles que : *Les Chaînes de l'esclavage*, publiées en anglais (Edimbourg 1774, en français, 1792 et 1833 à Paris). — *Plan de législation criminelle* (1787), où il s'élève fortement contre la peine de mort. — *De l'homme ou de l'influence de l'âme et du corps* (Amsterdam, 1775). — *Recherche sur le feu. la lumière et l'électricité* (1779 et 1784) ; une traduction de l'optique de Newton (1787), et un roman du cœur.

Il avait assez de cœur pour en parler, cet homme si injustement méconnu de la postérité et si cruellement calomnié par les royalistes, qui ne lui ont jamais pardonné d'avoir pesé d'un si grand poids dans la balance qui devait régler le sort de la monarchie française.

Membre de la municipalité dite du 10 août, il fut, pour les réactionnaires, la cible de toutes leurs calomnies ; poursuivi sans cesse par ses ennemis, sous les accusations les plus fausses. D'un tempérament maladif, d'un caractère aussi vif qu'énergique, l'iniquité l'exaspérait, sa parole en devenait terrible dans ses revendications. Joignez à cela un physique qui n'avait rien de l'Apollon, miné par une souffrance incessante ; mais il souffrait plus encore de la souffrance du Peuple que de la sienne.

Sous le coup de deux accusations capitales, il n'en fut pas moins élu député par ceux qui surent apprécier ses éminentes qualités.

Les deux journaux qu'il rédigeait, le *Publiciste parisien* et l'*Ami du Peuple*, peignaient bien l'état de la situation, et si ceux qui l'accusent d'exagération avaient vécu de son temps, ils n'auraient peut-être pas eu son courage ni sa modération.

« *Ne pouvant le corrompre ils l'ont assassiné* », dit l'histoire, et c'est vrai. Cet homme de Bien fut incorruptible. Quand on considère sa vie entièrement consacrée à la défense des Opprimés, sa vie de privations (car il n'avait rien à lui et donnait son nécessaire) à l'existence sardanapalesque que menèrent la plupart de ses détracteurs, on est forcé d'admirer ce Grand Citoyen, lorsque traqué, ses presses enlevées, espionné avec acharnement, il fut obligé d'écrire et d'imprimer son journal dans une cave sous le coup des plus terribles menaces. On le craignait d'autant plus qu'on le savait d'une loyauté incorruptible aimant par-dessus tout la Justice. Il s'opposa avec énergie au décret qui imposait aux prêtres, le serment à la constitution sans se soucier du blâme de ceux qui le traitaient de *calotin*, disant : « Qu'avant tout il respectait la liberté de conscience (1) ! »

Après avoir été emprisonné sous la charge d'une troisième accusation, où deux de ses amis étaient compromis, il eut le courage d'en endosser seul la responsabilité, en venant défendre Danton et Robespierre de l'accusation portée contre eux d'avoir voulu la dictature, disant que c'était lui-même qui l'avait demandée, et termine en disant :

« Citoyens, ce n'est point un coupable qui paraît

1. *Études sur la Révolution*, p. DÉCEMBRE-ALONNIER (*Semaine fraternelle*, 13 novembre 1887).

« devant vous, c'est l'*Ami du Peuple*, l'Apôtre et
« le martyr de la liberté, depuis si longtemps per-
« sécuté par les implacables ennemis de la Patrie,
« et poursuivi aujourd'hui par la faction des hom-
« mes d'Etat.., » il rend grâce à ses persécuteurs
de l'occasion qu'ils lui fournissent de faire éclater
son innocence et de les couvrir d'opprobre.

— Les témoins le justifient complètement, il est
constaté que Brissot (1), Gorsas l'ont calomnié
dans leurs feuilles et ont inventé des mensonges
depuis sa mise en accusation pour influencer le
jury. En fait, il n'est coupable d'aucun des crimes
articulés contre lui, et termine par une prophétie
qui s'est réalisée au grand malheur de la France.
Il démontre que s'il succombe, bientôt Robespierre, Danton, Camille Desmoulins et tous les
montagnards courageux succomberont de même
et que la Nation sera livrée aux émigrés ! ...

Après avoir été porté en triomphe à la Convention
au cri de vive la République, vive Marat, il monte
à la tribune des jacobins où on le charge de couronnes civiques.

« Citoyens, dit-il, ne me décernez point de
« triomphe, et défendez-vous de l'enthousiasme.
« Je vous blâme de crier *vive Marat !* ce cri n'est
« point républicain, et si j'étais un traître, il me
« serait facile de vous opprimer ; je dépose sur le
« bureau les couronnes que l'on vient de m'offrir

1. Brissot, chef du parti girondin, avait pour maxime : « la dénonciation est l'arme du Peuple, arme utile, arme nécessaire. » (Disc.
de Brissot aux jacobins, 25 avril 1792).

« et j'invite mes concitoyens à attendre la fin de
« ma carrière pour me juger ! »

Sa carrière ne devait pas être longue et son bon
cœur à secourir l'infortune facilitait le crime qui
devait la briser si prématurément en réalisant sa
prédiction.

Les girondins conspiraient (1) dans presque
tous les départements au moyen de *petits papiers*
contenant de gros mensonges contre le gouvernement ; jusqu'à faire circuler une fausse constitution, laquelle désignait, comme futurs dictateurs,
Danton, Robespierre et Marat. Ce dernier, très
souffrant, était atteint depuis quelque temps d'une
maladie inflammatoire provenant de ses travaux
excessifs. Sentant un immense besoin de repos. il
avait défendu sa porte, ayant à peine le temps
d'écrire son journal, lorsque Charlotte Corday,
jeune royaliste aussi résolue que fanatique. se mit
en route avec la ferme intention de tuer Danton,
étant sous l'influence d'une exaltation inspirée par
plusieurs girondins qui se réunissaient chez sa
tante à Caen. A peine arrivée à Paris, elle reçut des
lettres de ses amis qui accusaient Danton de vouloir mettre l'ex-dauphin sur le trône. Alors elle se
garda bien de porter la main sur un homme qu'elle
considérait comme utile à sa cause. Elle alla le
lendemain porter une lettre chez Marat où elle lui

1. M. de Lamartine a pu dans ses *Girondins* émouvoir les cœurs
sensibles ; mais il n'en est pas moins vrai que leurs écrits ont
été flétris comme d'indignes calomnies et que leur conspiration
a motivé leur arrestation.

demandait sous un faux nom une entrevue pour le salut de la République. N'ayant point reçu de réponse elle en écrivit une autre dans les termes les plus pressants au sujet de la Patrie en ajoutant cette phrase irrésistible pour le cœur du malheureux quelle préméditait d'assassiner.

« *D'ailleurs je suis persécutée pour la cause de* « *la liberté* ; je suis malheureuse. Il suffit que je « le sois pour avoir droit à votre protection ! »

« Le soir, à 7 heures, la signataire arrivait chez « Marat où sa femme refusait de la recevoir, sa- « chant que son mari était dans sa baignoire écri- « vant à la hâte son journal. »

Marat, ayant entendu le colloque, comprit que la visiteuse était la femme qui lui avait écrit les deux lettres, ordonna qu'on la fit entrer, il la questionna sur les députés qui étaient à Caen. L'ami du Peuple continuait à écrire, lorsque Charlotte Corday tira un couteau caché sous sa robe et le lui plongea dans le sein. Marat ne put pousser que ce cri : « A moi, ma chère amie ! » et il expira aussitôt. Sa femme aidée d'un plieur de journaux, arrêtèrent Charlotte au moment où elle tentait de s'évader.

Ces détails sont empruntés à l'*Histoire de la Révolution Française*, par M. Villiaumé. Cet écrivain a recueilli ces documents de la bouche même des contemporains, entre autres de Mlle Marat, la sœur du tribun, qui a démenti formellement la lettre apocryphe que plusieurs historiens avaient attribuée à son frère mourant, qui n'eut que le temps d'appeler à son aide et expira !

Charlotte Corday avait bien prémédité son crime comptant sur l'impunité, « ayant pris toutes ses « mesures, qui furent déconcertées par le cri de « Marat et la vigilance des personnes qui se trou-« vaient dans l'anti-chambre (1) ».

L'histoire de Marat est à faire et ne sera pas une des moins précieuses pour faire connaître les qualités de cet Homme de Science, de Travail et de Devoir!

Maintenant un mot à ceux qui se voilent la face devant la date de 1793, parlant de la Terreur avec des yeux blancs et les bras au ciel ; nous avons assez de documents pour leur dire que cette terreur, qui n'a pas même été un coup d'épingle comparée aux coups de hache de la royauté et de la noblesse, n'a été en définitive que le résultat des crimes sans nom des monarques et des seigneurs, ainsi *que des conspirations permanentes de l'aristocratie à l'intérieur en face des menaces de l'étranger.* Dans un moment où il fallait parer à toutes les incuries royales, le trésor était à sec par les dilapidations de Louis XIV (2), Louis XV, et les courtisans de Louis XVI ; il fallait remanier l'assiette de l'impôt dont le Peuple seul supportait les charges, car le clergé et la noblesse ne voulaient à aucun prix

1. Dans son interrogatoire elle a avoué qu'elle avait l'intention de passer en Angleterre.

2. Le roi-soleil avait sacrifié à sa gloriole, à ses fêtes insensées, à ses adultères et à ses bâtards, sans parler de ses palais, etc., etc., la somme de plus de 3 milliards. — Louis XV par son incurie perdit toutes nos colonies et Louis XVI voulait faire nager dans le sang le pays tout entier pour reprendre son pouvoir absolu, après avoir jésuitiquement adhéré à la Constitution nationale; mais les rois ont, de par l'Eglise, droit de se parjurer et de faire tous les crimes !

distraire de leur immense fortune, la moindre somme pour aider la Patrie menacée dans son existence devant la royauté qui s'effondrait.

Louis XVI, convaincu de haute trahison envers le Pays, en appelant l'étranger sur le territoire pour massacrer le Peuple, et lui aider à reconquérir son pouvoir absolu au détriment de la constitution qu'il avait acceptée, *avait commis un crime indéniable* prouvé par tous les documents de l'armoire de fer qui lui valut la peine de mort, laquelle fut votée, même par son parent Philippe-Égalité, l'ancêtre du comte de Paris.

En apprenant l'arrivée des armées étrangères en France, Paris fut profondément ému ; ne fallait-il pas aller au-devant ? improviser des armées ? fabriquer des armes ? avoir des munitions ? On a beaucoup plaisanté les Sans-culottes, ces modestes héros, qui sacrifiaient à la Patrie ce qu'ils avaient de plus précieux, laissant dans le dénûment leurs femmes et leurs enfants pour courir aux frontières !

A peine vêtus, car ce n'était pas seulement les culottes qui leur manquaient(1), tandis que les nobles, émigrants dans tous les pays de l'Europe, allaient faire une deuxième édition du crime de leur monarque, en sollicitant les Anglais de faire leur entrée sur les côtes de France, leur désignant les points faibles pour seconder l'insurrection formidable des Vendéens.

Si l'on peut sourire encore à la vue de ces *braves Sans-culottes* qui aidèrent à sauver la Patrie,

1. Mais le plus souvent le strict nécessaire.

avec quel mépris ne doit-on pas envisager tous les hobereaux qui voulaient la livrer. Or dans cette situation pleine d'angoisse voici les agissements du clergé et de la noblesse en Vendée.

Le 10 mars 1793, jour fixé pour la levée de trois cent mille hommes, les conscrits de Saint-Florent refusèrent de s'enrôler, le tocsin sonne dans plus de cinq cents villages, mille cinq cents hommes bien armés vont assiéger la petite ville de Machecoul, défendue par une centaine d'hommes. Les habitants se soulèvent en faveur des assiégeants et s'emparent de le ville sans coup férir. Les *monarchiens* arrêtent trois cents patriotes dont ils ordonnent le massacre. Les rebelles, les conduisant par troupe de trente, les font mettre à genoux au bord d'un fossé et les fusillent, achevant à coup de crosse et de sabre ceux qui n'avaient pas été tués raides. *Joubert, président du district, eut les poings sciés et la tête brisée à coups de fourche.*

Le comité royaliste voulant de nouvelles victimes, fit circuler une fausse lettre annonçant le prétendu égorgement des prêtres sexagénaires détenus à Nantes. Deux cent quarante-deux patriotes furent égorgés à Machecoul, les massacres durèrent six semaines. *On enterra des Républicains vivants!...* Quelques semaines après dans une de ces vastes prairies qui leur servit de tombeau, on voyait hors de terre, un bras accroché à une poignée d'herbes. celui d'un spectre qui s'était vainement efforcé de sortir de la fosse ! (*Hist. de la révolution franç ise,* t. III, p. 84. Villiaumé).

En vérité ces **MM.** les défenseurs du trône et de l'autel ont bonne grâce à parler des horreurs de 1793 auxquelles ils ont pris la plus large part et que leur trahison ont attirées avec une si persévérante scélératesse. Et la terreur blanche ???...

A qui incombait la responsabilité de ces tueries sauvages avec des raffinements de cruauté dignes des cannibales, si ce n'est *à la papauté dont on retrouve la main dans toutes les guerres civiles* de l'Europe en général et de la France en particulier. D'un mot Pie VI pouvait calmer dans tous les Pays ces horribles massacres ; il préféra exciter les égorgeurs fanatiques *contre les bons prêtres* qui pour l'union avaient adhéré à la constitution. Le pape aussitôt lança contre eux une bulle d'excommunication qui les vouait au martyre. Suivant l'exemple de Pie IV et de Pie V qui avaient travaillé si longtemps pour amener la Saint-Barthélemy, Pie VI en a déchaîné une autre, non plus contre les protestants, mais contre les Républicains. L'indignation publique a cloué ces pontifes sanguinaires au pilori de l'histoire !

Une remarque à faire, c'est que presque toutes *les bulles pontificales* n'ont causé aux Nations que des calamités ; on chercherait vainement *celle* qui préconise l'union ou l'apaisement, toutes se terminent par des malédictions, excommunications contre ceux qui résistent aux prétentions iniques des papes !

C'est pourquoi toutes les haines et tous les malheurs furent déchaînés sur la France, et tandis qu'elle s'élançait au-devant de l'étranger pour le repousser de son territoire, le pape, les jésuites, et la noblesse lui plongeaient un poignard dans les reins !...

Et l'on ose encore parler de 93...

(P. 303.) Les Rabbins comparés aux prêtres catholiques sont supérieurs à ces derniers. Car ils sont mariés, ce sont d'excellents pères de famille, très instruits et toujours dignes. Aucun n'a à répondre comme *ceux du vatican* des attentats aux mœurs ; leur seul tort de s'attarder dans les discussions oiseuses de la théologie talmudique ne regarde qu'eux-mêmes, ils n'ont brûlé personne pour imposer leur manière de voir.

« (P. 312.) Le Juif existe dans toutes les Nations sans se confondre avec elles, il ne croit vivre que sur une terre étrangère. » — Peut-on lui reprocher cette attitude après tout ce qu'il a éprouvé de persécution ? En France, les Juifs se sentent chez eux, et nous avons connu des familles, qui lors du siège de Paris ont été bien serviables pour leurs voisins. Quant aux défauts inhérents à chaque Nation, ils ne sont imputables qu'à la fausse éducation qui leur est enseignée par les prêtres ; il faut donc être indulgent pour toutes, sans aucun parti pris.

Si tous les souverains soi-disant chrétiens avaient appliqué à leur égard les préceptes de Jésus : « Ne faites à personne le mal que vous ne voudriez pas pour vous-même », les Juifs se seraient fondus dans la Famille humaine dont ils font partie *au même titre que les Aryens de M. Drumont.*

Quant à ceux qui sont « vagues et socialistes en paroles, ou plutôt agents provocateurs, espions de l'étranger», dit M. Drumont — qu'on les punisse en proportion de leurs crimes comme on devrait punir les coupables de ces mêmes crimes, et qui ne sont nullement juifs et pour lesquel on a parfois une si coupable indulgence.

(P. 327.) « Il faut pour braver cette puissance occulte devant laquelle Bismarck a reculé, il faut des hommes comme Napoléon, ou des écrivains au cœur droit, à l'âme ingénue » — pourquoi ingénue ?... Nous ne croyons pas qu'il faille l'être pour combattre, ce qu'on estime être un danger. M. Drumont a ses idées et nous les nôtres, mais ceux qui nous liront après avoir lu M. Drumont, ne nous soupçonneront pas d'ingénuité, car voulant de tout notre cœur et de toute notre âme servir *le règne de la Justice et de la Vérité*, nous avons dû fouiller bien des archives, livres et manuscrits, ne prenant que ce qui nous a semblé indéniable. Or pour le genre de travail que nous avons entrepris, *l'ingénuité* ne serait pas de mise.

Quant « à la puissance occulte devant laquelle Bismarck a reculé », ce n'est pas devant celle des Juifs *mais bien devant le pouvoir occulte du vatican flanqué de son armée de jésuites* ; ce qui a renouvelé pour l'Europe, la comédie de *Canossa* en 1077 où le pape Grégoire VII si cher à l'Eglise, bouleversa le Monde par ses prétentions et ses crimes en infligeant une si dure pénitence à l'empereur d'Allemagne.

Certes il y a une grande différence entre Léon XIII, qui n'a pas encore détrôné de monarque, et le pape Grégoire VII qui a détrôné Henri IV. Après avoir empoisonné sept ou huit papes. Ce doux moine, sans le consentement du Peuple, ni du clergé, ni du sénat, ni de l'empereur, se fit acclamer par une troupe de coupe-jarrets de la lie du Peuple, usurpa le trône pontifical, et fut un pape des plus fourbes, des plus scélérats qu'ait vus Rome ! Il remplit l'Allemagne et l'Italie de dissensions, et de scandales. Pour légitimer son usurpation, ce pape modèle osa dire : « que Jésus-Christ lui-même lui avait donné les caractères divin et humain nécessaires à ses fonctions, qu'il avait la jouissance de tous les empires et de tous les royaumes, que les souverains n'en étaient que *les usufruitiers* ; qu'il pouvait en son nom, semer la discorde, rendre légitimes les dissensions, allumer les guerres civiles, briser tous les liens, annuler toutes les promesses, les serments, etc., etc., qu'il ne pouvait *errer* ayant reçu la puissance du *Sauveur et de saint Pierre* (1). » — Déposé à la diète de Worms par les évêques des Gaules, d'Italie et d'Allemagne, pour son usurpation, ses parjures et ses forfaits, il convoque un concile à Rome où il excommunia Henri IV et le frappa d'anathème !...

Jamais les évêques de Rome (*qui devaient tout aux empereurs, lesquels leur avaient tout donné, religion, fortune, territoires, en les investissant, les*

---

1. Lire l'*Histoire des papes*, par LAVICOMTERIE, député, qui a fouillé de curieuses archives (p. 264).

protégeant et les défendant, etc.) n'avaient poussé plus loin l'ingratitude ; jamais la papauté ne s'était montrée plus révoltante et plus odieuse! L'infortuné Henri IV ne gagna rien à se soumettre. Après avoir passé quatre jours à Canossa, en chemise, pieds nus sur la neige, attendu le bon plaisir de l'insolent Grégoire, il ne fut pas moins dépouillé de son empire et livré aux plus mortelles angoisses. Malgré ses promesses de lever l'excommunication, le fourbe prélat dit aux princes allemands *que pour avoir réconcilié Henri avec la cour céleste il ne lui avait pas rendu le royaume*. Henri reprit les armes, le saint pape l'excommunia de nouveau. Sa bulle disait : « Nous donnons le royaume teutonique à Rodolphe et nous condamnons Henri à être vaincu ». Et voilà l'Allemagne à feu et à sang ; ce sont de nouvelles guerres. Henri IV rassemble ceux qui lui sont restés fidèles, reprend l'offensive et fait déposer une deuxième fois cet indigne pape, et les dissensions ne s'éteignent qu'à la mort des deux antagonistes, pour continuer sur d'autres sujets la série des guerres civiles et internationales, que les Peuples doivent *à leurs très saints pères les papes*!

Les affaires multiples dont s'occupe le chancelier de Prusse lui ont sans doute fait oublier la perfidie et l'influence désastreuse de la papauté sur les empires. Pourquoi relever son importance si justement tombée, en l'immisçant dans la politique, en la faisant médiatrice, et transformant le pape *en agent électoral*?... Quelle surprise nouvelle l'avenir nous réserve-t-il ?...

Depuis près de 2000 ans, les gouvernements sont aux prises avec l'Eglise de Rome sans paraître se douter de sa puissance occulte sous laquelle ils ont végété si longtemps. Il serait inouï qu'après en avoir été affranchis par les Peuples, ils auraient l'imprudence de rétablir le joug de l'Eglise pour leur malheur et celui des Nations. Il ne faut pas être un grand prophète pour en prévoir les résultats.

République ou monarchie ont tout à perdre avec l'Eglise. Napoléon III avait fait alliance avec elle, ses jésuites l'ont poussé à une guerre insensée... et sa chute n'a été une leçon pour personne?...

On lisait dans la *Nation* du 6 mars 1887 que le discours de Guillaume, envoyait au pape ses remerciements pour *l'appui qu'il lui avait donné* dans les élections. On se croirait revenu au onzième siècle où les papes faisaient la pluie et le beau temps dans la politique. Ainsi voilà le pape Léon XIII auxiliaire *et fonctionnaire du gouvernement allemand*, qui ne sait pas encore ce que lui coûtera, cette intervention du vatican dont les coups de Jarnac ne se comptent plus.

La France sait à quoi s'en tenir sur les manigances, intrigues et relations des évêques avec les *prétendants*, et leurs *suppôts*.

M. l'évêque Freppel (d'Angers) est venu lire un long manifeste en faveur de M. Ferry dans une réunion secrète de royalistes, à l'occasion de l'élection du président de la République, en terminant ainsi : « Je dois vous prévenir, messieurs, *que l'ordre du pape* est de voter pour Ferry !!! » — Tableau.

— Si dans la docte assemblée des honnêtes gens de la droite, il se fût trouvé *un seul homme honnête* il aurait répondu à cette outrecuidante injonction : — Comment l'évêque de Rome peut-il patronner la candidature de M. Ferry, qu'il ne connaît pas puisqu'il ignore les accusations qui pèsent sur lui et sur son administration qu'aucune enquête n'est venue disculper ? — La famine de l'état de siège. — Les dilapidations de son ministère qui ont fait chaque année, *déborder*, le budget (déjà si lourd, dépassant trois milliards) de plusieurs centaines de millions. — Les crédits pour le Tonkin dépensés avant le vote des chambres. — Les fausses dépêches. — L'*armée massacrée* en détail par son incurie. — La mort de l'amiral Courbet. — Les cent millions égarés par son ministre des finances. — La fortune tombée du ciel à son frère. — Ses calomnies contre le parti républicain, etc. J'en passe et des meilleures.

— Le Peuple qui connaît ces griefs s'exaspère et demande une enquête sérieuse. Croyez-en l'opinion publique, M. Freppel ; tout le mal vient des deux poids et des deux mesures et Léon XIII en affichant aux yeux de l'Europe pour *le héros de ces lugubres tragédies*, une sympathie aussi dangereuse, ne donne pas une haute idée de ses scrupules, quand il croit de ses intérêts d'en faire si bon marché (1) ! »

1. On lit dans la *Lanterne* : « Le 30 mars 1885 était proposée à la Chambre la mise en accusation du ministère Ferry dont faisait

(P. 327.) « Heureux ceux qui souffrent pour la Justice car le royaume des cieux leur appartient », dit M. Drumont ; mais nous ajoutons plus heureux sont ceux qui enseignent et imposent son règne par l'exemple de leurs vertus.

(P. 334.) « Les Aryens s'étaient entretués pendant vingt-cinq ans pour mettre au pinacle un sémite ».— C'est une erreur; les princes ne font extermine. les Peuples dans des guerres in sensées que pour leurs convoitises.

(P. 338). Son récit sur les iniquités *bourbonniennes* à l'égard de leurs fidèles serviteurs est exact ; mais on ne pourrait s'imaginer jusqu'où est allée la perfidie du faux bonhomme qu'on appelle Louis XVIII si l'on en croit l'histoire, sur le rôle qu'il a joué contre son frère Louis XVI.

Au point de vue du droit, tout crime de haute trahison entraine la mort pour le coupable, quel que soit son rang ; mais on n'a pas moins horreur du frère qui attise sourdement des haines contre son frère, dont il convoite le trône en payant des journalistes pour réclamer sa condamnation.

L'histoire de Monsieur, frère du roi Louis XVI, est encore à faire ; de curieux documents, de sinistres révélations s'en dégagent au grand détriment des royalistes.

partie M. Tirard, nommé le 13 décembre 1887 ministre des finances et président du conseil par la grâce de MM. Carnot père et fils ! »

— L'urgence ayant été repoussée par 287 voix sur 152, les 287 perdirent aux élections suivantes 134 députés qui restèrent sur le carreau et les 152 qui votèrent l'urgence la voteront encore avec d'autres quand l'heure sera venue ! »

10.

(P. 345.) « La restauration ne vit pas le danger
« de cette invasion juive, que Napoléon avait si
« bien distinguée, la royauté n'avait plus depuis
« plus d'un siècle *le sens de la France* ». — Pourquoi donc alors la réaction persiste-t-elle à la rétablir ? — « Elle ne comprit rien à la révolution ni
« avant, ni après ». — Et sur cela **M.** Drumont
n'entreprend pas moins un éloge hyperbolique [de
la dynastie capétienne qui a pour résultat la constatation que les trois frères capétiens Louis XVI,
Louis XVIII et Charles X « n'étaient pas du tout
« *belliqueux* »; il aurait pu ajouter qu'ils étaient
aussi *indécis qu'ingrats* à l'égard de ceux qui se
sont sacrifiés pour leur restauration; car ces princes
n'avaient de Français que le nom ? L'auteur de la
France Juive, convient encore « que cette famille
« royale et chrétienne n'avait aucun esprit de jus-
« tice ». — Ce qui revient à dire qu'on peut avoir
tous les vices, commettre toutes les fautes et
même tous les crimes et être de parfaits chrétiens
selon l'Eglise!... Ce qui nous donne pleinement
raison quand nous affirmons que l'enseignement
de l'Eglise, *éducatrice en France des races royales*,
n'est qu'une monstrueuse perversion de l'Être humain !

Sa juste critique sur les derniers Bourbon de
la branche aînée eût été autrement sévère s'il eût
voulu détailler les sinistres intrigues de *Monsieur*
en Allemagne contre Louis XVI dont *il fut le Caïn*

(P. 348.) « Le propre des Juifs qui ont sacrifié le
vrai messie est d'essayer d'en créer un faux. »

Cette assertion nous semble étrange. Après bientôt dix-neuf siècles, adresser encore aux Juifs ce reproche d'avoir crucifié « le vrai messie ».—De la part des chrétiens, cela dépasse toutes les inconséquences. Comment, leur dirait-on, vous croyez que Jésus est un Dieu incarné, tombé du ciel pour vous racheter du péché originel, et au lieu d'être reconnaissants aux Juifs de votre rédemption, (puisque selon vous il fallait qu'il fût crucifié), pour ce service vous leur témoignez la plus profonde ingratitude qui s'est traduite par un déluge de persécutions à travers les âges jusqu'à nos jours? Lorsque ceux qui ne croient *ni au péché originel ni à la divinité de Jésus*, n'ont jamais fait aux Juifs un grief de sa mort, attendu qu'il est déraisonnable de faire peser sur une Nation, le crime ou la faute de quelques individus. D'abord il n'est pas bien prouvé que les Juifs seuls prirent part à cette exécution ; les Romains durent en être chargés; il y avait une masse d'étrangers de tous Pays établis à Jérusalem qui était alors une ville capitale. Il ne faudrait donc pas prolonger outre mesure ce procès qui n'a jamais eu sa raison d'être.

(P. 349.) « N'est-il pas écrit dans le Talmud que le juif est un homme et que ceux qui ne sont pas juifs ne sont que la semence de bétail ».

Cette insanité ne peut que rejouir ceux qui ne croient pas plus aux livres des Rabbins qu'aux livres des prêtres catholiques, pas plus au Talmud des Juifs qu'à la théologie des évêques. Quant aux hommes vraiment dévoués à la loi de l'ÉTERNEL

Divin, l'injure ne peut les atteindre de la part du clergé, mais ils sont profondément scandalisés de l'orgueil *satanique de l'Eglise romaine* qui va jusqu'au sacrilège et au blasphème envers Dieu !!!

Le catholicisme qui a adopté la résurrection des morts, apportée d'Assyrie par les pharisiens, contient encore l'enfer éternel de Platon et mille autres blasphèmes contre l'Eternelle Justice, sans parler des sacrements empruntés aux Brahmines ; en un mot, *ce culte n'est qu'un continuel plagiat de tous les paganismes!* Nous ne trouverions rien à redire si les catholiques étaient irréprochables ; mais c'est le contraire, encore valent-ils infiniment mieux que leurs prêtres. Quant à ceux de cette Eglise qui sont des hommes remarquables par la pureté de leurs mœurs, ils ne sont nullement catholiques selon les exigences du dogme. Ils seraient suspects d'hérésie et brûlés par l'inquisition si le bras séculier ne lui faisait pas défaut. Les Apôtres eux-mêmes seraient taxés d'hérésie ! Ne sont-ce pas les catholiques et leurs conciles qui ont changé la foi, les dogmes et le rituel ?...

Au temps de la primitive Eglise, il n'y avait point de place pour les questions théologiques. On ne s'inquiétait guère si Jésus avait deux volontés, une divine et l'autre humaine, laquelle était prépondérante; ou s'il n'en avait qu'une seule. Est-il un catholique aujourd'hui pouvant affirmer laquelle de ces opinions a été adoptée et ordonnée par l'Eglise, cela lui semblerait peut-être d'un médiocre intérêt, et pourtant c'est pour de pareilles futilités que des torrents de sang ont coulé.

Du temps des Apôtres les dons des fidèles étaient consacrés aux pauvres, les prêtres surveillants (aujourd'hui les évêques) ne se distinguaient des autres prêtres, que par la responsabilité d'une distribution équitable ; le prêtre qui aurait osé s'en approprier la plus grosse part aurait été mis à l'index.

Aujourd'hui l'*Eglise impériale de Constantin*, qui s'appelle catholique, a créé sa hiérarchie féodale, qui coûte fort cher. Ne trouvant pas suffisant le budget considérable que lui consacrent les gouvernements, cette Eglise catholique fait non seulement *main-basse sur tous les dons des fidèles pour les pauvres* ; mais elle soutire l'argent des contribuables sous tous les prétextes, vend ses prières et licences, dispenses, etc., sans pouvoir assouvir sa cupidité !...

(P. 351.) On trouve cette maxime d'Isaac Pereire :
« Toutes les institutions sociales doivent avoir pour
« but l'amélioration du sort moral, intellectuel et
« physique de la classe la plus nombreuse et la
« plus pauvre. »

Cette maxime est celle de tous les Fils du Père qui connaissent le *Devoir* des membres de la Grande Famille humaine : c'est leur marque de noblesse.

Lorsque la Vraie Religion sera connue de tous les hommes, pour leur bonheur moral et matériel, la maxime de M. Isaac Pereire sera réalisée.

CHAPITRE X

LES PRINCES

Sommaire. — Ce que coûte un parvenu sur le trône. —
L'élu de l'Eglise. — Catéchisme impérial et catholique.
— Race royale maudite depuis Louis XIV. — Louis XVIII.
— Il ne veut pas reconnaître son neveu. — Tentative de
meurtre. — Louis XVII. — Le duc de Berry le reconnait.
Le duc de Berry assassiné. — Terreur blanche. — Char-
les X livre la France aux jésuites. — 1830 le renvoi en
exil. — Louis-Philippe Iᵉʳ. — Le prince Ferdinand. —
La princesse Hélène. — Chute de Louis-Philippe. — La
deuxième République. — Trahie par le neveu, comme la
première par l'oncle. — La troisième République. — Le
comte de Paris. — Le fils reniant le testament de son Père.
— Le droit divin selon l'église, c'est le droit de la force. — Le
Droit Divin selon l'ÉTERNELLE JUSTICE, c'est le DROIT-NATIONAL
DES PEUPLES.

(P. 358.) L'auteur de la *France Juive* se fait illusion en croyant que la royauté est nécessaire, la
France s'en est justement affranchie pour n'avoir
plus à supporter les multiples abus qu'elle traîne
à sa suite.

La France clouée entre deux larrons (le trône
et l'autel) pendant près de dix-neuf siècles, sous
trois dynasties, a épuisé toutes les douleurs, tout

en accomplissant malgré les entraves de la route,
sa marche vers le Progrès !...

Si, depuis moins d'un siècle, elle commence à
respirer, serait-il raisonnable de vouloir éterniser
ses épreuves en continuant de bouleverser le Pays
par de nouveaux essais de royauté lesquels ont été
si désastreux depuis 1789 ?...

Du reste une malédiction pèse en France sur les
familles royales ou impériales, depuis Louis XIII.
Ce fait est trop avéré pour ne pas être pris en considération *par les aspirants au trône de Louis XVI !*

Louis XIII considéré par ses contemporains
comme ne devant point avoir de descendant, après
avoir vécu étranger à sa femme, comme il l'avait
été pour toutes les autres, devint tout à coup père
d'un, deux et même trois fils, si l'on en croit l'histoire du masque de fer.

Or, depuis Louis XIV (né avec deux dents) qui fut
un roi si grand sous le rapport de la spoliation, de
l'adultère et de tous les crimes, aucun dauphin ou
prince royal n'est monté sur le trône de France !

A la cour de Louis XIV en parlant de son fils le
grand dauphin on disait : « fils de roi, père de roi,
mais jamais roi. » En effet, il mourut dauphin, son
fils aîné, le duc de Bourgogne, fut empoisonné
(*Mémoires* de Saint-Simon) (1).

Ce ne fut que le fils du petit-fils de Louis XIV,
l'inoubliable Louis XV qui, conme son bisaïeul, vit

1. Le second fils du grand dauphin devint roi d'Espagne sous
le nom de Philippe V, se laissa gouverner par l'abbé Albéroni
qui sacrifia les destinées de l'Espagne à un chapeau de cardinal.

mourir son fils le dauphin, laissant trois fils qui furent Louis XVI, Louis XVIII et Charles X.

Louis XVI perdit son premier dauphin ; le second, connu sous le nom de Louis XVII ou duc de Normandie, n'est point monté sur le trône. Peut-être nous saura-t-on gré des détails que nous donnons sur ce prince, lesquels ne sont nullement d'accord avec la légende courante qu'un parti avait intérêt à faire circuler.

Quant aux mauvais traitements dont le jeune prince aurait été victime, nous avons des raisons pour ne point accueillir cette version résultant d'un mot d'ordre : Louis XVII mort faisait place à Louis XVIII.

Aux aveugles de parti pris, nous rappelons ici tout ce qu'ils doivent aux politiciens qui les ont égarés.

Au sujet du premier Bonaparte, nous pensons « comme Louis Blanc que de tout ce qu'il a cru « devoir établir, rien n'est resté ; de tout ce qu'il a « jugé durable, rien n'a duré ; ce qui reste de lui, « c'est précisément ce qu'il ne voulait pas faire, « ou même ce qu'il aurait voulu empêcher ».

—Cet ambitieux insatiable avait la folie des grandeurs, pas une pensée fructueuse pour l'avenir du Peuple ; entraîné par sa passion, cet homme néfaste ne s'arrêta plus dans ses iniquités, il lui fallait des trônes pour tous les membres de sa famille.

La République, indignement trahie par les *monarchiens*, fut égorgée par un sabre au 18 brumaire !

Ce fut alors un concert de louanges pour le parjure, tous les plats valets d'antichambre s'agenouillèrent devant l'usurpateur, devenu *l'élu de Dieu de par l'Église* qui n'a jamais cessé de consacrer *le droit de la force*, qu'elle appelle si improprement *le droit divin* (1).

Puis l'élu se fit oindre et devint pour les peuples un second Attila ; cet homme, qui portait en lui le génie de la destruction, avait rêvé l'empire du monde. Il coûta à la France plus de trois millions d'hommes tués dans les combats, la perte d'une grande partie de ses provinces, deux invasions,

1. Extrait du Catéchisme à l'usage de toutes les Églises de l'empire français (4ᵐᵉ commandement) :

D. — Quels sont les devoirs des chrétiens à l'égard des princes qui les gouvernent et en particulier nos devoirs envers notre empereur ?

R. — Les chrétiens doivent aux princes qui les gouvernent et en particulier à Napoléon Iᵉʳ notre empereur, le respect, l'obéissance, la fidélité, le service militaire, les *tributs ordonnés* pour la consécration et la défense de l'empire et de son trône ; nous lui devons encore des prières pour son salut et pour la prospérité de l'Etat.

D. — N'y a-t-il pas des motifs particuliers qui doivent plus fortement nous attacher à Napoléon Iᵉʳ notre empereur ?

R. — Oui. Car il est celui que *Dieu a suscité* pour rétablir le culte public de la religion de nos pères et pour en être le protecteur (suit un pompeux éloge), il est devenu *l'oint du Seigneur* par la consécration du souverain Pontife chef de l'Eglise universelle.

D. — Que doit-on penser de ceux qui manqueraient à leurs devoirs à notre empereur ?

R. — Selon l'apôtre saint Paul, ils résisteraient à l'ordre établi de Dieu même et se rendraient dignes de la *damnation éternelle* !

— L'Église, comme on voit, n'y va pas de main morte. Il ne fallait pas contrarier son élu, ce qui n'empêche pas les empires qu'elle soutient de s'effondrer et les brigands qu'elle canonise d'être appréciés pour ce qu'ils valent.

11

sans compter les ruines et la haine des peuples qu'il avait molestés. Puis il fut conduit captif au rocher de Sainte-Hélène où il mourut sous la garde d'un Anglais !

Son fils, né roi de Rome, ne régna qu'en espérance, car il mourut simple duc autrichien, de fatigue et d'épuisement dans l'exercice à outrance du militarisme ; se sachant fils d'un si grand capitaine, il voulait être un jour comme papa, avec des idées rétrogrades, à l'endroit des peuples qu'il croyait être fait exprès pour les rois.

Après l'installation des Bourbons en 1815, Louis XVIII au comble de ses vœux était roi de France et de Navarre ; il avait fait condamner quatre ou cinq faux dauphins parmi lesquels se trouvait un personnage qui répondait au nom de comte de Richemond. Lorsque celui que nous avons tout lieu de croire le vrai fils de Louis XVI, le duc de Normandie, arriva à Paris vers 1819, muni de toutes les pièces justifiant son identité ; mais toutes ses demandes d'audience au roi restèrent sans réponse !

S'étant adressé au duc de Berry, il en fut reçu avec cordialité. Ce dernier lui témoigna son étonnement de ne pas l'avoir vu plutôt. Le dauphin lui raconta sa douloureuse odyssée, dont les détails seraient trop longs ici. Retenu prisonnier sous l'Empire, ce ne fut qu'aux instances réitérées de l'Impératrice Joséphine qu'il obtint son élargissement. Il dut s'astreindre à travailler pour vivre. Dans sa lettre à Louis XVIII, il suppliait le roi de lui accorder une entrevue avec sa sœur la duchesse d'Angoulême, affirmant pouvoir lui révéler la confidence que Louis XVI leur avait faite dans une pièce de Versailles, où se trouvait une cachette connue seulement du père et de ses deux enfants.

Le duc de Berry, convaincu de la vérité des récits du dauphin, les avait communiqués à la duchesse d'Angoulême qui versa des larmes d'attendrissement et supplia Louis XVIII de lui permettre de revoir son frère. Le roi fut inflexible et sur son insistance, il lui reprocha avec dureté de s'occuper d'un aventurier, la menaçant de déshonorer la mémoire de sa mère si elle persistait et de la chasser. En 1820, les choses en étaient là lorsque le duc de Berry, bien décidé à appuyer son cousin dans sa demande, l'amenait aux Tuileries. En passant rue de Rohan, avec le dauphin, un coup de feu parti d'une fenêtre atteignit ce dernier à l'épaule, il fut transporté à son hôtel par les soins du duc de Berry ; ce dernier fut assassiné peu de jours après et il ne fut plus question du dauphin qui fut contraint de retourner à l'étranger.

Seulement les personnes qui eurent connaissance de ces faits se demandèrent tout bas, pourquoi le roi, qui avait fait faire des procès si éclatants à tous les faux dauphins, refusait d'entendre ce dernier qui ne demandait qu'à être entendu pour fournir ses preuves.

Quant à la légende du gouvernement paternel des Bourbons, elle s'efface complètement devant la vérité historique.

La Restauration ne fut qu'une protestation générale en droit et en principe contre les conquêtes de 1789, le droit imaginaire du droit divin voulut effacer LE DROIT NATIONAL, par des lois de spolations, de vengeances, des cours prévôtales, des assassinats juridiques, des proscriptions. L'échafaud fonctionnait sans cesse!..

25 *juin* 1815. Massacres à Marseille. — Le 17 juillet suivant, massacres à Nîmes.

2 août, même année. Assassinat du maréchal Brune à Avignon.

17 du même mois. Assassinat du général Ramel à Toulouse.

19 août. Exécution du comte de Labedoyère, à Paris.

12 septembre. Assassinat du général Lagarde, à Nîmes.

21 septembre. Condamnation du comte Lavalette.

7 octobre. Exécution du maréchal Ney, et le même jour rétablissement des cours prévôtales pour achever l'œuvre de tuerie.

6 mai 1817. Condamnation à mort de 28 personnes accusées de complot à Bordeaux.

Le 8 juin et jours suivants. Supplices aux environs de Lyon.

21 septembre 1822. Exécution à Paris des quatre sergents de la Rochelle.

Le 1ᵉʳ octobre, Exécution du colonel Caron.

5 octobre. Exécution du général Berton, de Saugé, de Jaglin et d'autres victimes.

A ceux qui parlent de la tranquillité sous la

monarchie, nous pouvons répondre que pendant les quinze ans de Restauration, il n'y eut que troubles incessants, conspirations nombreuses à Grenoble, 1816 — conspiration de l'Epingle noire, 1817 — *à Paris* 1820 — 5 et 18 mars 1822 — 19 octobre 1827, la capitale fut bouleversée.

1820, Saumur, — 1821, Grenoble, — 1821, autre conspiration à Saumur, — 1822, à Belfort, — 7 mai 1822, complot de la Rochelle, — 3 juillet 1822, autre conspiration, — 1825, 18 mai, 8 et 14 octobre, troubles à Rouen au sujet des missionnaires ; à Brest et à Lyon pour la même cause, etc., etc.

Louis XVIII mourut le 16 septembre 1824 sans être regretté de personne, pas même de ses amis, laissant le trône à son frère après neuf ans de règne.

Charles **X**, ancien viveur devenu dévot, se fit jésuite, et fit à cette Compagnie tous les avantages. Sous le nom de *Pères de la foi*, ils inondèrent la France comme un fléau, établirent dans toutes ses provinces des collèges, des chapelles et transformèrent par la confession l'esprit des villes (a un point, *qu'aujourd'hui elles se trouvent atteintes d'une maladie morale telle,* que si elles ne se convertissent à des sentiments plus humains, le danger des guerres religieuses est à craindre. Nous pourrions en citer qui ne sont plus que de vastes capucinières en l'an de grâce 1887 [1]).

1. Une entre autres, est à ce point contaminée du virus clérical, qu'elle semble une nécropole où ses habitants passent comme des ombres et n'ont plus rien de vivant que la langue, pour dire leurs prières et déchirer le prochain.

Le monarque insensé se croyant suffisamment appuyé, voulut exercer un pouvoir absolu, viola la Charte : une insurrection s'ensuivit et les Bourbons furent chassés en 1830 ; mais les jésuites restèrent en se dissimulant comme aujourd'hui.

On croyait en avoir fini avec cette famille de Capétiens, lorsque Lafayette, ce héros des deux Mondes, si brave pour affronter la mort, n'eut pas le courage d'essuyer le venin des envieux en se faisant proclamer Président de la République ; les politiciens de la Chambre dont le mandat avait été brisé avec le trône de Charles X, s'étaient soigneusement cachés pendant les Trois-Journées, relevèrent la tête comme une nichée de vipères, se réunirent le 7 août, et le 9 les 218 satisfaits après avoir jeté un coup d'œil sur la Charte, nommaient Louis-Philippe non *parce que*, mais *quoique* Bourbon. Dans cette circonstance, le brave Lafayette n'avait qu'un geste à faire, qu'un mot à dire et l'aspirant royal disparaissait devant l'affirmation du droit national ; mais croyant tout concilier et, se faisant illusion sur la royauté constitutionnelle, il la présenta à la France comme « *la meilleure des Républiques* ».

Le noble général ne tarda pas à s'en repentir cruellement et tous les hommes de convictions sincères avec lui.

D'autres scènes s'étaient passées à Rambouillet. Avant de quitter cette résidence, le fils de Charles X, le duc d'Angoulême, abdiquait le trône de France en faveur de son neveu, le fils posthume du duc de Berry que les d'Orléans appelaient l'Enfant du Miracle et que le faubourg Saint-Germain appelait Henri V.

Né duc de Bordeaux, il mourut comte de Chambord, se montra digne dans son exil, ne se laissa point entraîner dans de basses intrigues et mourut fidèle au drapeau blanc (1).

Louis-Philippe, premier roi constitutionnel qui règne et ne gouverne pas (disait le malin Thiers), mais le royal faux bonhomme voulut gouverner! ne se rappelant plus qu'à sa fenêtre du Palais-Royal, il avait chanté la *Marseillaise* (d'une voix assez fausse) la main sur son cœur, après avoir serré dans ses dix doigts celle du Peuple lui promettant un règne de lait et de miel, qui devait se changer en un règne de répression et de coups de fusil (2).

Ferdinand, son fils aîné, pour avoir essayé de lui démontrer le danger de démentir ses promesses, fut exilé de la cour et partit en Allemagne.

Durant son voyage le prince royal songeait avec tristesse aux prétentions des souverains si peu en rapport avec le droit des peuples; son cœur loyal avait sur ce sujet les meilleures traditions comprenant que :

1. Avant l'avènement du Messie du quinzième siècle, le drapeau royal était bleu (l'oriflamme de guerre était rouge. les rois allaient le prendre à Saint-Denis). On n'a jamais su pourquoi la royauté avait changé de couleur.

2. Pour connaître à fond la politique tortueuse de Louis-Philippe à l'égard des Français, Polonais, Italiens et Belges, voir l'*Histoire de dix ans*, de *Louis Blanc*.

« Les rois ont oublié leur mission sur terre.
« Ils ne **sont pas des** dieux, ce sont des régisseurs
« Devant administrer, sans se faire oppresseurs,
« Le budget de l'Etat avec un soin austère !

LE FRANC BRETON.

Le prince d'Orléans eut une joie bien douce en rencontrant la princesse Hélène de Mecklembourg, si remarquable par sa haute intelligence, son instruction solide, son esprit de justice et sa touchante bonté (1). Ces deux êtres étaient faits pour se comprendre. Après son digne époux, c'était bien la plus française de la famille d'Orléans..

Toutes les espérances du pays se concentraient sur ce couple charmant. Tous deux inspiraient la confiance. « Ils feront la transition pour l'avènement de la République, et grâce aux réformes nécessaires le progrès se fera... » Cela se disait partout, lorsqu'une catastrophe vint anéantir toutes les espérances du pays. Le prince Ferdinand mourut en 1842 d'une chute sans avoir repris connaissance, laissant sa veuve inconsolable avec deux enfants, le comte de Paris et le duc de Chartres, et la France aux mains de Louis-Philippe sans contrepoids au pouvoir absolu de ce dernier.

1. La princesse Hélène était d'une générosité qui dépassait bien souvent les ressources de son mince budget, ne refusant aucune demande de secours. Pour y satisfaire, elle ne reculait devant aucune privation, s'habillant comme la plus simple bourgeoise, elle avait l'art de reculer jusqu'aux dernières limites l'existence de ses vêtements. C'est ainsi qu'on a trouvé aux Tuileries, en 1848, des factures au nom de la Princesse Royale pour des réparations de robes, etc.

Le bel exemple de cette vertueuse princesse est resté lettre morte pour son fils le comte de Paris.

Quels étaient les titres de ce souverain à tant de prétentions? Personne ne pouvait oublier que Louis-Philippe s'était faufilé dans une royauté peu faite pour sa taille et n'avait rien fait pour justifier la générosité de la France, qui sur les promesses de Lafayette avait ajourné ses aspirations républicaines. Avait-il fait quelque chose pour le pays ?.. Le baron Sirtema de Grovestins va nous répondre.

« M. Guizot a fait l'éloge de Guillaume III en disant *qu'il fut un homme utile*. Qui donc serait tenté d'en dire autant de Louis-Philippe ? Guillaume III sauva l'Angleterre et l'Europe, c'est en cela qu'il fut utile : qu'est-ce que Louis-Philippe a sauvé ? Ni la France ni l'Europe. Il monta sur le trône pour laisser la France déchoir en considération, en puissance. Quant à l'Europe, il fut toujours prêt à sacrifier ses intérêts au profit de sa dynastie... Au début de sa royauté, on le vit caresser les souverains au dehors, et les républicains à l'intérieur ; si plus tard il fut dur à ceux-ci, il fut toujours souriant à l'égard de ses confrères les rois, bien qu'ils se montrassent peu désireux de lui plaire et de le reconnaître pour un des leurs.

« Avec un prince de si peu de valeur aux yeux des peuples comme à ceux des rois, qu'aurait pu entreprendre l'Angleterre contre qui que ce fût ? (1) »

— Six ans après la mort du prince royal, qui

---

1. *L'Europe en 1857*, page 100, par le baron Sirtema de Grovestins.

n'avait pu obtenir de son père les réformes tant demandées par le pays, Louis-Philippe, premier roi constitutionnel, se fit chasser de France comme naguère Charles X, roi par la grâce de Dieu, et comme lui, connut avec sa famille les ennuis de l'exil ainsi que Napoléon Ier, empereur des Français *par la force*, sans qu'aucune de ces leçons ait pu corriger les princes !..

Le règne de Louis-Philippe, si humiliant pour le pays avait achevé de le dégoûter de la royauté et la deuxième République fut inaugurée en 1848.

Le second Bonaparte arriva en sournois, fit à la République les serments les plus solennels, assurant « qu'il ne voulait autre chose que le titre de citoyen. » Nommé président, il se fit empereur à l'aide du parjure, du massacre et du viol de toutes les lois, dilapida pendant son règne plusieurs milliards et coûta à la France une troisième invasion, la perte de deux provinces, la vie de 200.000 hommes, cinq à six milliards de frais pour la défense, plus cinq milliards de rançon à la Prusse, après avoir été lui-même renversé dans la boue de Sedan !.. (1)

Le fils du parjure, qui se faisait appeler Napoléon IV, n'a pas plus régné que les autres princes. Il a été tué (comme il voulait tuer) dans une guerre de conquête ou le gouvernement anglais était l'envahisseur.

____

1. Après de tels effondrements, s'avouer bonapartistes ou royalistes, c'est avoir perdu tout sentiment de dignité, autant vaudrait s'avouer Prussien.

M. Drumont appelle ce petit jeune homme « l'héroïque prince impérial » ; nous pensons qu'il faut avoir le culte des princes pour trouver de l'héroïsme dans le concours donné à une guerre d'envahissement, la plus odieuse de toutes. Qui donc l'obligeait à prendre rang dans les troupes anglaises ?

Le véritable héroïsme doit consister non à donner « de bons coups de sabre » (comme l'écrivait à son intime, celui qui voulait s'appeler le prince impérial) ; mais à combattre pour sauver la Patrie, à détruire les sots préjugés, les abus, et protéger leur travail contre l'exploiteur, qu'il soit juif ou chrétien.

(P. 359) « Il faut sans plus tarder que la royauté reprenne le Peuple aux juifs », dit M. Drumont, « sinon le gouvernement périra par les juifs. »

Nous ne voyons pas qu'une monarchie ait aucune utilité en France pour quoi que ce soit. Depuis 1789 n'y a-t-il pas eu assez de trônes renversés, et faudrait-il pour la satisfaction de quelques-uns, recommencer un régime que son passé condamne ? *Les monarchiens* quand même, disent que sous la République, il se fait autant de gaspillages, de détournements de fonds ; que les affaires du Tonkin et autres en sont la preuve ; que les lâchetés, les illégalités, les palinodies, les calomnies et les forfaitures sont à peu près les mêmes que sous l'Empire ! — Quoi d'étonnant, ne sont-ce pas à *peu près* les mêmes hommes qui gouvernent d'une façon occulte ou ostensible ?..

L'Empire, né d'un coup d'Etat sanglant, ne pouvait qu'augmenter la démoralisation du règne de Louis-Philippe, résumée dans ces deux mots : « Enrichissez-vous » (de son ministre Guizot) répondant aux citoyens qui réclamaient l'abaissement du cens !.. La plupart des hommes politiques d'aujourd'hui ont été élevés à l'école de l'Empire qui réunissait toutes les perversités !

Mais il faut bien qu'on le sache, et qu'on se rassure, le Pays possède un grand nombre d'hommes honorables, ayant autant de cœur que de capacités, dont les aspirations appellent le règne de la Justice qui sera celui de la Paix et de la Prospérité générale. Il faut le temps d'organiser le régime républicain, tout est à faire. Il faut instruire et moraliser pour que le suffrage universel puisse faire son œuvre.

Les électeurs se trompent souvent, ou plutôt on les trompe par de faux programmes; mais patience, les hommes d'élite ne feront point défaut à la République, leurs vertus convertiront les plus récalcitrants.

Avec toutes les difficultés de la situation, créées par le deuxième Empire, les mieux intentionnés auraient-ils mieux fait ?.. C'est une question que devraient s'adresser les coupables qui ont fait l'Empire, auteur des désastres que la République a réparés en partie.

Quant aux prétendants aux trônes quelconques, ils feront bien de méditer sur le tableau ci-contre.

Nous lisons dans la *Lanterne* du 27 septembre

1887 sous ce titre « Stabilité monarchique », une statisque intéressante.

Les réactionnaires nous parlent à chaque instant de l'instabilité gouvernementale sous la République.

Or l'histoire du Monde compte 1.540 empereurs et rois qui ont régné sur 64 peuples.

299	ont été chassés du trône.
64	ont abdiqués.
20	se sont suicidé.
11	sont devenus fous.
100	sont morts en guerre.
123	ont été faits prisonniers.
25	ont été martyrisés.
151	ont été assassinés.
62	empoisonnés.
108	condamnés à mort.

Total 963 · Plus à plaindre qu'à envier.

Et voilà la stabilité monarchique !

Aujourd'hui les Français dignes de ce nom ne peuvent comprendre qu'on puisse conspirer contre la Patrie en faveur d'un monarque quelconque qui en est toujours l'oppresseur plus ou moins, de même qu'ils sont indignés de l'étrange conduite *du comte de Paris*, oubliant le testament de son père qui lui recommandait expressément de respecter la volonté de la France et de ne rien tenter contre Elle, quand ce fils rebelle se fait l'âme d'une conspiration permanente, publie des manifestes, donne des ordres à ses mercenaires pour préparer la guerre civile. Le comte de Paris est un *catho-*

lique selon l'Église, comme elle, il croit au droit divin !...

« Il n'y a qu'un seul DROIT DIVIN LÉGITIME, c'est
« celui qu'ont tous les Peuples de se choisir des
« chefs et de les révoquer lorsqu'ils ne sont pas
« capables de remplir la mission qui leur a été
« confiée ! » (1) — C'est ce que tous les Peuples
reconnaissent pour le DROIT NATIONAL.

En dehors de ce DROIT imprescriptible, irréfragable !...c'est la tyrannie des princes conquérants !!...

Celui que l'Eglise revendique n'est autre que *le
droit de la force* qu'elle appelle droit divin par
euphémisme, *en associant Dieu par un sacrilège
aux crimes des tyrans* !

Exemple : L'ambiteux décidé à commettre tous
les crimes pour arriver à satisfaire ses convoitises,
conspirant sans cesse contre le repos des Nations,
par le fer, par le feu, et par la trahison, fait exterminer plusieurs centaines de mille hommes ; s'il
échoue, ce n'est qu'un vulgaire brigand, s'il réussit
à s'emparer du territoire d'un voisin, *voilà pour
l'Église un élu de Dieu.* Il vient en triomphateur
dans le temple où le clergé l'encense en le déclarant *l'oint du Seigneur.* Donc pour l'Eglise, toute la
question se résume dans *la réussite* : la fin justifie
les moyens quels qu'ils soient !

Au moment où nous écrivons, le comte de Paris
lance en France un manifeste ou il se plaint de
l'intolérance des Républicains ; mais que peuvent toutes ses calomnies ? Si seulement la Répu-

____

1. *Le Droit des Peuples*, par l'Essénien RAÎME.

blique avait usé envers lui de son droit de légitime défense contre ses conspirations permanentes, il serait, lui et ses complices, enfermé dans une forteresse comme criminel de haute trahison, ayant abusé d'une façon indigne de l'hospitalité de la France ! Combien de monarchies ont puni du dernier supplice des malheureux moins coupables que le comte de Paris !..

Toute patience a un terme et les forfaiteurs de lèse-Nation s'apercevront peut-être un jour qu'il est quelquefois dangereux de trahir la Patrie au profit d'un ambitieux.

Mais continuons le boniment de M. le comte de Paris : « Le Pays, dit-il, croit peu aux transfor-« mations légales et régulières de son état politique, « son histoire malheureusement fournit trop de « raisons de prévoir une de ces crises violen-« tes. »

— Et il ne craint pas de la provoquer par toutes ses coupables intrigues !... Mais où le bout de l'oreille du jésuite dépasse toutes les effronteries de Loyola, c'est lorsqu'il ose dire : « Si une telle crise « se produit, la monarchie peut et *doit* en sortir ; « mais elle ne l'aura pas provoquée, la crise sera « l'œuvre de certains Républicains. »

— Un Jules Ferry, par exemple, et ses séides ! — Le prétendant a fait un oubli regrettable, dit la *Lanterne* (du 18 septembre 1887), Philippe Capet ne dit pas s'il se contenterait de 36 millions de liste civile et à quel chiffre seraient élevées les dotations des nombreux membres de sa famille ?...

« C'est de cette façon que *Philippe Capet* veut le bien du Peuple. »

— Il ne reste plus au comte de Paris que deux partis à prendre ; celui de l'honneur, ou celui du mépris.

Celui de l'honneur lui fera respecter le Droit Divin qui n'appartient qu'aux Peuples pour se choisir leurs chefs.

Ou celui du mépris, s'il ose suivre les erreurs de l'Eglise catholique dont la trinité n'est autre que l'arbitraire, la force et la tyrannie !

Dans le premier cas, il rachète ses fautes ; on lui pardonne et on l'estime...

Dans le deuxième cas, il tombe avec l'Eglise et est cloué au pilori de l'Histoire.

Avant de recommencer les mêmes intrigues et les mêmes coups d'Etat, les prétendants au trône de France feront bien de méditer sur cette terrible réprobation qui frappe les rois et leurs premier-nés qui, depuis Louis XIV ne sont jamais couronnés.

Quant aux monarques qui se sont succédé depuis Louis XVI, après avoir régné quelques années qui n'ont jamais dépassé dix-huit ans (1), ils ont été chassés honteusement, emportant dans leur exil la malédiction de tous les malheureux qu'ils avaient faits !

---

1. Charles X n'a régné que six ans, de 1824 à 1830.

CHAPITRE XI

Sommaire. — Un aveux précieux. — La haine prussienne.
— Les Peuples ont soif de Justice. — Les opinions de
Mme de Bismarck. — Autre opinion de ceux qui ne sont
ni catholiques ni protestants. — La droiture des Capétiens. — Les trois dynasties se valaient. — Louis IX et
son chêne. —Roi de nom, moine de fait. — Ses dilapidations cléricales. — Ses fausses reliques. — Ses opinions
en matière de foi. — Le martyre de nos Pères. — L'É-
glise et le Trône. — Le Saint-Office au service des commissions mixtes. — L'Étoile du Mérite Civil est à créer.
— L'archevêque de Paris en 1848. — Les vengeances
réactionnaires. — Ce qu'elles ont tenté. — 1871 et l'industrie francaise.—Une trinité abominable.—M. Trochu.
— Opinion des francs-tireurs à son égard.

(P. 391.) M. Drumont parle des Juifs « qui
vont dépouiller les morts sur les champs de
bataille ».

Mais tous ceux qui font ce triste métier ne
sont pas juifs... Nous n'en voulons pour preuve que
le témoignage d'un Prussien du nom de Wikède
qui, après avoir raconté des scènes de pillage disait :
« Qu'une nuée de racailles allemandes se précipi-
« tèrent sur la France, volèrent et pillèrent les

« Français à cœur joie ; blâmant les autorités
« prussiennes d'accorder si facilement des laissez-
« passer à une foule de vagabonds et autres
« canailles.. il se passa bien des choses qui ne
« sont pas à l'honneur allemand et qui ont révolté
« à bon droit les Français. Il n'y a rien à repren-
« dre quand il nous accuse de barbarie et de bru-
« talité (1) ».

L'aveu de ce Prussien est précieux et il ne se
serait pas privé de dire que c'étaient des Juifs s'il
s'en fût trouvé parmi « ces canailles ».

Mais il est quelque chose de plus hideux que
ceux qui dépouillent les cadavres pour enlever
quelques effets, ce sont CEUX qui font ces mêmes
cadavres, pour s'emparer de leur territoire. Il y
a encore pire que tout cela, ce sont les historiens
de mauvaise foi, les poètes au cœur de fiel, qui
entretiennent les haines féroces du peuple allemand contre les Français, *qui eux, ne connaissent
point ces haines héréditaires*. Et si un auteur clas-
sique allemand a pu faire appel à l'extermination
de la race française (2), on ne trouvera rien de
pareil parmi les écrivains français. C'est au contraire la Paix et l'Union qu'ils préconisent, et pas
un Français n'aurait écrit ce que nous révèle
le confident intime du Chancelier de fer, qui a
publié les odieuses paroles de Mme de Bismarck

1. *Le Pays des Milliards*, par VICTOR TISSOT.
2. « Répandez leurs ossements à travers les champs jusqu'à ce
que vous ayez blanchi toute la terre... arrêtez le Rhin par des
digues, faites avec les corps de ceux que vous aurez tués. »

adressées à son mari pendant le siège de Paris en 1870, et qui font école aujourd'hui chez les Prussiens.

« Je voudrais, disait-elle, voir tous les Gaulois brûlés ou passés par les armes, *tous, même* les *plus petits enfants* qui ne sont pourtant pas coupables d'avoir de si horribles parents ! »

— Les vœux de Mme de Bismarck sont loin de la Vraie Religion qui n'est ni catholique ni protestante ; *mais n'en existe pas moins dans toutes les Nations* en dépit de toutes les propagandes de haine, et dont les adhérents formulent ainsi leur vœux :

A L'ETERNEL ABSOLU !!!

« O Père des Humains accueille la prière
« De tes fils malheureux, fais qu'ils soient convaincus
« Qu'il ne doit exister ni vainqueurs, ni vaincus
« Dans la Famille humaine habitant cette Terre !
« Que les Peuples, les rois réunis désormais
« Dans le culte sacré de ta sainte justice,
« De leurs ressentiments fassent le sacrifice,
« Pour faire triompher l'Union et la Paix !!... »

(Extrait du *Formulaire des* Esséniens *du XIXe siècle.*

« La *Justice* est le besoin des peuples, dit
« M. Drumont, en même temps que la garantie des
« intérêts. Ces aspirations sont innées dans toutes
« les âmes humaines. »

Notre réponse à la *France Juive* n'est qu'une preuve à l'appui de cette vérité indéniable, émanant elle-même de l'absolu divin qui l'inspire à l'homme pour le distinguer de l'animal auquel il n'a donné que l'instinct.

C'est pourquoi une grande responsabilité pèse sur ceux qui s'opposent à la réalisation de cet idéal le plus légitime de l'Etre humain, et si M. Drumont est convaincu de la vérité de cette aspiration : « *La Justice est le besoin des Peuples* ; c'est donc que comme bien d'autres, il a des *maximes, des intuitions ésséniennes* sans le savoir. Pour être conséquent avec lui-même, n'est-il pas obligé de constater que l'Église, mariée avec le Trône, ne peut et n'a jamais engendré autre chose que l'erreur et l'iniquité.

(Même page.) « Les premiers Capétiens furent avant tout des hommes de droiture et de justice. » — Nous serions heureux de pouvoir constater cette droiture, et savoir dans quelle histoire cette justice invraisemblable se trouve mentionnée, car il s'agit de déraciner les préjugés dont on sature l'enfance à l'aide d'euphémismes, où des choses monstrueuses passent pour des gracieusetés.

Nous avons cherché la Justice depuis l'invasion des Francs avec la complicité des évêques traîtres à Dieu, à leurs princes et à leurs fidèles ; les mêmes trahisons se sont reproduites dans l'usurpation des Capétiens.

L'Église, après avoir vendu la Gaule aux barbares, l'a revendue aux Capétiens, recevant de toute main, terres, or, argent, dons de toute nature ; en retour le clergé travailla à l'asservissement du Peuple. Loin de donner aux seigneurs féodaux l'exemple de la Fraternité tant recommandé par *Jésus*, ils les dépassèrent en exactions et en férocité, preuve que l'Église ne prend point au sérieux les préceptes de son Christ.

Mérovingiens, Carlovingiens et Capétiens bercés sur les genoux de l'Église se montrèrent dignes d'elle et de ses cruautés à l'égard du Peuple ; et lorsqu'elle installa son Inquisition sur les places publiques, les rois capétiens furent ses bras séculiers, notamment *le beau François Ier* et presque tous ses successeurs (excepté Louis XII et Henri IV) jusqu'à Louis XV où les Jansénistes furent persécutés.

Ne pouvant ici passer en revue tous les Capétiens couronnés, nous donnons quelques détails sur l'entrée en scène du chef de cette dynastie royale, qui ne doit ce dernier titre qu'à *un guet-apens et à l'usurpation* !

Hugues Capet, abbé de Saint-Germain des Prés, de Saint-Martin de Tours, de Saint-Denis, et de Saint-Aignan d'Orléans et comte de Paris, avait hérité de la haine de son père contre la famille régnante. A la mort du jeune roi Louis V (mai 987) qui ne laissait point d'enfant, son oncle Charles de Lorraine devait monter sur le trône; mais *le quadruple abbé* assemble à la hâte ses vassaux qui ne représentaient pas plus la Nation que les partisans du comte de Paris ne la représentent aujourd'hui, et se fait proclamer roi, sacrer à Reims par l'archevêque Adalbéron, sujet du prince Charles qui plus tard lui reprocha sa trahison en le traitant de rebelle.

Charles réunit une armée nombreuse, et s'empara de la ville de Laon ; Hugues Capet, homme de droiture et de justice (dit **M. Drumont**), s'empresse de venir assiéger son souverain qui fait une sortie, le chasse d'importance et détruit son camp ; malheureusement pour la sûreté du roi, l'évêque de la ville était à la fois sujet et conseiller de Charles, deux raisons pour le trahir. En sa qualité de prélat, il n'hésita pas à livrer son souverain à son plus mortel ennemi, auquel il ouvrit une des portes de la ville pendant la nuit. Hugues Capet s'y glisse avec des hommes d'armes, surprend Charles et son épouse dans leur lit, les fait enlever, conduire à Orléans, et enfermer dans une étroite prison où ils ne tardèrent pas à y mourir.

Nous ne suivrons pas le prince-prélat dans toutes les guerres que son usurpation lui attira de la part de tous les seigneurs féodaux qui ne voulaient pas le reconnaître. Un entre autres, le comte de Périgueux, assiégeait Tours, avec une solide armée. Hugues Capet n'osant pas le combattre lui demanda : « Qui t'a fait comte ? » Ce dernier lui répondit : « Qui t'a fait roi ?.. »

Tels furent les résultats de son usurpation, toujours des combats. Son fils Robert même lui fit la guerre ; mais s'il combattit pour sa couronne, il ne sut pas repousser les Normands qui sous son règne dévastèrent Paris (comme sous ses successeurs) ayant la haute noblesse de France pour complice, partageant le pillage avec les étrangers (1).

1. Voir l'*Histoire de Paris*, par *Dulaure*.

A propos des Capétiens nous trouvons dans une histoire de France déjà ancienne, écrite en vers pour les collèges :

« Capet qui des Français mérita la couronne
« N'avait aucun des droits que la naissance donne.
                    (Ce qui est vrai.)
« Mais il était actif, prudent, plein de valeur,
« Généreux, politique et doué d'un grand cœur. »
                    (Ce qui est absolument faux,
C'est ainsi que la jeunesse est induite en erreur !)
« Pour s'emparer d'un sceptre, il commit un grand crime
« Contre son souverain, dont il fit sa victime
« Dans une tour obscure il renferma son roi
« Et comme un *vrai chanoine* il se moqua du droit ! »

LE FRANC BRETON.

Pour ce qui est de l'image édifiante de saint Louis rendant la justice aux passants sous le chêne de Vincennes, on pourrait croire que c'est une fable de la légende dorée, écrite par un courtisan. Non pas que Louis IX comparé à ses congénères ne fût un saint ; mais il portait en lui le fanatisme, fruit de son éducation cléricale au point de vouloir être moine (1), et dans son zèle religieux il disait : « On ne doit point discuter sur la loi chrétienne avec ceux qui n'y croient pas, cela n'est permis qu'aux ecclésiastiques instruits, mais un laïque lorsqu'il

---

1. La reine, à qui il confia cette folie, en fut indignée, elle appela ses fils et leur dit en présence de son beau-frère le duc d'Anjou : « Aimez-vous mieux être fils d'un prêtre ou fils d'un roi ! » A ces mots le duc d'Anjou s'emporta contre le roi et contre les religieux, et le fils aîné jura par saint Denis que quand il serait roi il chasserait tous les moines mendiants. *Histoire de saint Louis*, par Joinville, édit. de 1871, n° 12.

entend médire de cette loi, ne doit répondre qu'en enfonçant son épée dans le ventre de son adversaire tant qu'elle peut y entrer (1). »

Allant à confesse toutes les semaines il recevait le fouet des mains de son confesseur ; tous les jours veillait, priait et se macérait le corps avec une discipline qu'il portait à sa ceinture.

Ce roi certainement avait de grandes qualités. était de mœurs pures, voulait sincèrement des réformes sur certaines choses et laissait debout de monstrueux abus, comme le droit de prise, par exemple ; chaque fois que le roi allait de Poissy à Paris ou ailleurs, en arrivant à la ville les seigneurs de sa suite se ruaient comme des bandits, sur les habitants, entraient dans les maisons comme une tempête, enlevaient lits, meubles, effets, enfin tout ce qui était à leur convenance, tandis que leur palfreniers enlevaient les chevaux, le fourrage, les harnais, etc., etc., sous prétexte de meubler la maison du roi et ses écuries, et cela pouvait se renouveler plusieurs fois dans l'année. Saint Louis aurait voulu supprimer *ce droit de prise* qui permettait de ruiner le contribuable déjà si écrasé par le fisc. Mais saint Louis n'avait point un caractère à se faire obéir, ne s'occupant que de prières et d'inutiles pratiques. Ensuite il était trop favorable à la multiplication des moines qui pullulaient sous son règne. Le commerce clérical florissait au grand détriment du Peuple dont il n'aurait pas dû

---

1. *Histoire de Saint-Louis*, par *Joinville*.

ignorer l'effroyable misère. Sobre et simple dans ses habits, il aurait pu diminuer les impôts, faire des économies : loin de là, il dilapida les fonds de l'Etat tout aussi bien qu'un Sardanapale, pour acquérir une collection de *fausses reliques* achetées au poids de l'or et en si grande quantité que les historiens de Paris n'osèrent en mentionner ni le nombre ni le prix véritable ; mais un tableau de la sainte chapelle en mentionne quelques-unes ; telles que : — Du sang de Jésus-Christ — les drapeaux dont il fut enveloppé dans son enfance — la chaîne et le lien de fer qui le liaient à la colonne, — *du lait de la Vierge Marie* — une partie du suaire de *Jésus*, etc., etc.

Louis IX avait été indignement volé par l'empereur Baudoin qui lui avait vendu ces reliques une somme folle, entre autres la couronne d'épines du Christ, que le trésor de Saint-Denis possédait déjà, ce que saint Louis ne devait pas ignorer. — Des deux il y en avait une fausse ou plutôt toutes deux étaient dans le même cas. Ce roi fut canonisé par l'Eglise, non pour ses vertus, mais pour ses pratiques ridicules qui, si elles n'ont aucune signification dans les devoirs d'un souverain, ont parfois une portée funeste dans la répression pour des fautes insignifiantes.

Ceux que l'Eglise élève n'ont aucune conscience sur la proportion du châtiment avec le délit, ainsi saint Louis était implacable, pour ce qu'il appelait un blasphème, il condamnait sans pitié un pauvre homme à être exposé une demi-journée sur l'échelle. ayant autour du cou des entrailles de porc putréfiées avec leurs excréments, après avoir eu la langue percée avec un fer rouge. Tout cela pour un juron échappé à un malheureux dans l'impatience d'un travail fatigant, cela, on en conviendra. jette un froid dans l'admiration qu'on voudrait avoir pour le chêne de Vincennes.

Tous ces détails sont empruntés à Joinville, secrétaire du roi et son admirateur. Doncques, etc., ne pas oublier *que saint Louis installa l'Inquisition en France!* (V. ch. III, page 40).

(P. 408). « La monarchie toujours tendre aux petits, avait su à l'occasion être sévère aux forts ». mais où donc se trouvent ses tendresses ? Jusqu'à ce jour nous n'avons trouvé que le contraire. Pour s'en convaincre il faut lire les *Paysans, de M. Bonnemère* que nous avons déjà mentionné ; mais cette histoire est si remarquable qu'elle devrait faire partie de l'éducation des adultes, être lue dans toutes les communes de France et faire l'objet de toutes les conférences en province, ce récit palpitant rempli de documents précieux, d'anecdotes curieuses, apprendrait à nos bons villageois et *aux bourgeois,* ce que fut le martyre de nos Pères vénérés, sous le règne du couple adultère de l'Eglise et du Trône, en les mettant à même d'apprécier de quel genre de « tendresses » usaient les souverains pour les « petits » au temps où l'Église était si triomphante !

Si nous n'avons pas encore réalisé les aspirations si légitimes du règne **de la Justice**, du

Dévouement, de la Solidarité! nous y marchons grâce aux hommes d'élite qui ne veulent que le Bien pour tous, en dépit de ceux qui *ne veulent le Bien* de leur prochain que pour *se l'approprier*!

(P. 408.) L'auteur de la *France Juive* dit que « les catholiques ont trahi leur mandat de Justice ». — Il aurait voulu les voir sévir contre les hommes du 4 septembre; mais il ne dit rien des complices du 2 décembre, bien autrement coupables. NI DES COMMISSIONS MIXTES travaillant dans les conseils de guerre à consolider le parjure meurtrier, qu'ils aidaient dans ses haines implacables contre les défenseurs du Droit. (Lire *Le Deux-Décembre*, par *Eugène Ténot.*)

Que faisait l'Église, lorsque la *Divine Justice* était si audacieusement violée par un malandrin (Comme le dit si justement Victor Hugo). A-t-elle plaidé la cause des victimes?... Elle s'est mise avec le tyran pour les achever, a-t-elle eu pitié des femmes et des enfants frappés si cruellement dans la condamnation du chef de la famille?... Pas d'avantage!

Nous allons préciser. En 1848, tout en bénissant les arbres de Liberté, l'Église par ses évêques faisait dresser la liste des habitants de toutes les communes sans exception, et par le confessionnal elle recueillait des renseignements sur les opinions politiques et religieuses de chacun. Toutes les listes furent centralisées à l'archevêché de Lyon. Les desservants de chaque paroisse avaient désigné spécialement les Républicains socialistes et anti-cléricaux ; aussi après l'attentat du 2 décembre, chaque tribunal *du Saint-Office* de la région délibéra, fit un triage de ses renseignements, et *les commissions mixtes* de chaque département, reçurent communication de l'extrait du dossier établi par le greffe ecclésiastique, de tous les citoyens que l'Eglise considérait comme ses adversaires.

Beaucoup de femmes, sans s'en douter, furent ainsi par la confession, les dénonciatrices de leurs maris, de leurs frères de leurs parents et amis. Bon nombre d'ouvriers affiliés à des sociétés, n'ont dû leur emprisonnement et leur déportation qu'à l'espionnage catholique, et aux renseignements fournis par le clergé *aux commissions mixtes. Aujourd'hui* cet espionnage abominable se pratique dans la région de Lyon tout comme en 1848. Les tribunaux du Saint-Office sont organisés par toute la France (1).

Après cela, on ne peut nier l'utilité de la confession pour l'Église qui, grâce à cette institution, est à même de fournir tous les renseignements nécessaires aux gouvernements de coup d'Etat. Les catholiques au pouvoir sous M. Thiers s'en sont donné à cœur joie. Jamais la tyrannie affolée, ne s'est montrée plus cruelle envers des malheureux égarés, auxquels il fallait tendre une main secou-

1. Extrait de la *Lanterne* sur l'organisation dans toute la France de l'Inquisition, pour tous les détails et les noms des inquisiteurs de Paris et des départements.

Voir les numéros 8, 9, et 15 novembre 9, 20 et 30 décembre de l'année 1883, 2 et 7 janvier 1884.

rable pour leur faire oublier l'état de siège, leur confiance trahie ! etc., etc., d'autant *qu'on ne voulait pas frapper les vrais coupables*. L'indulgence n'aurait pas creusé un fleuve de sang entre les enfants d'une même Patrie !...

Ce que tout le monde a pu remarquer sous la Commune, il n'y avait pour garder Paris la nuit que la garde nationale. On pouvait circuler à tout heure de jour et de nuit sans aucun risque, car tous les rôdeurs de barrières, souteneurs, voleurs, etc. avaient suivi M. Thiers à Versailles, d'où ils rentrèrent triomphants avec les troupes victorieuses de Mac-Mahon, et depuis on connaît leurs prouesses, les jours se suivent et se ressemblent pour les vols et autres désagréments, sans que les vingt-cinq millions que touchent la Préfecture de police mettent le moindre obstacle à leurs hauts faits.

Ceci n'est point une récrimination contre ces braves agents qui, chaque jour, donnent de si grandes preuves de dévoûment et de courage, ne reculant devant aucun danger, sacrifiant leur vie sans hésiter pour sauver les victimes d'un accident, ou luttant héroïquement contre des malfaiteurs qui les assassinent (1).

On ne célèbre pas longtemps les louanges dues à *ces modestes Héros du Devoir*, on ne leur élève pas des statues et leurs noms ne brillent pas sur

---

1. M. de Kératry, préfet de police, a constaté dans un rapport dont on n'a pas tenu compte, que cette préfecture devrait être réformée de fond en comble, en concluant pour sa suppression.

les plaques de trente-six rues. Un fait-divers et tout est dit! Au milieu d'une société imprévoyante où le vice s'encourage lui-même dans son impunité, n'y aurait-il pas mieux à faire pour encourager la Vertu, en est-il une plus belle que le Dévoûment?.. Ne pourrait-on pas, après avoir créé *la Croix du Mérite agricole*, créer *l'Etoile du Mérite Civil*, qui conviendrait à tous les genres de dévoûment, de services rendus au **Pays**, et de capacités artistiques. Cette création aurait entre autres avantages, celui de mettre fin aux justes susceptibibilités de notre brave armée, qui ne verrait plus briller la croix d'honneur sur la poitrine de certains fonctionnaires, dont personne ne connaît les services occultes, ainsi qu'à des folliculaires qui se sont fait une notoriété en dénigrant le gouvernement, lorsque de vaillants militaires ont tant de peine à obtenir la croix !

La logique l'indique, le ruban de la Légion d'honneur ne doit appartenir qu'aux militaires.

(Toujours 408.) M. Drumont s'émeut un peu tard sur les exécutions horribles qui ont signalé la rentrée de M. Thiers, comment n'a-t-il pas pensé à faire intervenir l'Eglise qui se dit si puissante au Ciel et sur la Terre ? Comment a-t-elle laissé avec tant d'indifférence, les troupes de M. Mac-Mahon massacrer dans Paris tous ceux qu'une haine aveugle désignait ?... Pas un prêtre n'est venu se jeter au-devant des victimes pour les sauver ou mourir avec elles comme l'avait fait *l'inoubliable Archevêque de Paris*, en 1848.

M. Affre se faisait précéder d'un jeune homme tenant une branche d'olivier en signe de paix (1), tandis que le conciliant archevêque arrivait en médiateur sur la barricade, tendant ses bras aux insurgés, qui mettent bas les armes à la voix du digne ecclésiastique et l'entourent dans un respectueux recueillement.

L'œuvre d'apaisement allait s'accomplir quand un coup de fusil parti des rangs de la réaction, atteignit d'une balle dans les reins le vénérable archevêque, il s'affaissa ; les insurgés ne songent plus à se défendre, envahissent la barricade apportant des matelats. Ils pleuraient comme des enfants autour de leur père en maudissant le misérable qui l'avait frappé... C'est donc qu'on ne voulait pas de la conciliation ?...

Et pourtant on lisait sur les murs de Paris une proclamation du général Cavaignac contenant à peu près ces mots : « Mettez bas les armes, il n'y « aura ni vainqueurs ni vaincus, mais seulement « des égarés. » Les malheureux se rendirent pour obéir aux exhortations de l'Archevêque, mais ils furent impitoyablement traités, et transportés sans jugement, sans même pouvoir embrasser leurs femmes et leurs enfants. Ces souvenirs néfastes se transmettent dans les familles. On racontait dans les groupes qu'on avait fusillé beaucoup de ceux qui avaient eu confiance dans les affiches du gouverneur de Paris. « Cette trahi-

1. Le jeune homme qui portait la branche d'olivier se nommait Théodore Albert et fut décoré.

son ne lui portera par bonheur », disait le Peuple qui conserve toujours l'intuition que tout s'expie.

Et qu'était-ce que ces odieuses fusillades de 1848 dans les caves des Tuileries et ailleurs, comparées *aux exécutions journalières de* 1871 sur des prisonniers désarmés !.. au grand jour, arrachés aux hôpitaux, la tête entourée de linge, et fusillés à la caserne Lobau, et ces mitraillades du Père-La-Chaise où deux ou trois mille personnes étaient réduites en bouillie, vieillards, femmes, enfants, rien n'était épargné, et cela pendant plusieurs nuits. On fusillait dans les rues, dans les maisons, sur un simple soupçon, sur un mot malveillant prononcé par un passant, ou sur une calomnie (1).

Après avoir renouvelé les massacres de la Saint-Barthélemy sur les Républicains, ils ont continué leur œuvre néfaste dans toute l'étendue de la France, en ruinant pour de longues années l'industrie et le commerce ; transportant une foule de gens parfaitement étrangers aux agissements de la Commune, et sous prétexte d'usurpation de fonctions, ont fait condamner par les conseils de guerre au bagne de la Nouvelle-Calédonie, de pauvres ouvriers ruinés par le siège, coupables d'avoir

---

1. Toutes ces atrocités se passaient sous le commandement de Mac-Mahon et le gouvernement de M. Thiers ! La réaction catholique ivre de sang accablait la Préfecture de police de dénonciations, et illustrait le maréchal du nom vénéré de *Bayard*, appelait le petit Thiers le *Sauveur* du Pays, Trochu avait fait arrêter le noble Flourens, qui fut assassiné !...

Ceci n'atteint en rien les gens honnêtes *de la bonne Race* qui quoique catholiques ou royalistes ne se sont jamais écartés du DEVOIR HUMANITAIRE ENVERS LEURS SEMBLABLES.

touché 30 sous par jour, que M. Thiers leur faisait remettre comme vétérans, pour veiller à la sécurité de la ville. Or tout le crime de beaucoup de ces malheureux était d'être restés à leur poste pendant la Commune, lorsqu'ils étaient abandonnés par le gouvernement qui s'était enfui à Versailles ! Nous ne voulons point pour le moment rechercher à qui incombait cet égarement, l'histoire dévoilera toutes les responsabilités. Tandis que les vrais coupables ayant amené cet horrible malentendu parmi les citoyens conservaient un pouvoir bien autrement usurpé, lequel leur a permis plus tard de faire des virements de fonds sur le Trésor, dont ils n'ont pas encore rendu compte, etc. (On ferait des volumes des *et cœtera*).

La répression à outrance contre tous ceux qui avaient porté un fusil sous la Commune eut un résultat désastreux pour le commerce et l'industrie. Tous les ouvriers et artistes qui purent se sauver partirent à l'étranger pour éviter une persécution aussi acharnée qu'inintelligente, portant à l'ennemi leur talent (il fallait vivre), les procédés, l'outillage français, etc. Une concurrence désastreuse en fut le résultat pour le Pays déjà si éprouvé.

Ce fut la deuxième édition de la révocation de l'Edit de Nantes dont sut profiter l'Allemagne (1).

---

1. La presse française républicaine, avec une persévérance dont l'Histoire lui tiendra compte, n'avait cessé d'avertir les terroristes réactionnaires de mettre un terme à leurs massacres et à leurs persécutions, de ne pas imiter l'œuvre insensée de Louis XIV ; tout fut vain, et les crises de l'industrie se succédèrent jusqu'à présent. Quels sont les plus coupables ? l'Histoire le dira !...

(P. 416.) « Ils causaient simplement, dit M. Dru-
« mont, avec des hommes qui avaient usurpé le
« pouvoir. » — Et plus loin : « Ils étaient impi-
« toyables pour les malheureux pressés par la
« misère qui avaient accepté une petite place dans
« la Commune et barboté quelques sous dans une
« caisse, ou les gens du 4 septembre, tous pauvres
« *avant*, tous riches *après* n'avaient pas laissé
« grand'chose. »

L'auteur de la *France Juive* qui écrit ces com-
pliments à l'adresse des catholiques devrait convenir qu'en fait de justice et d'humanité, il n'y a rien
à attendre d'eux. « Tuez tout, Dieu reconnaîtra
« les siens », est leur éternelle maxime. L'immoralité de l'éducation cléricale n'est plus à
prouver.

En bonne justice il ne faut pas avoir tant d'indulgence pour ceux qu'on croit les siens et se montrer si dur pour les autres, ni croire au dévouement *du cuirassier bien pensant,* qui ne s'occupe
tant des ouvriers que pour les discipliner à la
prussienne, afin d'en faire une armée *de souteneurs*
pour l'Église dans la guerre civile qu'elle prépare.

Le comte de Mun n'est qu'un leurre pour les
naïfs qui le suivent, il est aussi éloigné de *Jésus
l'Essénien* que l'Église. L'apôtre cuirassé est d'une
aristocratie telle qu'elle frise le dédain. Il prend
des airs de prince en parlant à ceux qu'il croit ses
subordonnés parce qu'ils ne sont pas nés de sa
caste.

Du reste, aucun, de ces nobles de naissance, ne se fait ce raisonnement si simple : — Dieu étant le Père des Humains, aucun d'eux n'a le droit de tromper, exploiter, maltraiter les fils du Père. Si mes pareils croient avoir le sang bleu, ils se trompent et c'est présomptueux de se prévaloir de son nom, car je pouvais naître aussi bien le fils de mon porteur d'eau, ou de mon décrotteur.

« Je veux être avec les autres, disait l'empereur Trajan comme j'aurais voulu, étant citoyen, que les empereurs fussent avec moi ! »

(P. 419.) Mais où M. Drumont a raison, parlant toujours des catholiques, c'est lorsqu'il dit : « Ils « frappèrent à bras raccourci sur les petits et sur « les humbles ; l'usurpation des fonctions trouvait « implacables les naïfs qui n'avaient pas eu le cou- « rage de mettre en jugement les hommes du « 4 septembre ! »

En effet, toute trahison devant l'étranger est un crime horrible ; mais tous n'étaient pas coupables, il y en avait de très bonne foi, et Rochefort en se retirant à temps a sauvé son honneur. Quant à la trinité des trois Jules, il fallait les juger.

— Le premier, Jules Ferry aurait dû rendre compte de l'influence occulte qui avait fait agir le trio néfaste. Lui d'abord en faisant disparaître les subsistances dans les magasins des chemins de fer où on les a retrouvés à l'état de putréfaction après la capitulation déguisée sous le nom d'armistice.

— Le second, Jules Favre, qui avait fait afficher sur les murs de Paris : « Ni une pierre de nos for-« teresses, ni un pouce de notre territoire » et refu-sait obstinément la convocation des électeurs de la France, qui aurait permis de traiter avec l'en-nemi dans des conditions meilleures que celles du traité de Francfort, traité léonin qui mettait le comble à notre ruine !

Jules Favre et Jules Trochu s'entendaient à mer-veille pour paralyser la défense, refusant tous les élans, tous les dévouements ; le premier pour con-server *le pouvoir quand même* ; le troisième, pour obéir aux injonctions de Rome et du *Gésu*, lui aussi affirmait qu'il ne se rendrait jamais ; qu'il avait un plan infaillible pour débloquer Paris ; c'est ainsi qu'il paralysait toute entreprise en refu-sant systématiquement toutes les sorties offertes par des hommes déterminés (1).

De ces trois jésuites, le dernier est allé planter ses choux et ensevelir sa honte, le second est allé rendre ses comptes à L'ÉTERNELLE JUSTICE !..

Mais le plus dangereux, Jules Ferry, est encore debout, plus haineux et plus ambitieux que jamais, nommé deux fois président du conseil par M. Grévy qui penche vers la droite, sans vouloir com-prendre l'intrigue réactionnaire qui veut mettre Ferry à sa place, et combien il perd dans l'estime du Pays par cette partialité envers ce personnage

---

1. Les francs-tireurs ont tout fait pour galvaniser le capucin Trochu, ils disaient qu'il y avait une *h* de trop dans son nom et s'en allaient furieux de ses refus !..

funeste,qui rêve la présidence de la République et ne mérite que la sellette de la cour d'assises !

On punit cruellement les petits coupables et les plus grands sont souvent au pinacle, cela ne peut ni ne doit être.

« *La France veut la justice pour tous.* »

CHAPITRE XII

Sommaire. — Courtoisie prussienne. — Le banquier
Bleichrœder et ses convives. — L'Empereur JULIEN. —
Naïveté de l'impératrice Eugénie. — L'instrument des
jésuites. — Un portrait ressemblant. — Rochefort n'est
pas un féodal. — Le treizième siècle. — Ce qu'étaient les
chevaliers du temps de saint Louis. — Curieuse lettre du
cardinal de Vitry. — *A quoi ce cardinal compare les
nobles de son temps.*

(P. 421.) « N'oublions pas, dit **M. Drumont**, que
si l'Allemagne consent à se servir du juif comme
instrument, et à le récompenser au besoin, elle le
tient absolument à l'écart de tout ce qui tient à
l'honneur et à la dignité du pays. »

— Voyons un peu comme les Prussiens entendent l'honneur du pays et leur dignité. M. Drumont va nous le dire au sujet du banquier Bleichrœder. « Son fils s'était faufilé on ne sait
comment dans le corps d'officiers des hussards de
la garde »; — d'abord on ne se faufile pas dans un
régiment, on y est incorporé, « il fut accueilli par
« une huée énorme, on lui cracha à la figure »
— comme les soldats de Pilate firent à Jésus — « il

dut s'enfuir précipitamment » : — ceci n'est pas à la louange des officiers prussiens — « qui « ayant encore quelques traditions des anciens « chevaliers teutoniques (1) n'admettront jamais « qu'on puisse confier un drapeau à un homme qui « est prêt à le vendre pour de l'argent. »

— Ceci est très fort. Les Prussiens et leurs chefs sont immaculés, et les chevaliers teutoniques des héros ; comme tous ceux qui réussissent ; mais les Nations sont à peu près dans le même cas, il y a toujours : *Les Bons et les maurais, les volés et les voleurs, les dévoués et les égoïstes* ; il ne faut donc pas mettre les mauvais dans le ciel et traîner les autres dans la boue.

Nous ne connaissons point de drapeau vendu par un juif ; mais en revanche, les traîtres catholiques foisonnent, les Dumouriez, les Marmont, les Bazaine, les Trochu et tant d'autres que l'histoire à cloués au pilori et qui ne sont pas juifs.

Nous avouons ne pas comprendre cette manière d'envisager les choses. Comment ? voilà un banquier qui a rendu des services à la Prusse, lesquels lui ont valu la croix de fer, la particule, et le *consulat général* d'Autriche, toujours d'après M. Drumont qui nous a dit comment ce même Bleichrœder sait traiter son monde, sans leur cracher à la figure.

Il donna un dîner de cinquante couverts au corps diplomatique. La table dressée était

---

1 Elles étaient belles leurs traditions aux teutoniques, la plupart *Chevaliers de Proie.* Comme la noblesse de ce temps-là. (Voi. la lettre au pape, du cardinal de Vitry, à la fin de ce chapitre.)

chargée de surtout, de candélabres, en or et argent, derrière chaque convive se tenait un domestique portant la livrée de la maison, surchargée de broderies d'or. « On peut se figurer, « l'effet que devait produire la description de ce « festin et de l'orfèvrerie estimée à plusieurs millions en l'an de grâce 1876 au moment où la « population de Berlin était aux abois par suite du « Krack de 1873 : »

— L'action de MM. les officiers prussiens crachant à la figure du jeune Bleichrœder est du dernier mauvais goût, et donne une piètre idée de l'éducation qu'ils reçoivent (1) puisqu'ils en sont encore *aux préjugés des races,* lesquels font descendre l'espèce *hominale* au-dessous de la race *animale* ; mais nous voyons avec plaisir que l'aristocratie allemande ne partage point les idées arriérées des officiers prussiens ; car les plus grands seigneurs du pays loin d'insulter personne, se sont donné l'agrément de savourer avec délice les mets de la table du riche banquier et de déguster les vins généreux d'un Juif, qui avait été trouvé par la Prusse digne de *représenter l'Allemagne dans sa dignité et dans son honneur* !...

1. Leurs Pasteurs ne leur ont donc par appris que les hommes sont absolument égaux devant leur CRÉATEUR ? que pour le PÈRE tous les fils lui sont également chers, qu'ils soient nés en France, en Allemagne, en Egypte ou dans l'Inde, qu'ils soient bouddhistes, catholiques ou protestants. Les Prussiens ignorent donc qu'il n'y a qu'un crime, *C'est tout ce qui lèse autrui,* et qu'il ne faut jamais faire aux autres ce que l'on ne voudrait pas pour soi-même !

(P. 445.) Nous ne joindrons pas nos éloges à ceux de M. Drumont pour le général Ducrot, qui, dans une proclamation restée célèbre adressée aux Parisiens pendant le siège de 1870, au moment d'engager un combat avec les Prussiens, affirmait « qu'il reviendrait mort ou victorieux » et ne fut ni l'un, ni l'autre !..

(Même page.) Nous regrettons les épithètes malsonnantes dont M. Drumont se sert en parlant du jeune Empereur JULIEN, duquel M. Bouillet le catholique dit dans son dictionnaire que : Julien avait des qualités brillantes, de l'esprit, de l'instruction, « de la tempérance, du courage et de la générosité, » — qualités assez rares chez les princes catholiques.

Voltaire dit dans son *Essai sur les mœurs* (p. 13) : « JULIEN n'était point un soldat de fortune comme les Dioclétien et les Théodose ; né dans la pourpre, élu par les armées, chéri des soldats, il n'avait rien à craindre des factions ; on le regardait, depuis ses victoires en Allemagne, comme le plus grand capitaine de son siècle. Nul empereur ne fut plus équitable et ne rendit la justice plus impartialement, nul philosophe ne fut plus sobre et plus continent ; il régnait donc par les lois, par la valeur et par l'exemple. Si sa carrière eût été plus longue, il est à présumer que l'empire eût moins chancelé après sa mort. »

Mais M. Drumont a pleinement raison, lorsqu'il exerce ses critiques sur les spoliateurs qui jonglent avec les millions de l'État, sous prétexte de l'honneur du pavillon, ayant l'aplomb de les dépenser avant le vote des chambres.

(Page 506.) Au sujet du Tonkin, il dit : « Que « les misérables qui ont ôté la vie à tant « d'êtres humains jouissent tranquillement de leurs « millions. »

— Mais il devrait faire un appel direct à l'indignation publique des électeurs et des contribuables pour demander au gouvernement : que tous ceux qui sont soupçonnés *de malversations* soient tenus de rendre leurs comptes à qui de droit.

Ceci explique la haine de certains hommes publics, ayant effrontément renié leur programme républicain par des actes inavouables et leur acharnement à poursuivre de leurs calomnies les patriotes les plus dévoués !..

(P. 507.) Encore l'homme du Tonkin. — M. Drumont dit : « La chute de Ferry est une page « d'histoire à regarder et cette date, 29 mars 1885, « qui vit l'effondrement de l'homme des décrets, « vaut la peine qu'on s'y arrête. »

Les décrets ! voilà ce que M. Drumont ne peut oublier, mais qu'est-ce que cela auprès des souffrances de l'état de siège durant lequel M. Ferry était à la tête des subsistances et maire de Paris. Aussitôt qu'on signalait à cet *intendant des vivres* la spéculation scandaleuse de certains gredins, qui avaient fait d'avance de grandes provisions, vendant 60 francs la livre de beurre, 36 francs le boisseau de pommes de terre, etc., à peine l'avis en était-il donné à M. Ferry que tous les aliments disparaissaient pour aller s'enfouir dans les magasins des chemins de fer où on les a retrouvés à *l'état de pourriture*, qu'on a distribués *après* la capitulation aux agonisants de Paris, aux risques de renouveler la peste et le mal des ardents du moyen âge (1).

— Ce n'est pas tout : les forts renfermaient, dit-on, des vivres pour plusieurs mois ; ceux qui furent livrés aux Prussiens, regorgeaient de conserves et de *farine*, quand on nourrissait le Peuple de Paris avec un pain fait avec de la tuile pulvérisée, du foin et de la paille hachés.

Lorsqu'on apprit à Paris que cet armistice n'était qu'un euphémisme pour déguiser *la capitulation* et qu'on se rappela les fourberies de ceux qui avaient enlevé les vivres pour les faire pourrir dans les magasins ; on se demanda quelle somme avaient reçu les misérables, pour arriver à faire capituler un Peuple qui voulait se défendre jusqu'à la dernière goutte de son sang. Nous avons été témoins de scènes déchirantes.

Nous entendîmes des hommes de loi dire : « que cet enfouissement des denrées pour amener « une ville assiégée à capituler, était un crime de « haute trahison ». Aucune enquête n'a été faite sur cette abomination. On disait dans un groupe : « Nous avions dans la défense *une trinité infernale, Jules Favre, Jules Ferry, Jules Trochu.* »

____

1. L'opinion attendait une enquête et un exemple ; mais cela se passait encore comme sous la monarchie.

Ces trois Jules sont bien fatals à la France ; *que le ciel nous préserve d'un quatrième !..*

Quant au pieux Trochu il ne cessait de dire qu'il ne capitulerait jamais, ayant un plan (resté chez le notaire). Lorsque le Peuple de Paris se vit joué si cruellement dans ses espérances, il récapitula toutes les maladresses, l'incapacité et le mauvais vouloir de Trochu; ce qu'il ne lui pardonnait pas surtout, c'était *sa mauvaise foi* et son refus au fils de Garibaldi, venant pour lui proposer de faire une diversion afin de dégager Paris !.. Il répondit par des menaces de le faire partir de force « ne voulant point de rapport avec des excommuniés !.. »

Ce militaire si conplètement catholique en oubliait son devoir le plus sacré pour ne pas déplaire à Pie IX qui, de son côté, avait décidé avec les jésuites que la France devait être châtiée ! Il ne faut donc pas s'étonner que tous les catholiques aient reçu de Rome *le mot d'ordre* pour désorganiser la défense et que Trochu, nommé par *l'impératrice* et accepté par les hommes du 4 Septembre, obéissait à la consigne du Vatican. Il ne faut pas s'étonner davantage que ce même Pie IX après avoir été si longtemps *le protégé de la France* (1), à la suite de nos désastres, eût l'audace et l'ingratitude d'écrire au roi Guillaume une lettre de congra-

______

1. D'après les affirmations de Jérome Napoléon, ce serait cette protection intempestive qui nous aurait privés d'un secours efficace de l'Italie, que Victor Emmanuel aurait donné de grand cœur. La France a toujours perdu ses armées, son temps et son argent à défendre le pape, il est temps de cesser la tradition de Charlemagne.

tulation sur ses succès, sans attendre son départ du Pays qu'il avait ensanglanté. N'était-ce pas typique de voir une église qui a tant torturé et brûlé de protestants, venir rendre hommage à ce qu'elle appelle *un hérétique*, pour sa victoire sur une Nation catholique !...

Du reste, l'entourage de la Femme de Napoléon III a commis assez d'indiscrétions pour qu'on sache, à n'en pas douter, que la guerre allemande dont Eugénie disait : « *C'est ma guerre à moi,* » n'était que « *la guerre des jésuites contre la France, et qu'Eugénie n'était qu'un instrument dans leurs mains.* » Ce qui explique toutes les scélératesses de ceux qui étaient dans le complot, l'attitude de Trochu, ayant tous les pouvoirs, faisant *tout pour paralyser la défense !*

Eh bien, ce général de carton, qui n'a brillé que par son absence dans les combats de Paris, a eu l'impudence de venir à la Chambre prononcer son propre panégyrique après avoir indignement calomnié l'héroïque Garde Nationale !

Le jour qui dévoilera *entièrement* toutes les turpitudes des *dirigeants* de Paris, dans les jours néfastes de ce siège, étonnera bien des gens, à mille lieues de se douter de l'irréparable déviation morale au présent comme pour l'avenir, subie par ceux qui ont passé si peu que ce soit, dans l'enseignement de l'Église !.. Et ce qu'il y a de plus démoralisant, c'est qu'une partie de ces coupables se trouvent au pinacle et ont été les plus acharnés contre l'amnistie à l'égard de pauvres égarés, qui n'étaient

13.

coupables que de ne pas connaître les coulisses du théâtre où se jouait le drame *de la France trahie*, dont ils furent les infortunés comparses !...

Aucune monarchie n'aurait résisté à tant d'assauts, d'ennemis et de trahisons !!! Quelle qu'ait été la part de responsabilité des catholiques entravant la défense de Paris, la République *a tout sauvé, même les réactionnaires*, qui sont loin de se douter à quels dangers ils s'exposent en souhaitant une monarchie.

(P. 516.) Un bon point à M. Drumont pour une appréciation très juste ; seulement il faut changer le nom, lisez plutôt : « Le côté frappant de cette « situation, c'est l'impuissance absolue du Juif « (*lisez. du clergé*) à faire quoi que ce soit d'un pou- « voir qu'il a conquis avec une incontestable habi- « lité sur des êtres faciles à tromper par des mots. « Avec le sémite (*lisez, le prêtre*) tout part de la « bourse, tout revient à la bourse, toute action se « résume en une spéculation, crucifier le Christ, « persécuter ceux qui l'adorent, telle est la seconde « maxime » — *tout à fait applicable à l'Église*.

« Notre malheureux pays aurait-il une chance « d'échapper à cet effondrement ?.. Oui, sans doute, « si les opprimés s'entendaient pour réagir contre « le Juif (*lisez toujours contre le prêtre*) qui est leur « ennemi commun ! »

Pour le prêtre catholique, le portrait est frappant ; mais il ne peut s'appliquer à l'Israélite. Le Juif ne s'occupe guère de la différence des cultes, et s'il n'a jamais été prouvé que ses ancêtres *seuls* sont responsables de la mort de *Jésus l'Essénien*, on peut affirmer qu'aujourd'hui ce ne sont pas les Juifs qui le crucifient.

(P. 530.) M. Drumont demande si Gambetta est Génois, Illyrien, Dalmate, Italien, Bohême, Hellène ou Prussien ? Il doit le savoir puisqu'il nous dit qu'il était Juif ; mais ce qui est certain, c'est que « le grand seigneur Morny cachait sous « des grâces de patricien une absence morale » tout aussi dangereuse à la France que celle de son successeur ; et si Morny n'a pas tout à fait ruiné le Pays dans l'expédition du Mexique (pour sa misérable créance de Jeker, la loterie du lingot d'or et les actions qui en ont été le corollaire), c'est que la France a les reins solides, pour avoir pu résister aux dilapidations de l'empire et de ses patriciens, — « hommes d'État dandys qui avaient attelé au char brillant de leur fortune la politique de l'amour et l'amour de la politique ».

(P. 552.) « L'homme de finance c'est Gambetta. Soyez convaincu qu'en organisant l'affaire de la Tunisie il a été très fier de plagier le Mexique. » — Il n'y avait pas de quoi, *cette grande pensée du règne*, comme disait *le roué Rouher* eut pour résultat une évacuation humiliante, juste récompense d'une iniquité. La Tunisie n'a pas eu les inconvénients du Mexique qui usa notre matériel et détruisit une partie de notre armée ! !

(P. 551.) « Rochefort, c'est le féodal, non point croyant, dévoué, à l'âme enfantine et pure. » — Mais dans quelle histoire fantaisiste M. Drumont a-t-il pu découvrir que les féodeaux avaient l'âme pure et pratiquaient le dévoûment?... Nous ne l'avons trouvé que dans Duguesclin et Bayard — « mais le féodal possédé du diable » — (il y croit) — « le féodal blasphèmant, etc. » — Il n'y a que les papes qui blasphêment en se proclamant infaillibles, et nous savons que Rochefort n'a jamais brûlé personne pour affirmer ses convictions. Au sujet du diable, cet auxiliaire si favorable aux mensonges de l'Eglise, il n'y croit pas plus que nous, et pense que ceux qui y croient pourraient en être possédés.

Quant à M. Rochefort, quels que soient ses défauts (aucun homme n'est parfait), il a pour nous un immense mérite ; dans un moment où toutes les classes dirigeantes s'aplatissaient devant une idole de plâtre, et menaçaient de nous faire rétrograder au paganisme le plus abject, il a déshabillé et souffleté l'idole impériale d'une si rude façon, qu'ébranlée sur sa base elle est tombée sous les pieds de ceux qui l'encensaient.

Nous n'avons point, comme M. Drumont, mesuré la science de M. Rochefort ; mais nous savons que peu d'écrivains auraient eu son courage. Pendant le cauchemar de l'empire, où les visites domiciliaires, les condamnations pleuvaient sur les Soutiens du droit ; *la Lanterne de Rochefort*, comme un phare, éclairait les iniquités de l'homme du 2 Décembre, en dissipant les illusions de ceux qui oubliaient la roche tarpéienne.

Toutes les critiques de Rochefort frappaient

juste et sa verve endiablée, étincelante d'esprit, ravivait l'espérance de ceux qui savaient lire entre les lignes ; mais il ne serait venu à l'idée de personne de comparer M. de Rochefort à un chevalier du douzième siècle !... du dix-neuvième, peut-être !...

Quant aux chevaliers « dévoués, à l'âme enfantine et pure », dont parle M. Drumont — ces glorieux paladins, cette fleur de noblesse, ces défenseurs de la veuve et de l'orphelin, n'étaient presque tous que *de vulgaires assassins, voleurs, incendiaires et bourreaux.* Mais ne voulant pas être accusé de charger le tableau, nous laissons la parole au cardinal Jacques de Vitry(1), légat du pape Grégoire IX à Paris sous Louis IX (dit saint Louis) en 1228.

Voici comment il s'exprime en écrivant au pape :

« Ceux qui sont en possession de commander
« aux autres ne se bornent pas à extorquer l'ar-
« gent de leurs sujets, en exigeant d'eux des pré-
« sents illicites, ou bien remplissant leurs mains
« avares de contributions et d'exactions dont ils les
« accablent injustement.

« Ils font pis encore : les vols, les rapines et les
« violences, tantôt ouvertement, tantôt en secret
« sur les malheureux qui sont sous leur cruelle
« tyrannie.

« Les seigneurs, malgré les titres pompeux et
« les dignités dont ils s'enorgueillissent, ne laissent
« pas que *d'aller à la proie !...* et de faire métier

____

1. Né à Argenteuil près Paris. Sa lettre se trouve tout entière dans son ouvrage *Historia Occidentalis,* cap. III, p. 265, editio 1597.

« de voleurs, de brigands, ravageant les contrées
« entières par les incendies ; ils ne respectent rien
« pas même le bien des monastères, des églises, ils
« profanent jusqu'au sanctuaire, d'où ils enlèvent
« les objets consacrés au saint ministère. Sur mer
« ils font le métier de pirates et sans craindre la
« colère de Dieu ils pillent les voyageurs, les mar-
« chands, brûlent leurs navires et noient dans les
« flots ceux qu'ils ont dépouillés...

« Les nobles sont semblables aux chiens immon-
« des, qui toujours affamés disputent aux cor-
« beaux la chair des cadavres (1). »

Ils font ordinairement mettre en prison chargés
de chaînes, des hommes qui n'ont commis aucun
délit, et font endurer à ces innocents d'horribles
tortures pour en tirer quelques sommes !

— Tels étaient les chevaliers des douzième, treizième siècles et suivants, dont la loyauté tant exal-
tée dans les romans et les pièces de théâtre est si
complètement démentie par l'histoire.

Cette dénonciation du légat au pape contre les
crimes de la noblesse était en retard de plus de huit
siècles, elle ne se manifeste que du jour où les églises, monastères et les accessoires du culte furent
volés par les chevaliers. Jusque-là le clergé était resté
muet devant les horreurs que la lettre du légat

1. La comparaison est heureuse venant d'un prélat qui en faisait
peut-être autant. On lit dans le *Recueil des historiens de France*
que les évêques s'assemblaient en concile pour condamner les
expéditions des nobles allant *à la proie*, et que ces évêques y allaient
eux-mêmes aussitôt après le concile.

révèle ; mais le plus curieux dans ces infamies, c'est que ces mœurs horribles étaient communes aux évêques qui, *eux aussi*, allaient à la proie pour jouer le rôle de « *corbeaux disputant les cadavres* « *aux chiens immondes toujours affamés* (1). »

1. En cela, ils ne faisaient que suivre l'exemple de l'inquisition. On lit dans BARBASAN, édit. 1808, t. II, page 400 :

Les chevaliers qui devaient protéger le peuple et le défendre contre les voleurs sont au contraire les plus enclins à le voler et à le tyranniser.

Dans la bible du seigneur de Berzé le même reproche est adressé à la noblesse :

> « Et li le chevalier qui devoient
> « Deffendre de cels qui roboient
> « Les mêmes genz et garder
> « Sent or plus engrant de rober
> « Que li autre et plus angoisseux. »

CHAPITRE XIII (1)

Sommaire. — Alger. — Ce que l'Espagne a gagné sous la domination de l'Eglise. — Louis-Philippe et l'Algérie. La conservation catholique.—L'inquisition à Rome au dix-neuvième siècle,—Christianisme clérical.—L'infaillibilité devenue un dogme. — Coups de balai nécessaire. — *En dehors de l'église est le salut*. — La civilisation conservée malgré le clergé. — Le privilège d'une caste. — La civilisation anglaise aux Indes jugée par les Anglais. — 900 mille personnes mortes de faim.— Les princes guerroyeurs. — Les pensées d'un mourant au siège de Paris. L'euphémisme, voilà l'ennemi. — La noblesse d'argent et la noblesse de papier. — Les Gaulois valaient bien les Francs. — Occupations des féodaux. — Inconséquence de la noblesse héréditaire. — Les trois usurpations des dynasties françaises. — Complicité de l'Eglise catholique dans tout ce qui se fait de mal. —Les derniers Bourbons. — Un royal Caïn.

(P. 12.) « Les indigènes musulmans furent « écœurés, dit M. Drumont, de voir élever à la « dignité de Citoyens Français leurs ennemis sécu- « laires les Juifs. »

(P. 22.) — En effet, les Arabes qui se sont distingués dans nos guerres méritaient la naturalisation et tous ont droit aux garanties contre *l'usure* dont

----

1 2ᵉ vol. de la *France Juive*, pag. 12.

ils se plaignent avec raison. Ce déni de justice fut sans doute une des causes de l'insurrection de 1872.

De tous les côtés, ce sont des plaintes contre l'iniquité des hommes, ce qui prouve qu'en fait de justice et de morale leur éducation est à faire ; mais il ne suffit pas de récriminer, il faudrait indiquer un moyen de changer le règne de l'inconséquence pour celui de la Raison.

C'est ce que nous espérons faire. En attendant, on pourrait créer un Journal Européen, sorte de tribune, où serait plaidée la cause du *Bien, du Juste et du Vrai*, où l'opprimé serait défendu, où tous les actes de vertu, de dévouement, seraient offerts à l'admiration générale.

Tout en désignant au mépris public le favoritisme et l'incapacité, les concussions, spoliations, malversations et dilapidations ; en un mot, tous les forfaits que peuvent commettre les fonctionnaires publics contre un individu ou contre les intérêts de la Patrie.

Si cette tribune existait, les ministres et leurs employés y regarderaient à deux fois avant de se mettre dans le cas de voir leur nom cloué au pilori de l'Europe !... et une foule d'inventions utiles ne seraient pas jetées au panier, par la jalousie des intrigants et des favoris.

Que faudrait-il pour créer ce Journal, qui (traduit en plusieurs langues) pourrait devenir par la suite *le lien le plus solide pour unir les* NATIONS ?

Ce qu'il faudrait?... L'initiative d'un seul homme de cœur ayant assez de fortune pour être indépendant.

(Même page.) Lorsque les Arabes gouvernaient l'Espagne, elle était plus prospère. Une simple comparaison : la ville de Cordoue avait plus de trois cent mille habitants, une université célèbre en Europe, neuf cents bains, six cents mosquées ; lorsqu'elle fut conquise en 1236 par Ferdinand III il la détruisit presque entièrement. Les conquérants ne sont nés que pour la ruine des Peuples. Qu'est devenue la prospérité de cette ville-capitale dont le commerce s'étendait partout ? Elle a si bien décliné avec sa population dans la main des princes catholiques, qu'Elle n'est plus que de 44.000 habitants et toute l'Espagne a suivi cette pente ; mais si les Peuples ont été ruinés et manquent du nécessaire, les églises catholiques regorgent de trésors !!!

Quant à l'Algérie, Louis-Philippe s'en est servi comme étant un moyen de détourner l'attention de la France sur ses agissements anti-français avec l'Etranger. Ses incuries, son indifférence pour cette colonie, n'ont été qu'une cause incessante de dépenses improductives et de massacres quotidiens de nos soldats qui n'étaient jamais en nombre suffisant. Témoin, l'affaire du capitaine Lelièvre.

Le fameux lapin, disaient les Parisiens ; dans son expédition avec ses cent vingt hommes, entourés par douze mille Arabes ; il sut leur résister, c'était magnifique d'héroïsme ; mais que de réflexions amères faisaient naître dans l'esprit des hommes sérieux les mesquineries de Philippe qui faisait tuer en détail tant de braves soldats! on aurait dit vraiment qu'il agissait à l'instigation de l'Angleterre pour en dégoûter la France.

C'est ainsi que d'incuries en maladresses, après 58 ans de possession, nous sommes encore si peu avancés en Algérie, quand il serait si facile de se faire aimer et estimer de ces populations. Pour cela il faut être *juste et bienveillant*, tout en faisant une guerre acharnée à l'iniquité d'où qu'elle vienne, et ses dignes Arabes dont la bravoure et la loyauté peuvent être acquises au Pays, deviendraient des fils dévoués à la France!

(P. 27.) Notons que Henri Rochefort et Aurélien Scholl ont défendu la cause des Arabes lorsqu'après plusieurs années de prison il fut question de les amnistier. « Ignorez-vous, s'écrie M. Etienne, qu'ils ont incendié des fermes, tué des femmes et des enfants? »

M. Etienne a perdu là une belle occasion de se taire ; il aurait dû penser que jusqu'au jour où le bon sens public pourra sévir contre les conquérants qui font incendier villes et villages, il convient de se montrer plus indulgents pour des gens qui avaient déjà en partie expié leur crime par la captivité. En définitive il y avait en faveur des Arabes deux circonstances atténuantes que tous les Français, qui ne sont pas députés, ont bien comprises.

(P. 28.) Dans sa franchise, M. Drumont peint de main de maître le caractère *égoïste, implacable du conservateur catholique*, faisant ressortir d'une façon indéniable *l'inutilité de l'éducation catholique* pour faire un citoyen soucieux de son devoir. Nous sommes d'accord avec lui quand il stigmatise la conduite de ces pleutres, tout frais sortis du giron de l'église, qui vont pérorer à la Chambre pour faire de l'obstruction et dire des insignifiances dans les salons de **M.** de Rothschild, ou à l'église, entendre un *Montsabré* quelconque et conspirer tout à leur aise contre *la République*.

Cet aveu de l'auteur de la *France Juive* qui a scalpé d'une main si sûre la plaie de notre époque nous est d'autant plus précieux, qu'il existe encore une foule de gens enchevêtrés dans *les filets du saint-office* !

S'il pouvait rester un doute à cet égard, la lettre de **M.** Henry des Houx qui fut détenu dans les prisons de l'église, à Rome, le dissiperait entièrement: en voici la copie.

C'est un des plus curieux documents du dix-neuvième siècle qui mérite l'attention de tous les Hommes soucieux de la dignité humaine.

« A son éminence révérendissime le cardinal Monaco de la Valetta, évêque suburbicaire d'Albano, grand pénitencier de la sacrée congrégation de *l'Inquisition romaine et universelle :*

Eminence révérendissime,

« L'éminent cardinal archevêque de Paris, suivant les instructions transmises par votre éminence, m'a signifié la décision de la sacrée congrégation de l'Index relative à mon livre intitulé : *Souvenirs d'un journaliste français à Rome* et m'a fait connaître les graves obligations que m'impose la sacrée congrégation du *saint-office* sous peine de mesures *plus sévères encore* !

« Je déclare m'y soumettre absolument et sans réserve d'aucune sorte, fermement résolu à demeurer attaché d'esprit et de cœur aux doctrines, aux enseignements de l'église catholique, apostolique et romaine dans laquelle je suis né, je veux vivre et mourir, j'entends rester obéissant et soumis à toutes les volontés de son chef *infaillible* notre très saint père le pape Léon XIII, ainsi qu'aux décisions des sacrées congrégations romaines qui administrent, en son nom, le saint-siège et l'église universelle.

« C'est pourquoi les condamnations portées contre mon ouvrage, par les congrégations de l'Index et du saint-office, font loi absolue pour ma conscience et j'adhère pleinement aux défenses qui me sont enjointes pour l'avenir.

« Persuadé que l'unité, l'ordre et la discipline dans l'église constituent la première des nécessités sociales, j'incline volontiers mes opinions et mes préférences personnelles, même dans les matières où, par erreur, je les avais crues libres et permises, devant la décision des pasteurs à qui le Christ a remis la conduite de son troupeau.

« Donc, conformément aux ordres du saint-office :

« Je déplore le scandale que mon ouvrage a pu

apporter aux âmes des fidèles et le dommage qu'elles en ont pu recevoir, je ferai tout ce qui sera en mon pouvoir pour le réparer.

« Je prends l'engagement solennel devant Dieu et devant le saint-siège de ne publier à l'avenir aucun récit qui puisse apporter aucune affliction au souverain pontife, aucune atteinte au respect dû à la hiérarchie sacrée et causer le moindre scandale dans la communauté de mes frères catholiques.

« En outre, je demande humblement pardon à Dieu des fautes que les pères de la sacrée congrégation du saint-office ont souverainement décidé que j'avais commises et au souverain pontife Léon XIII des déplaisirs que mes écrits ont pu lui apporter.

Je veux que la présente déclaration devienne désormais la loi de ma vie.

« Je supplie votre éminence de présenter cette lettre au saint-père comme un faible et imparfait témoignage de ma bonne volonté, comme un gage de mes résolutions pour l'avenir et d'implorer pour moi de sa souveraine mansuétude la bénédiction apostolique. »

« En ces sentiments j'ai l'honneur de me dire, de votre éminence révérendissime, le très humble et très obéissant serviteur.

« HENRY DES HOUX.

« Paris, le 20 mai 1885 »

Lettre publiée dans la *Semaine religieuse de Paris* comme preuve authentique de l'existence de l'inquisition et de la puissance de l'église sur les âmes faibles, et reproduite dans le journal *La Paix* de mai 1886).

Cette lecture nous a plongé dans une profonde tristesse, en nous rappelant le moyen âge, où la victime avait déjà subi une partie des tortures que *l'église infligeait aux infortunés tombés dans ses tenailles !..*

En lisant cette confession publique si touchante, il nous semblait entendre les sanglots du Martyr qui protestait en termes si humbles de sa soumission, dans l'espoir d'éviter la seconde édition de son supplice !...

Par quelle menace le saint-office est-il parvenu à obtenir une rétractation si humiliante de la part d'un homme aussi intelligent? Ce mystère n'en est pas un pour tout le monde, et nous sommes heureux de voir tomber les masques.

—Malgré son catholicisme, l'auteur de la *France Juive*, est bien obligé de convenir « que les préjugés modernes sur la civilisation » — n'ont jamais été attaqués par l'église, et que le peuple s'est amélioré quand même, tandis que *l'aristocratie est restée catholique* ! Donc il faut s'en prendre aux prêtres de ses imperfections, lesquels prêtres bénéficient de toutes les turpitudes, trouvant leurs meilleurs clients dans les plus grands pécheurs, et voulant quand même le maintien *des privilèges* comme tous les conservateurs qui s'en font les champions.

Sans songer un instant que *le privilège est la plus grande iniquité* qu'on puisse commettre au sein de la famille DU PÈRE qui a la même tendresse pour tous ses enfants ; sans compter que le privilège engendre la haine, les divisions, et qu'il est souverainement injuste !

(P. 44.) « En effet, dit M. Drumont — et ceci peut être formulé comme une loi — que la tendance à égorger et à dépouiller ses semblables, est en rapport direct de la facilité à parler de la civilisation et de l'humanité. » — L'exemple vient du clergé ; il est seul responsable de la conduite de ceux qu'il instruit.

(P. 45.) « Les Anglais, qui font grand usage du mot de civilisation, ont commis dans l'Inde des atrocités inénarrables ; sans compter l'opium qu'ils forcent les Chinois d'acheter et les couvertures de soldats morts du choléra qu'ils vendent aux indigènes, ils ont étreint les malheureux habitants de l'Inde, si bons et si faciles à gouverner, dans un engrenage administratif qui, pareil à une machine à pression, exprime l'or et le sang des Humains. »

— Il nous semble entendre le réquisitoire très adouci contre ce que les hommes du Vatican appellent l'inquisition, et comme cette *sainte fille* de la *sainte église* a fait l'éducation de tous les Peuples, il ne faut pas oublier que *l'Angleterre a été catholique*, il résulte de ce *saint enseignement* le contraire de toute justice. *Sous Marie Tudor*, les supplices contre les dissidents avaient lieu selon les ordres de l'église catholique ; il n'est donc pas étonnant que le gouvernement anglais continue les usages du saint-office.

L'Angleterre comme toutes les Nations se divise en deux catégories : *la Bonne et la mauvaise*. Cette dernière étant la plus intéressée, la plus intrigante et la plus égoïste, s'empare du gouvernement et des richesses d'un Pays, en use et en abuse, sans s'inquiéter si par ses agissements elle condamne à la misère des milliers de victimes.

Cette mauvaise catégorie, catholique, protestante ou tout autre, ne change en rien sa mauvaise nature, qui, sous tous les noms, restera *catholique*, c'est-à-dire gangrenée avec un ridicule en plus, dans son rigorisme au sujet des pratiques du culte qui lui tiennent lieu de toutes les vertus.

Ce qui fait la supériorité de la *Bonne catégorie*, c'est qu'en dépit de toutes les fausses liturgies, elle a l'intuition de LA VRAIE RELIGION qui commande à l'Etre humain, de faire pour ses Semblables, ce qu'il voudrait pour lui-même, car le *seul péché, la seule faute, le seul crime, c'est tout ce qui lèse autrui* !...

Toutes les pratiques d'un culte quelconque sont inutiles en dehors de CETTE LOI IRRÉFRAGABLE, dont la sanction se trouve dans presque toutes les calamités qui affligent l'Humanité !

Pendant l'Etat de siège ou l'héroïque Paris était bombardé par les Prussiens, on jouait à Londres une pièce comique où se trouvait ridiculisé un Français, qui, *selon la mauvaise catégorie*, avait la

14

naïveté de croire à la Fraternité, chaque fois que le Français prononçait ce mot c'était une explosion de fou rire.

Si une partie du public se moquait de la folie sublime du Français qui rêve la Fraternité pour Tous, si des Anglais pouvaient rire dans la situation terrible où se trouvaient leurs frères d'armes de Sébastopol, il en était d'autres qui ne riaient point en songeant à la haine d'un Peuple acharné à la destruction d'une Nation Amie, dont l'armée avait fraternisé avec celle de la noble Angleterre. Aussi joignant l'acte à la pensée, ces frères d'outre-mer, envoyaient-ils dans l'élan d'une *Solidarité* bien comprise, des wagons chargés de vivre à la ville de Paris dont la reconnaissance leur est acquise.

Loin de nous la pensée d'incriminer la Nation Anglaise au sujet des iniquités de son gouvernement, pas plus que les Français ne sont responsables des fautes des leurs. Nous n'ignorons pas que l'Angleterre possède des Hommes et des Femmes aussi illustres par leur talent que par leurs vertus, dont le cœur se brise au récits de la souffrance des Martyrs, maintenus dans l'esclavage aussi bien *en Irl nde* que dans *les Indes* par la rapacité, l'égoïsme et la soif de l'or.

Au temps de la révolte si légitime des Cipayes, nous avons lu dans le *Morning Chronicle*, que M. Layard avait parlé à l'hôtel de ville, à Birmingham, sur les Indes qu'il venait de quitter ; son discours fut très applaudi, *nous en citerons quelques paroles que voici* :

« L'Anglais regarde tout indigène comme son inférieur, il n'en parle qu'en le qualifiant de nègre, cependant il y a des Hommes *éminents* par leurs talents et leurs qualités dans les Indes. »

« Je suis revenu en Angleterre, avec la ferme conviction que si les Hindoux se sont soulevés contre nous, c'est que nous ne les avons pas traités avec justice et loyauté. »

« Le Peuple Indou n'est pas ingrat, il a toujours aimé ceux qui lui ont fait du bien, Munro, Malcom, Elphinston ont été et sont encore en vénération parmi eux . »

« La source du mal la plus féconde, c'est la rage du gouvernement anglais, sa manie d'annexer; (*oui, oui, applaudissements*); c'est là une des grandes causes des dernières calamités des Indes, et comme si la Providence avait voulu punir nos iniquités, les Indes sont devenues pour l'Angleterre *une honte et un reproche*. »

« Si l'Angleterre ne peut pas gouverner les Indes par les doctrines, alors qu'elle les abandonne... qu'elle ait surtout cette pensée toujours présente à l'esprit, que garder les Indes par *l'injustice et l'oppression, serait plus honteux pour nous comme Nation, que perdre les Indes en rendant son Peuple éclairé, libre et heureux.* » (Applaudissements).

(P. 46.)—M. Hyndman, auteur anglais, dit M. Drumont, constate lui-même les malheurs de l'Inde. Voici en quels termes ce noble Anglais s'exprime : « Les provinces du sud-ouest en étaient réduites à exporter leurs grains, *alors que trois cent mille personnes y mouraient de faim en quelques mois ;* en 1877, ajoute-t-il, dans la seule Présidence de Madras, *neuf cents trente cinq mille sont morts de faim, d'après les rapports officiels !* »

— Si la Justice régnait sur la Terre, de telles horreurs ne resteraient pas impunies ; depuis le vice-roi jusqu'au dernier employé de cette administration vorace, tous les coupables seraient châtiés en proportion de leur crimes.

Mais punies ou impunies par les hommes, de telles iniquités attirent sur les gouvernements qui les commettent, toutes les malédictions de leur victimes, et l'expiation est inéluctable ; *plus elle retarde et plus elle est terrible !*

Tous ces faits monstreux prouvent l'inutilité des religions officielles ; on cherche en vain le progrès quelles font faire en morale aux Peuples qu'elles dominent ???....

« Les hommes du 4 Septembre, dit M. Drumont, qui ont été si durs pour les prolétaires qu'ils flattaient bassement la veille, étaient tout parfumés *de modernisme*, tous pénétrés de la pure doctrine libérale. »

— Il faut opposer aux hommes iniques, égoïstes, le désintéressement des Hommes justes qui suivent la loi humaine ; mais avant tout, il faut *contre les hommes du mal*, SOLIDARISER *les Hommes de Bien*, c'est ce que Tous doivent entreprendre pour le salut commun !

(P. 47.) Nous sommes loin de partager l'espoir

coupable de l'auteur de la *France juive*, lorsqu'il dit : « Une consolation cependant se dégage de tant de tristesses. C'est par l'Algérie peut-être que commencera la campagne antisémitique en France. De sourdes colères s'amassent, des paroles s'échangent dans l'ombre, » etc. — *Les antisémites sont anti-humains — Caïn a fait son temps.*

(P. 48.) Oui nous savons qu'il existe parmi les Peuples les plus divers, *une profonde indignation contre les gouvernements concussionnaires, contre les princes guerroyeurs dont les joies sont faites de massacres et de ruines.* Et cette indignation est autrement sérieuse que cette prévention factice contre les sémites ; quant à *cette colère contre les conquérants,* elle suit la progression des armements auxquels une puissance envahissante oblige toutes les Nations, pour se garantir *du pillage d'un voisin malhonnête.* Veut-on savoir *la morale qui résulte des iniquités princières?* Voici un extrait des dernières plaintes d'un mourant tué au siège de Paris en 1871, recueillies par un témoin oculaire qui l'assista à ses derniers moments.

A DIEU !...

« N'as-tu pas défendu le meurtre et le pillage
Dans tes commandements?...
Pourquoi n'atteinds-tu pas les chefs du brigandage
Par de durs châtiments?...

Tu permets aux tyrans de brûler les chaumières
Et d'entasser les morts...
Les faibles vainement t'adressent leurs prières
Tu n'aimes que les forts!...

14.

Et l'enfant meurt de faim sur le sein de sa mère,
Pour plaire à ton Elu,
Son caprice royal veut pour nous la misère, .
Pour lui le superflu !

Eh bien ! Toi qui reçois la prière et l'hommage
Du prêtre et du bandit...
Toi qui bénis les rois, la guerre et le carnage...
Dieu cruel !.. sois maudit !. (1) (*Le Franc-Breton.*)

(Même page.) Au lieu d'attaquer les Juifs, il faut attaquer le privilège, *ce fils de la grâce catholique*, qui est la cause de toutes les haines et de toutes les séditions.

L'euphémisme, voilà l'ennemi !...

Pourquoi sur le meurtre, le vol, l'incendie et le lâche assassinat de Femmes et d'enfants, a-t-on jeté le manteau de *l'euphémisme* et nommé conquérant, l'homme qui n'est qu'un bandit cruel ! Et comme le dit si judicieusement l'héroïque Sociwiska (2) : *Aux yeux du vulgaire la gloire d'un homme quel qu'il soit dépend du nombre de ses partisans !* »

1 Heureusement qu'il se trouva un Frère qui vint adoucir ses derniers moments et le convertit à de meilleurs sentiments en lui révélant le problème de la vie !

2. Il était chrétien Morlaque, né sur les possessions turques. Ayant vu tomber sous les coups de l'oppresseur son père et son frère, il se fit chef de bande, faisant aux Turcs une guerre acharnée avec douze ou quinze hommes, accomplit des prodiges de valeur ; mais un jour, une partie de ses hommes furent empalés, les autres disparurent. L'empereur d'Autriche Joseph II voulut voir cet homme extraordinaire et s'avisa de lui dire, tout en souriant : « Tu fus un déterminé brigand... » Sire, répondit Sociwiska, en le saluant militairement : « Une suite plus nombreuse, dans le monde m'eût peut-être valu un titre plus honorable » ; l'empereur trouva la réponse très spirituelle et le fit chef de ses hulans.

M. Drumont n'est pas content de l'*Alliance Israélite universelle*, nous espérons que cette alliance viendra se fondre avec celle de la Solidarité qui doit unir tous les membres de la Famille humaine pour imposer le désarmement général et la paix universelle.

(P. 72.) Ayant eu l'illusion de croire au mérite des services rendus, en parlant de la noblesse qu'il trouve déchue, M. Drumont dit :

« Cette descente de la Courtille héraldique,
« cette noblesse qu'on a appelé l'almanach Gotha,
« cette invraisemblable éclosion de financiers se
« déclarant comtes, barons, non pas à la suite de
« services rendus au pays, mais à la suite de tripo-
« tages de Bourse, n'excite déjà plus la gaîté des
« premiers temps ; on sourit sans doute quand on
« entend prononcer le nom du comte de Camondo,
« ou du baron de Hirsch, mais on s'y accoutume
« presque. »

Tout est là. Avec quelques hommes, on est un brigand, avec des milliers on devient un héros conquérant. Grâce à l'*Euphémisme* qui dans cette circonstance est un abus monstrueux, qu'il faut détruire dans l'esprit des hommes, en leur apprenant que le crime en se multipliant, ne peut jamais devenir une gloire pour celui qui le fait commettre et que la guerre qui les réunit tous, est le plus grand des forfaits ?...

> « Avec un Euphémisme on fait passer des crimes
> Pour de nobles vertus, ou des *raisons d'Etat* ;
> Grâce à ce procédé, le moindre potentat
> Brave l'opinion de toutes ses victimes !
> Un coup d'Etat sanglant, deviendra *le salut*...
> Un traître meurtrier ? — *un illustre monarque*!..
> Et si, par ineptie, il fait sombrer sa barque.
> — *Un funeste hasard lui fit manquer son but*. »

Extrait des *Euphémismes* de l'Empire, le *Franc-Breton*.

— Mais cette noblesse d'argent, n'est pas plus indigne que la *noblesse des vieux papiers*, ni la nouvelle que l'ancienne; et plus la noblesse est antique, plus elle est entachée de crimes variés, depuis le plus ordinaire jusqu'au plus épouvantable.

A ces ancêtres si majestueux, tout leur était bon, même les terres et le château du voisin, dont ils faisaient rôtir le propriétaire sur un lit de fer, pour le forcer à leur céder ses domaines quand l'infortuné avait eu le malheur de tomber dans une embuscade.

La noblesse d'aujourd'hui n'a donc point à revendiquer ses aïeux. Quand au courage, à la vaillance ... à cet égard nos Pères les Gaulois valaient tous les Francs du monde! Ils furent souvent vainqueurs des Romains cuirassés, et se mettaient presque nus pour les combattre.

Nous avons de nos jours, une assez longue liste d'Hommes célèbres en tout genre, dont les Ancêtres n'ont jamais été des *hommes de proie*. Aux nobles de parchemins faits par la grâce d'un roi, d'un caprice, d'une courtisane ou d'une bassesse, nous pouvons opposer les *mérites personnels* dont se compose la noblesse du Peuple qui ne peut, ni ne doit se transmettre, attendu que le plus brave, le plus moral et le plus digne peut avoir pour fils le plus lâche et le plus corrompu des hommes.

La civilisation apportée par les Romains dans les Gaules fut engloutie dans *la barbarie des Francs* soutenus par l'Eglise leur complice. Ils éteignirent toutes les lumières et brûlèrent tous les livres qu'ils purent trouver, afin de pouvoir, à l'aide de leurs panégyristes, donner le change à la postérité! Nous n'en avons pas moins conservé l'opinion des Anciens sur le trône et l'Église, ainsi que les manuscrits qui aujourd'hui donnent du fil à retordre à leurs partisans.

Les écrivains de l'antiquité ont apprécié à sa valeur le caractère des Francs, envahisseurs de la Gaule. *Vopiscus* dit qu'ils se moquaient de leurs serments et riaient en les violant (1), Salvien les traite de Nation sans foi: *gens Francorum infidelis*; il les loue d'être hospitaliers et les blâme d'être menteurs.

Les Francs, dit Libanius (l'ami et le professeur de l'Empereur Julien), ne peuvent supporter la servitude et ils se croient réduits à ce fâcheux état dès qu'ils ne trouvent plus personne à piller (2).

Un proverbe grec, cité par Eginhard, dit: « Vous pouvez avoir un Franc pour ami, mais ne l'ayez jamais pour voisin (*Vita Caroli magni*, cap. XVI).

Isidore dit que leurs mœurs sont corrompues et que leur naturel est très féroce (3).

(P. 73.) « Excepté le prince de Talmond, il n'y eut pas un seul grand seigneur en Vendée. »

---

1. Vopiscus de proculo scriptores augustæ (t. II, p. 762).

2. Oratio III, p. 437.

3. Isidor Origin, lib. IX, col. 1040. Pour plus ample information sur la noblesse voir l'*Histoire de Grégoire de Tours* et l'*Histoire de France*, par les Bénédictins.

Ces auteurs n'avaient connu que le mauvais côté de la race franque qui avait en général le respect de la foi jurée; l'Eglise détruisit cette qualité en donnant aux rois le droit de se parjurer.

— Nous n'admettons pas qu'un homme puisse être considéré comme un noble seigneur lorsqu'il se bat contre son Pays et entretient la guerre civile ; mais on sait bien à quoi les prétendus grands seigneurs de la maison de Bourbon passaient leur temps à l'étranger, pendant ces jours néfastes. « Les Bourbon, disait un auteur de ce temps, « sortis de la bourbe y retournaient. » Fidèles aux traditions de leurs prédécesseurs et surtout de leur fondateur Hugues Capet, ils ont essayé d'enserrer le Pays dans les armées étrangères, en lui suscitant toute l'Europe sur les bras.

Si les grands seigneurs ne se battaient pas, c'est que comme Louis XIV, leur grandeur les attachait au rivage.

(Même page.) « A quoi tient, s'écrie M. Drumont, cette radicale impossibilité de l'aristocratie française, d'être utile à quelque chose ? » — Il faudrait le demander *à cette bonne mère sainte Eglise, son institutrice* si largement appointée.

L'auteur des *campagnes des Français en Italie*, M. Desjardins, dit avec raison : « l'émigration doit être mise au nombre des moyens qui ont amené la ruine du parti royaliste. » (t. I, p. 9).

— Elle a mis en relief la couardise des princes du sang, pour lesquels le paysan se battait en Vendée, sans qu'ils en prissent connaissance, et leur ingratitude s'est affirmée pour tous ceux qui leur sacrifiaient leur vie et leur fortune (1).

---

1. Chodruc-Duclos en était un exemple ; après avoir sacrifié tout ce qu'il possédait à équiper des régiments pour la restauration,

(P. 176). « L'oubli des services rendus, chez les Bourbon et chez tous ceux qui appartiennent à ce parti, a toujours été égal à celui des offenses. »

— Ceci n'est pas exact en ce qui concerne *l'oubli des offenses*, attendu que les vengeances de Louis XIV ont laissé en Bretagne et ailleurs d'horribles souvenirs, et que Louis XIV fut sans pitié pour les jansénistes. Quant à la *terreur blanche*, à la rentrée des Bourbon en 1815, elle ne fut point clémente. Les massacres de Bordeaux (où les frères Laréole périrent), ceux de Marseille dirigés par l'odieux Trestaillon, les quatre sergents de la Rochelle, le maréchal Ney, dont les exécutions ont été ordonnées par Louis XVIII, n'indiquent point la mansuétude de cette race qui tint en suspicion la plupart des braves soldats de l'Empire.

Le plus criminel de tous, fut *Monsieur*, frère de Louis XVI, qu'il faisait traiter dans la presse de *constitutionnel*, *de jacobin*, promettant monts et merveilles aux nobles qui venaient le rejoindre à Coblentz, s'ils parvenaient à le faire nommer régent de France par les gouvernements étrangers, du vivant de Louis XVI. *Ce frère Caïn* eut une grande responsabilité dans les malheurs de Louis, qu'il poussait à fuir la France pour révéler ensuite son départ afin de le faire ramener à Paris. Son luxe insensé, ses fêtes scandaleuses, ses pro-

sollicitant des Bourbon un emploi digne de ses services, ne reçut d'eux que des fins de non-recevoir, il se promenait encore au Palais-Royal sur la fin du règne de Charles X dans un costume délabré, qui n'ôtait rien à son air digne.

digalités furent poussées si loin, que le roi de Prusse en fut scandalisé et voulut lui donner une leçon. Dans un dîner où il l'avait invité, ne lui faisant servir que quatre mets, il lui dit qu'il n'était pas assez riche pour le traiter comme lui l'avait fait (t. I, p. 29. *Desjardins*). Mais ce qui couronne l'édifice des crimes de ce faux-bonhomme. et détruit l'assertion de M. Drumont sur l'insouciance des Bourbon au sujet des offenses qu'on pouvait leur faire, Louis XVIII ne pardonnait rien, pas même la moindre dissidence contre ses projets fratricides *faisant bel et bien pendre, et jeter dans le Rhin* les émigrés qui avaient osé se déclarer pour le roi Louis XVI et la Constitution (p. 30 du même ouvrage) (1).

1. Ceux qui douteraient de ces assertions pourront s'édifier en lisant l'histoire des conspirations multiples qui eurent lieu sous son règne, où des agents provocateurs tendaient des pièges aux naïfs pour lesquels ce roi se montrait impitoyable. Lire les *Mémoires d'un Bourgeois de Paris* (docteur VÉRON), 2e vol. 3e chap.

CHAPITRE XIV

Sommaire. — La noblesse dont M. Drumont n'est pas
content. — La noblesse enchantée, de François Ier. — Le
roi-chevalier, *bras séculier de l'inquisition!!*... — Comment *l'Essénien Philon* comprend la noblesse. — Elle
ne peut être que personnelle. — Métamorphose d'un
diplomate français en prince prussien. — Les ambassadeurs qui votent contre leur gouvernement. — Anecdotes
sur le roi-soleil. — Samuel Bernhard. — L'album de
Ferrière. — La probité d'Anselme Rothschild et celle de
certains rois. — Ceux qui volent les pauvres. — Encore
le livre des confesseurs. — Etat de Léo Taxil. — Inutilité
de l'église. — Les accommodements avec... les bons
dîners. — Ne pas juger les Femmes sur les échantillons
de l'église.

(P. 77.) « Cette absence de toute culture intellectuelle sérieuse enlève à l'aristocratie la notion
de son rôle dans la société, » dit M. Drumont.

— Mais la notion de ce rôle intellectuel et sérieux,
a-t-elle jamais été le partage de la noblesse ?... ses
grands Hommes sont peu nombreux en comparaison
de ceux dont s'honore la race Gauloise.

La noblesse transmise aux descendants portait
en elle-même *le virus* qui la frappe d'une maladie
incurable. Restée avec l'idée naïve du sang bleu,

croyant à la valeur de titres qui ne représentent rien, elle rappelle des actes et des époques qu'elle a intérêt à faire oublier, elle peut racheter son passé par son présent, en se rendant indispensable, par le dévouement à la chose publique ; le fera-t-elle? Que veut dire, par exemple, cette particule *de*, dont les nobles sont si fiers ? en réalité cela doit signifier que tel ou tel, par une action d'éclat, un service rendu, a mérité d'être distingué de ses concitoyens, le Peuple le comprend si bien ainsi, que lorsqu'il veut anoblir son élu il joint à son nom celui de la ville où il est né ! cet homme-là est bien autrement placé dans l'estime publique, au-dessus de ces familles héraldiques qui ne vivent que pour elles-mêmes.

M. Drumont parle *des grands noms de France*, comme s'ils n'avaient laissé que de bons exemples à suivre, lorsque la plupart se mettaient toujours avec le fort contre le faible.

Un exemple : Lorsque François Ier se faisait le bras séculier de l'inquisition (1), en donnant toute licence à ses ministres les cardinaux Duprat et de Tournon, pour torturer, tenailler et brûler pendant son règne ses malheureux sujets ; qui le soutenait dans ses iniquités ?.. n'était-ce pas sa noblesse qui

1. Ses courtisans l'appellent le restaurateur des lettres à cause du Collège de France qu'il a fondé pour imiter les Médicis. Il fut un persécuteur acharné des Savants dont plusieurs furent brûlés ; entre autres, Etienne Dolet. *L'inquisition depuis Saint-Louis a existé en France sous toutes les formes jusqu'en 1789!* seulement sa permanence sur les places publique *due à François Ier* a duré 37 ans! (*Histoire de Paris*, DULAURE, 2e vol.). Il abolit l'imprimerie par lettre patente du 13 janv. 1535 « défense de traduire la Bible en français » et ce monstre a eu des panégyristes !..

disait : « Jamais n'avait esté veu roi de France de « qui la noblesse s'esjouit tant » (Mémoires du chevalier Bayard). Anne de Montmorency, grand maréchal, qui ne savait pas lire et que ses officiers appelaient le capitaine *brule-banc* à cause de ses prouesses dans les temples protestants, qu'il brûlait avec rage. C'était un admirateur de François Ier.

Dans son traité sur ce sujet, *l'Éssénien Philon* d'Alexandrie (contemporain du Fils de Marie) dit : « On se gardera bien d'attacher la noblesse à « la parenté plutôt qu'à la droiture et à l'intelli- « gence. Ceux qui autoriseraient parmi nous une « pareille usurpation seraient les ennemis des Hu- « mains, en leur apprenant à se confier bien moins « à leurs propres vertus qu'à celle de leurs aïeux… (*Hist. de l doctrine de Jésus*, par SALVADOR).

— Il y a donc empêchement *dirimant* à ce qu'un homme soit noble, si par son propre mérite il n'a pas gagné cette distinction, s'il n'éprouve aucun besoin de se rendre utile et conserve le dédain de ses ancêtres pour l'étude et les gens de métiers.

Comment se passe d'ordinaire, le temps de ceux qui se croient nobles, parce que leurs pères portent *une oie ou un canard en champ de gueule ou de sable ;* ils vont à la chasse, font des dettes, dépensent leur fortune dans des orgies, font des émeutes au théâtre, comme un *Cadet-rousse*, et quand ils sont ruinés, se mettent à la recherche d'un M. Poirier quelconque et deviennent son gendre.

Toutes ces insanités disparaîtront le jour *où la noblesse des descendants sera abolie* pour être remplacée par la NOBLESSE PERSONNELLE, la seule vraie, parce qu'elle est logique.

Alors le noble fils des croisés, le fils à papa, sera obligé de gagner sa noblesse par son mérite et non par les merlettes de son écusson.

(P. 84.) Quant au baron Hirsch, s'il est vrai qu'il prend les capitaux français pour aller en Turquie fonder les chemins de fer ottomans avec des ouvriers allemands en affirmant « qu'il serait désolé « de voir des capitalistes français prendre la place « de la compagnie existante », si telles sont les opinions de ce monsieur, c'est qu'il est Allemand. On peut se demander ce que l'aristocratie française peut aller faire chez lui et ce que lui-même vient faire en France ?...

Nous ne comprenons pas davantage les braves gens exposés aux coups de fusils, et les recevant avec tant de complaisance des banquiers prussiens, qui ont loué les chasses de Meudon et de Versailles. Il serait facile de s'informer auprès de l'administration si en louant les bois de l'Etat aux étrangers, elle leur a donné en même temps le droit de tirer sur les passants et de tuer leur chien, comme c'est arrivé à Meudon. Dans tous les cas on doit se mettre en état de légitime défense.

(P. 105.) L'auteur de la *France Juive* ne se rend pas compte du motif de la déchéance de la noblesse à laquelle il paraît tenir énormément ; il ne faut pas oublier qu'au lieu de racheter par leur dévouement à la Patrie, les fautes et les crimes du passé, la noblesse féodale n'a fait que les aggraver en 1789—

1815-1832 et ne cesse de conspirer contre le Pays.

Il n'y a rien à attendre de l'aristocratie restée bigote, égoïste et mondaine, qui, en fait de science, en est encore à la *Cosmogonie de Moïse,* et de tolérance, à celle de l'inquisition contre Galilée, et ne connaît de la religion de son Dieu, que les erreurs introduites dans les évangiles par l'Eglise.

C'est aux Vrais Nobles restés fidèles à la Justice, qu'incombe la tâche d'effacer ces impressions fâcheuses, en travaillant franchement à l'union de tous les Français, et à ramener la noblesse au devoir patriotique qui leur rendra l'honneur et la considération.

Les Français ne demandent qu'à oublier les crimes des féodaux, et les nobles devraient se rappeler que si une Nation ne peut se passer de son Peuple qui fait sa gloire et sa prospérité, elle peut très bien se passer d'une noblesse de luxe qui ne lui serait d'aucune utilité, ou, comme celle d'aujourd'hui, deviendrait un danger, car cette même noblesse obtient par la faveur des postes importants dans tous les ministères ; si ses membres ne sont pas *toujours aptes* à remplir leur mandat, en revanche ils sont *souvent hostiles* au gouvernement. S'ils sont consuls, ils laisseront molester leurs concitoyens, dénigreront leur Patrie. S'ils sont ambassadeurs ils feront cause commune avec les cours étrangères contre la dignité de la Nation. Dans la période électorale, ils quitteront leur ambassade *avec l'effronterie féodale* qui les distingue et viendront voter contre le gouvernement de la

République qui les appointe. Puis ils font de riches mariages étrangers, pour obtenir une augmentation de titres et de fortune d'un gouvernement qui a ruiné leur Patrie. Que leur importe ! ils sont devenus princes ; *on les traite d'altesse* et leur fils devient filleul d'un empereur. Nous ne sommes plus en 1602 où la justice royale faisait tomber la tête de l'ancêtre comme criminel de haute trahison (1) ; avec la République si tolérante, on peut tout se permettre (jusqu'au quart d'heure de Rabelais) ; mais un gentilhomme beau ou laid ne pourrait plus à coups de cravache faire descendre du trottoir un ouvrier ou un bourgeois, en le traitant de manant, assez osé pour se trouver sur son passage !

(Même page.) « Pour les grands noms de France, c'est aller à la cour que d'aller chez M. de Rothschild. Le roi des juifs, le juif des rois n'est pas tout à fait Louis XIV ; mais ils ont l'illusion d'un palais. »

— La comparaison du riche banquier que M. Drumont fait avec le roi-soleil, est tout à l'avantage de M. de Rothschild dont la conscience est indemne des crimes monstrueux du roi jésuite. En vain les courtisans avec leur bassesse ordinaire ont-ils abusé de l'euphémisme pour déguiser les forfaits *du meurtrier des protestants.* La chronique de son époque, et les mémoires de Saint-Simon

1. On lit dans l'*Autorité* : « Le baptême du fils de S. A. le prince Gustave de Biron de Courlande Wartenberg a été célébré hier à Berlin 13 janvier 1887 en présence de l'empereur Guillaume, parrain du nouveau-né. S. A. le prince de Biron avait épousé en 1883 la princesse Adèle, fille du prince Guillaume de Lowenstein Vertheim-Frendenberg.

ont dépouillé l'idole de ses oripeaux de comédien, les dilapidations de ce royal *poseur* sont assez connues ; ce qui ne l'est pas autant, c'était *sa prétention à la propriété* de ce que possédaient ses contribuables, *et sa responsabilité dans l'agiotage* des financiers de son époque, auxquels son amour de luxe effréné et de fêtes insensées, le força d'avoir recours si souvent et donna lieu à tant de fraudes et d'exactions. Quant à sa générosité que ses panégyristes essayaient d'accréditer on en connaît la valeur ; s'il payait des pensions aux artistes étrangers (1) *par orgueil*, s'il prodiguait l'or et les bijoux à ses maîtresses, s'il donnait parfois jusqu'à quatre cent mille francs à un courtisan pour une flatterie, il donna plus d'une preuve d'ingratitude en laissant dans la plus grande misère ses plus fidèles serviteurs (2).

« Ce prince, dit Saint-Simon, aima en tout la

---

1. Au bibliothécaire du Vatican, *Alacci-Vossius*, historiographe des provinces unies. — Au Danois *Roëmer*. — Au Hollandais *Huygens*. — A *Viviani*, célèbre mathématicien de Florence, etc.

2. M. *de Laubani*, lieutenant-général et gouverneur de Landau, qu'il défendit avec une intrépidité et une vaillance inouïes, assiégé qu'il était par la puissante armée du roi des Romains ; il résista deux mois, fut blessé à la poitrine par une bombe qui le couvrit de terre et de pierres, il en perdit la vue. De retour à Paris dans un état de dénûment complet, il fit faire un mémoire relatant ses services et parvint non sans peine auprès du duc de Bourgogne qui le présenta au roi et lui donna connaissance des faits. En terminant la jeune prince était bon, il dit au roi : « Sire, voilà un pauvre aveugle qui a besoin d'un bâton. » Mais le roi-soleil, ce généreux monarque qui donnait 400 mille francs pour un compliment, ne trouva pas une parole à répondre. M. de Laubani, frappé au cœur par ce silence, rentrait chez lui, et peu de jours après mourait de chagrin ! (*Chroniques de l'œil-de-bœuf*) TOUCHARD-LAFOSSE.

« splendeur, la profusion... C'était lui plaire que de s'y jeter en table, en habits, en équipages, en bâtiments, en jeu, c'étaient des occasions pour qu'il parlât aux gens. »

« C'est une plaie qui, une fois introduite, est devenue le cancer intérieur qui ronge tous les particuliers, qui force ceux d'un Etat à pouvoir voler, *à ne pas s'y épargner.* »

— Au sujet de l'impôt du dixième que ce *roi désastre* imposa aux citoyens déjà si épuisés, avec l'approbation des docteurs de Sorbonne et de son confesseur, il se décida à prendre (à voler, il faut dire) une notable partie des biens de ses sujets en créant l'impôt du dixième, croyant faire une grâce de ne pas tout prendre puisque d'après le nouveau droit qu'il venait de se fabriquer, tout lui appartenait.

« Ainsi fut bâclée cette sanglante affaire... parmi les sanglots suffoqués du public, les plus pitoyables plaintes... la levée et le produit n'en furent pas tels, à beaucoup près, qu'on se l'était figuré « dans ce *bureau d'anthropophages* (1). » — C'était l'inquisition sur les valeurs possédées !..

« Les seuls financiers s'en sauvèrent par leurs portefeuilles inconnus et par la protection de leurs *semblables devenus les maîtres de tous les biens des Français* de tous les ordres (2). »

1. Il se composait du roi, du duc de Bourgogne, du chancelier, du duc de Beauvilliers, chef du Conseil des finances, du contrôleur général Desmarets, de deux conseillers d'Etat, Pelletier, de Sousy (SAINT-SIMON.)
2. Saint-Simon trouvait injuste que les valeurs mobilières

— Ce prétendu grand roi avait le culte de lui-même et sacrifiait tout à sa gloriole; il fit une foule de guerres injustes qui ruinèrent l'État et ses coffres se trouvaient vides au moment où toutes les puissances irritées par les fanfaronnades de Louis XIV, se coalisaient contre la France. Le Peuple mourait de faim, les armées aux frontières manquaient de munitions : tels étaient les beaux résultats de la politique du roi-soleil !

Dans cette situation critique la bourgeoisie française s'épuisa pour la Patrie... La noblesse apporta ses bijoux, le grand roi, cause de tous les désastres, daigna manger dans des couverts de bois pour se rendre intéressant et stimuler la générosité de la Nation; tous les efforts des Citoyens ne purent parvenir à refaire le capital que *la goule royale avait englouti*. Les banquiers n'étant pas remboursés de leurs avances ne voulaient plus rien prêter.

Samuel Bernhard, le Rothschild de cette époque, avait résisté à toutes les instances de Desmarets, ministre des finances Lorsque ce dernier eut une idée lumineuse qu'il communiqua au grand roi, puis il écrivit à Samuel Bernhard de venir le voir à Marly. Samuel se rendit à son invitation ; le roi survint, salua le banquier avec une bienveillance qui cachait le piège, l'engagea à sa promenade pour lui faire voir les jardins, déploya toutes ses grâces

qui n'ont pas cessé aujourd'hui de faire loi à tout le monde ne payassent pas d'impôts. Le chancelier Daguesseau en dit autant. Peut-être ceux qui préparent en ce moment une loi pour atteindre un peu la richesse mobilière ne connaissent-ils pas ces grands auxiliaires (OSCAR DE VALLÉE. *Les Manieurs d'argent*. 1857).

pour charmer l'honnête Israélite qui resta confondu de tant d'amabilité (au grand scandale des courtisans, qui partageaient à l'endroit des Juifs les mêmes préjugés que M. Drumont). Lorsque le grand roi eut dépensé toutes ces gracieusetés, il prit congé de son hôte, aussitôt rejoint par l'habile ministre qui renouvela la demande de subsides. Samuel, encore sous l'impression de l'accueil royal, répondit : « Allons, j'aime mieux risquer « ma ruine que de laisser dans l'embarras un « prince qui m'a fait tant d'honneur ». Et le brave homme prêta ce qu'on lui demandait.

En dehors de l'Eglise et malgré elle, le Peuple s'est considérablement amélioré, les Laïques, les bourgeois sortis de ses entrailles, ont eu l'intuition de la Vraie Morale, on les voit sans cesse à travers les âges réclamer des réformes, malgré le danger de demander quelques choses aux papes (1).

Les hommes de science et de travail ont fait marcher l'industrie, les arts et le commerce, les voies de communication se sont multipliées, toutes

1. 708. L'Archevêque de Ravennes ayant refusé de payer une somme d'argent que le pape Constantin exigeait de lui sans aucun droit ce dernier lui fit crever les yeux ! (Extrait de Théodoric de Niem, par Mathias Flaccus, qui fut secrétaire de plusieurs papes, lire l'*Hist. des papes*, par LAVICOMTERIE (1792).

1404. Le pape Innocent VII. aidé de son neveu, fit jeter par les fenêtres 11 délégués de Rome, qui étaient venus le prier de faire cesser le schisme qu'avait fait naître son élection et celle de Boniface IX son concurrent, ce qui avait occasionné des guerres affreuses dans l'empire. Cet indigne pape, malgré la promesse solennelle de se retirer, préféra se parjurer, il fut chassé avec son neveu par le Peuple indigné ; mais ses complices n'en continuèrent pas moins les massacres !... *Le même.*

choses réprouvées par l'Eglise (qui anathématisait les chemins de fer après avoir excommunié la Science).

Si le Peuple s'est civilisé grâce à ses fils intelligents, il n'en a pas été de même de la noblesse élevée par le clergé, elle est restée *catholique et féodale*, regardant le travail comme une déchéance.

(P. 112.) L'auteur de la *France Juive* compare les noms français avec les noms allemands qui figurent sur l'*Album* du château de Ferrière.

« Souvenir de la charmante journée du 16 décembre 1862.

« Napoléon. »

Et plus bas :

« Souvenir d'amitié pour la charmante hospitalité du baron et de la baronne de Rothschild.

« 20 novembre 1866.

« Mathilde. »

« Et brusquement à la page suivante, un nom en gros caractères :

Willem, 21 septembre 1870.

« Bismarck et de Moltke ont signé après lui.

(P. 115.) « Les allemands qui figurent dans ce « registre sont entrés là par la force en vertu du « droit de la guerre (1), non en invités, mais en

---

1. Le droit de la guerre n'existe pas dans la *Loi humaine*. La guerre défensive est seule légitime et glorieuse. Le roi Guillaume avait dit qu'il ne ferait pas la guerre à la France, parole de roi !...

« victorieux, ils ont trinqué, non aux grâces de la
« baronne ; mais à leur vaillant empereur, leur
« seul maître après Dieu ».

— *Jésus l'Essénien* a dit : « Il n'y aura point de
maître parmi vous ! » Et l'Eglise enseigne un droit
divin qui n'est que le droit du plus fort pour voler
et pour abuser des situations ; c'est une preuve de
plus que la religion de son Christ n'a jamais été
mise en pratique par ceux qui feignent le plus de
la revendiquer, pour n'en être que les plus tran-
quilles exploiteurs. Car la guerre, ce *crime* abominable qui les résume tous, est condamnée par LA
LOI DIVINE ET HUMAINE ! L'expiation pèse aussi bien
sur ceux qui font la guerre que sur ceux qui la fa-
vorisent en ne l'empêchant pas !

(Même page.) « Histoire qu'on raconte au mo-
« ment de l'arrivée des Français : l'électeur de
« Hesse confia 5 millions à Anselme Meyer de
« Rothschild qui les lui a rendus » (1).

— M. Drumont trouve cette restitution si simple
qu'il s'étonne qu'elle soit remarquée, nous pourrions citer plus d'un exemple où la probité fit
complètement défaut aux princes comme à la noblesse, entre autres :

Charles VII dans sa pénurie eut souvent recours
à l'obligeance de Jacques Cœur qu'il nomma son
argentier. En dernier lieu, pour conquérir la Normandie il lui emprunta deux cent mille écus d'or

Les princes font la guerre et ce sont toujours les Peuples qui sont
les victimes !...

1. Cela se passait sous le premier empire.

et usa d'un moyen bien simple pour s'acquitter envers lui.

Il fut envoyé en mission à Lausanne pour faire cesser le schisme du pape Félix V.

Pendant son absence, Charles VII fit saisir tous ses biens et son immense fortune qu'il partagea avec ses courtisans (1) ; et sous l'accusation de crimes imaginaires, ce prince d'une probité plus que douteuse fit arrêter à son retour Jacques Cœur, qui fut jeté en prison et condamné à mort, à faire amende honorable et à payer quatre cent mille écus d'or, après avoir été ruiné par le roi !

Les historiens de cette époque, toujours à plat ventre devant les iniquités royales, quand ils ne peuvent les cacher entièrement, les atténuent le plus qu'ils peuvent « le roi avait cédé aux conseils d'avides courtisans » qui avaient pris part à la curée. L'improbité royale n'en est pas moins avérée et le procédé abominable (2).

— Autre exemple : François Ier voulant faire fondre des canons, emprunta à la ville de Paris en 1533 *une des granges* que la ville avait fait bâtir au quartier qui se nommait autrefois le Champ-au-Plâtre (aujourd'hui l'Arsenal)

---

1. Ce fut la 2me édition de la spoliation royal de Philippe le Bel à l'égard des Templiers (voir le ch. IV.)

2. Jacques Cœur était le plus grand négociant de l'époque, d'une capacité hors ligne. Il faisait le commerce en Orient avec les Turcs, les Persans. En Afrique avec les Sarrazins, armant des galères et possédant trois cents facteurs. Jacques Cœur parvint à se sauver et vint à Rome où Calixte III lui confia le commandement d'une flotte contre les Turcs ; mais il mourut dans l'expédition (*Dictionnaire* de DÉCEMBRE ALONNIER).

avec promesse de la rendre dès que la fonte serait achevée, puis sous prétexte d'accélérer le travail, il en emprunta une seconde, puis une troisième avec les mêmes promesses et finit par garder les granges sans indemniser personne, n'ayant aucun souci de sa parole royale.

La conclusion c'est que tous ceux pour qui la probité est une vertu, préféreront celle de M. Anselme de Rothschild à celle de Charles VII et de François Ier (1) (*Hist. de Paris*, par DULAURE).

(P. 127.) Si dans les souscriptions pour les malheureuses victimes des désastres, il se trouve des hommes assez infâmes, pour spéculer sur les inondations, les incendies, les tremblements de terre, et *voler les malheureux sinistrés*, ces hommes sans conscience doivent être recherchés, démasqués et flétris comme de méprisables scélérats ; car ces malfaiteurs ne volent pas seulement le pauvre dans le présent, *mais ils détournent la charité de l'avenir*. Et pour notre part nous connaissons nombre de personnes généreuses, qui se sont abstenues de souscrire pour les désastres *de Menton*, et de *l'Opéra-Comique*, depuis les révélations de M. Drumont ; ne voulant plus être dupes des comités de souscription, qui font monter les frais de bureau de manière à stériliser tous les sacrifices

1. Les panégyristes de ce royal poseur ont en beau jeu pour le louanger au sujet de la magnifique réception qu'il fit à son dur geôlier Charles-Quint lorsqu'il l'autorisa à traverser la France quand il allait châtier le Peuple des Pays-Bas coupable de ne pas aimer l'inquisition et de ne pouvoir payer les lourds impôts dont il l'écrasait.

qu'on pourrait faire, elles ont préféré envoyer leurs offrandes à des amis de la localité chargés de les remettre aux plus nécessiteux.

(P. 143.) « Les Chaulnes, les Chenevières, les « Savants, etc., ont apporté dans l'œuvre des arts « décoratifs le concours de leur dévouement... se « trouvant ainsi avoir contribué à répandre dans « les masses des publications non point immorales, « car rien n'est plus pur et plus élevé que la morale « de *ces manuels de confesseurs* ; mais dangereux à « mettre aux mains de jeunes filles ou d'enfants ». — M. Drumont est trop indulgent pour ces livres.

L'infortuné Léo Taxil, avant d'être hypnotisé par l'Eglise, avait publié ce Manuel DES CONFESSEURS *dans l'intérêt des pères de familles,* afin de leur ouvrir les yeux sur le danger de confier leurs enfants à des hommes capables d'étudier de pareilles insanités. M. Drumont sans doute ne les a pas lus pour dire que ces livres *obscènes* « contiennent « une morale pure, élevée »; — c'est comme si nous disions que le Saint-Office est une institution pleine de douceur, que ses bûchers sont des lits de roses, etc.

Les *livres secrets* des confesseurs ne sont que des cours de luxures, et lorsqu'on songe que ces impuretés ont été l'objet de longues méditations des casuistes, évêques et jésuites, on ne doit plus s'étonner que la plupart des confesseurs pervertissent leurs pénitentes jeunes filles ou Femmes mariées.

Plutôt que d'obliger les jeunes prêtres à barboter *dans le bourbier immonde des livres secrets*, le pape ferait mieux de s'en tenir à l'abolition de la confession prononcée par les évêques métropolitains de Constantinople, Nicaise et saint Jean-Chrysostome « comme chose immorale et scandaleuse ». Pourquoi les papes l'ont-ils rétablie au treizième siècle ?... Les actes du clergé nous répondent : — C'était une question de commerce et de bénéfices à réaliser pour l'Eglise !

(P. 171.) Nous aimons mieux voir l'auteur de la *France Juive* convenir de l'inutilité du clergé à la moralisation de la société ; de ce côté la conviction des nôtres est plus accentuée, car ils affirment et prouvent qu'en éducation morale et religieuse, il n'est aucun enseignement plus *nuisible* que celui de l'Eglise catholique :

(Même page.) M. Drumont dit :

« Les curés des paroisses riches ne veulent point qu'on parle chez eux des cercles, des courses, des excentricités de toilette ; hommes de bonne compagnie pour la plupart, d'une irréprochable conduite — (qu'en sait-il ?) » ils sont reçus avec égards dans des maisons où la chair est bonne, et c'est la chaire chrétienne qui doit répondre à son tour par des ménagements aux politesses dont ils ont été l'objet. »

On ne peut pas dire en meilleurs termes qu'il est toujours avec le prêtre des accommodements, autorisés par les papes.

Et ce qui prouve que la morale et les grandes pensées n'entrent pour rien dans l'éducation que les filles reçoivent au confessional, c'est la conversation rapportée par **M. Drumont** entre les dames pieuses et leurs couturières chez lesquelles elles vont essayer les nouvelles modes, mêlant « leurs lamentations sur les pauvres enfants abandonnés, les malheurs du temps, la légèreté des mœurs, etc. » — avec les recommandations sur les soins à apporter à la forme d'une robe, le semis de roses qui doit l'orner, et le maintien de la quille du jupon, etc.

— A cela on peut répondre qu'il ne faut pas juger les Femmes sur l'échantillon catholique que l'Eglise confectionne pour s'en faire de précieux auxiliaires.

CHAPITRE XV

LA FEMME

Sommaire. — La Femme et ses détracteurs — L'abbé Châtel; M. Legouvé. — Mlle Hubertine Auclert. — La Citoyenne Rouzade — Mlle Maria Derais mes Les Femmes décorées. — Mme Furtado-Heine ; — un exemple à suivre. Société d'Alsace-Lorraine. — La Société boiteuse. — La Femme la redressa — la Revanche de la France. — Responsabilité des éducateurs religieux. — Tolérance incompréhensible pour les malfaiteurs. — La mendicité interdite aux Laïques, permise aux ca.tes cléricales. — Cupidité du clergé catholique — Misère et suicide.

(P. 175.) « Ce qui est le plus inquiétant que tout le reste, c'est l'abaissement de la Femme française, » dit M. Drumont.

— Nous avouons ne pas comprendre, car la Femme française loin d'être abaissée est à la veille de conquérir la place à laquelle elle a droit.

Persister à inférioriser la Femme, lorsque c'est elle qui fait la première éducation de l'homme, ce serait vouloir maintenir le monde sous le règne

de la force brutale qui éternise les guerres de conquêtes.

La plupart des grands hommes n'ont dû leur
illustration qu'à leurs Mères !

Malgré l'ignorance où certaines familles, même
de nos jours, voudraient la maintenir, peu à peu
elle se dégage des entraves, et bientôt, l'instruction aidant, nous la verrons telle qu'elle doit être.
M. Drumont peut se rassurer, *car cet idéal est
en voie de formation.* Dans tous les Pays, les gens
de cœur et d'intelligence forment des sociétés
pour réclamer les droits de la Femme.

Un grand nombre de personnes honorables
s'occupent de cette question nous en indiquerons
quelques-unes (1).

Parmi les défenseurs de la Femme nous trouvons un noble ecclésiastique que l'Eglise n'a pu
corrompre ; mais qu'elle a persécuté sous toutes
les formes.

Le primat de l'Église Française, le très digne
abbé Châtel, en parlant de la Femme, disait :
« Parmi les ouvrages de Dieu, l'un des plus beaux,
« des plus admirables, c'est la Femme !... O
« Femme ! que ton ministère est grand. Après Dieu

1. « En dépit du prêtre et du législateur insensé, qui par un
« égoïste orgueil, en ont fait une mineure vis-à-vis de la loi faite
« par les hommes où ils sont juges et partie ; tant que durera
« cette iniquité, le Genre humain sera condamné à tourner dans le
« cercle vicieux de ses deux poids et de ses deux morales, jusqu'au
« jour où il reconnaîtra son crime contre la Femme D'OU DÉPEND
« L'AVENIR DU MONDE !... »

RAÏME, *Le Clergé jugé par lui-même,* page 24 (Edit. *Décembre
Alonnier*).

« tu es notre force, notre soutien, notre protec-
« tion... Tu es notre providence sur la terre. Pro-
« vidence de l'enfance, Providence de l'âge mûr,
« Providence de la vieillesse... Et terminait
« ainsi :

Mes frères,

« En faisant l'éloge de la Femme, nous n'avons
« pas prétendu louer cette moitié de l'humanité
« pour ravaler l'autre moitié qui est l'homme. A
« Dieu ne plaise ! Nous avons voulu détruire un
« préjugé qui existe contre la Femme, et qui fait de
« celle-ci, la servante de l'homme et non sa com-
« pagne. Puissions-nous avoir fait comprendre que
« la Femme n'a pas seulement des devoirs à remplir
« dans la société ; mais qu'elle a aussi des droits
« ayant comme l'homme l'intelligence, la force
« morale au service de l'Humanité.

« C'est parce qu'on a, méconnu la valeur de la
Femme, négligé de la cultiver par l'éducation, que
la guerre fratricide a régné parmi les enfants de
Dieu. Laissez prendre à la Femme son essor et son
développement selon la loi divine, et la force brutale vaincue, domptée à tout jamais par la Femme
ange et amour de l'Humanité, et nous aurons parmi
nous une éternelle paix ! »

L'abbé CHATEL
(Sermon à l'Eglise Française en 1848.)

M. Legouvé, en 1864, dans une de ses conférences
sur la Femme, faisait une peinture douloureuse de

sa situation dans le monde, et disait : « Qu'est-ce
« que le droit sans le devoir, et qu'est-ce que le
« devoir sans droit, sans l'amour, et qu'est-ce que
« l'amour, sinon l'âme même de la Femme :

« *Que cette âme soit donc mêlée tout entière à*
« *la vie de la France, qu'elle vivifie la famille,*
« *qu'elle circule dans la société, qu'elle pénètre nos*
conseils publics, qu'elle attendrisse, qu'elle recon-
cilie (p. 65).

De leur côté, les Femmes ne sont pas restées
indifférentes à leurs droits ; nous regrettons ne
pouvoir citer toutes celles qui se distinguent dans
le journalisme comme à la tribune, ni mentionner
toutes les sociétés qu'elles ont fondées dans la
résolution de revendiquer leurs droits

La Société des droits de la Femme, fondée par
Mlle Hubertine Auclert en 1876, a jeté une grande
lumière sur cette question, que des esprits à
courte vue cherchent à embrouiller et à ridiculi-
ser. Elle n'en a pas moins persévéré dans sa
route, tenant d'une main ferme le drapeau de la
revendication des droits de la Femme dans son
journal plein d'intérêt *la Citoyenne.*

Nous lisons dans son programme ces lignes :
« Dans la phase difficile que traverse notre Pays,
« il ne faut pas plus garder d'ennemis au foyer
« que dans la cité, et il y aurait un péril grave
« à ne pas intéresser la Femme aux choses
« sérieuses.

« *Ce n'est pas un être matériellement et intellec-*
« *tuellement formé par une créature courbée, asser-*

« *vie, qui pourra en temps d'oppression secouer le*
« *joug de la force !* »

— Paroles remarquables que tout le passé con-
firme et que doivent méditer les orgueilleux
insensés qui persistent à mettre la force au-dessus
du Droit...

« Nous avons à reprendre notre place à la tête
« des Nations, nous avons à regénérer, il faut qu'à
« l'avilissante période de l'empire succède une
« ère vivifiante de liberté, de virilité, de civisme.
« La Femme, bien plus que l'homme, a la possi-
« bilité de faire passer toutes ces vertus dans
« nos mœurs, d'en imprégner la génération pré-
« sente, de les infuser avec la vie dans les généra-
« tions à venir. C'est sur elle que s'est appuyé
« le *jésuitisme* pour nous enfermer dans son réseau
« de servitude et de superstition. C'est d'Elle, qu'à
« leur tour, les Républicains doivent savoir faire
« un puissant instrument de progrès pour conduire
« le Monde à ses destinées nouvelles (1). » — On
ne saurait mieux dire.

— Mme Louise Kopp dans son remarquable
journal *la Femme et l'Enfant*, est superbe d'élan et
d'énergie ; on sent que son cœur guide sa plume.

« Une Femme des plus distinguées, Mme Clé
« mence Royer, porte avec beaucoup d'aisance un
« savoir véritable et étendu (2). »

— *Dans la société des Femmes.* La Citoyenne

1. Méconnues d'une société aussi cléricale qu'impuissante à rien
moraliser.

2. *Journal d'un philosophe,* p. 249, LUCIEN ARRÉAT.

Rouzade en a développé le programme à la salle d'Arras en 1880, nous avons surtout remarqué ces paroles.

— « Il n'y a plus guère que les réactionnaires, « les cléricaux et leurs valets qui osent encore « railler la Femme lorsqu'elle s'occupe des lois qui « la gouvernent... »

— Et plus loin. « Pour accomplir l'immense « réforme qui s'impose à la conscience moderne, « il faut que les Citoyennes se lèvent et s'unissent « pour repousser la féodalité financière qui a rem- « placé la féodalité guerrière, en écartant ces « hommes que leur propre cerveau ni les leçons « de l'histoire, ni le tableau des misères sociales « n'ont pu rendre humains ni faire progresser. Ils « ont l'immobilité que le courant entraîne forcé- « ment. »

— Mlle Eugénie Cheminat dans la *Tribune des femmes* n'était pas moins dévouée à cette cause d'où dépend l'avenir de la société.

Mme Louise Kopp soutient cette revendication dans son journal *la Femme et l'enfant* avec autant de talent que d'energie.

Pour achever d'édifier M. Drumont sur la valeur de la Femme Française nous voudrions le voir assister aux conférence de Mlle Maria Deraismes, au milieu des Femmes distinguées qui l'entourent; en attendant qu'il s'y transporte, nous lui citerons quelques passages du magnifique discours qu'elle fit au Pecq à l'inauguration du buste de la République (1).

1. Par Jacques France, le 14 juillet 1882.

« Toutes les fois qu'il s'agit de personnifier
« artistiquement un grand sentiment, on emprunte
« de préférence à tout autre la forme féminine, la
« considérant comme la plus propre à exprimer
« avec le plus de pureté et d'élévation le sublime,
« l'idéal. Eh bien ! par une contradiction étrange,
« cette Femme qui figure *la Justice*, n'obtient pas la
« Justice, cette Femme qui figure la *Liberté* ne
« jouit point de liberté, cette Femme qui figure *la*
« *loi*, a contre elle la loi !

— Après avoir cité les Femmes qui ont rayonné
« en France par le triple éclat du talent, de la
« vertu et de l'héroïsme, » Mlle Deraismes dit :

« Et cependant les Femmes sont encore en
« tutelle ! »

« Et c'est pour cela qu'aujourd'hui nous vou-
« lons reprendre la tradition révolutionnaire, con-
« tinuer l'œuvre d'affranchissement. Le dix-hui-
« tième siècle s'est arrêté à l'homme, il en a fait
« le citoyen. Le dix-neuvième ira jusqu'à la
« Femme et la proclamera Citoyenne. »

« Deux questions se dressent devant nous, et elles
« sont insolubles sans le concours de la Femme.

« Or la question politique est intimement liée
« à la question cléricale. N'est-ce pas la doctrine
« religieuse qui se charge de fournir aux sociétés
« comme aux individus un principe de direction,
« une règle de conduite. Telle croyance, tel
« système de gouvernement.

« Quand la femme aura pris la place que lui a
« assignée la nature, vous aurez de fortes chances

« pour assurer à l'édifice Républicain le durée et
« l'indestructibilité ! » — Vive la République !
(Tonnerre d'applaudissements).

« On aurait pu espérer, dit M. Drumont, qu'après
« la guerre il se serait formé un groupe de Fran-
« çaises pour relever les cœurs et réveiller le désir
« des nobles actions. »

— Nous nous étonnons de ce qu'il n'avait pas
connaissance des groupes que nous venons d'indiquer, sans parler d'une foule d'autres qui se
tiennent en famille... Et quelle plus belle action
que celle de ces groupes dont le but est de redresser
sur ses pieds une société inconséquente, en faisant
reconnaître les droits de la Femme ! Non, il n'est pas
d'action plus élevée, puisque l'Humanité, au point de
vue physique, moral et même intellectuel, dépend
des soins physiques, moraux et intellectuels que la
Femme peut donner à l'enfant. Continuer à inférioriser la Femme, c'est ne pas vouloir sortir des
brutalités féroces du moyen âge si cher à l'église
et aux tyrans.

Après tant de siècles de fanatisme, de jésuitisme et d'hypocrisie, il est même extraordinaire que la femme ait conservé sa franchise et ses
intuitions natives, pour supporter les épreuves de
la vie, et surmonter les difficultés de sa route
intellectuelle. C'est ainsi qu'on la voit s'affirmer
dans les lettres, les arts et l'industrie. Pendant les
guerres et les épidémies elle se prodigue sur les
champs de batailles, aux ambulances pour soigner
les blessés. On se souvient du courageux dévoue-

ment des Dames de France pendant le siège de Paris en 1870.

Dans toutes les circonstances, elle a fait preuve d'un courage héroïque. Nous avons sous les yeux, une liste de vingt-deux Femmes décorées de la Légion d'honneur dont *une dizaine de bonnes Religieuses* ; les autres sont de braves militaires qui ont rudement gagné leurs grades sur les champs de batailles, à l'exception de Mlle Juliette Dodu. qui, en 1870, sans avoir été soldat, n'en sauva pas moins un corps d'armée, en portant au péril de sa vie une dépêche au sous-préfet de Pithiviers que celui-ci envoya au général français.

La liste des Femmes de talents étant trop longue, nous citerons Mme Juliette Adam dont les articles remarquables sont écrits de main de maître dans la *Revue Nouvelle* qu'elle dirige si habilement et — Mlle Rosa Bonheur, peintre célèbre, est décorée sous l'empire.

Pour achever cette liste d'héroïsme chevaleresque, nous lisons dans le *Monde illustré* du 30 juillet 1887, que le gouvernement venait de décorer Mme *Furtado-Heine*, afin de récompenser l'inépuisable charité qu'elle consacre avec autant de zèle que d'intelligence, au soulagement des misères et des infirmités qui sollicitent sa compassion.

Mme Furtado-Heine a non seulement dépensé quatre millions pour le dispensaire qu'elle a créé à Montrouge pour de jeunes aveugles ; mais elle a participé à son installation et à son organisation, déployant toutes les qualités spéciales des infirmières et] le dévouement des sœurs de charité.

La bienfaisance de cette noble Dame, qui tient à la fois de la Providence et de l'Ange consolateur, n'a rien de commun avec *celle* de certaines dames de charité catholiques dirigées par l'église (1).

Mme Furtado-Heine est israélite et ne s'inquiète pas du culte de ceux qu'elle soulage !... Puisse ce bon exemple être suivi!

Nous sommes heureux de constater qu'en dehors des dames de charité attachées au clergé, il existe un grand nombre de dames catholiques, qui ont assez d'énergie et de raison pour ne pas subir le joug du prêtre, lorsqu'il s'agit de venir en aide aux frères déshérités. Nous citerons encore :

La Société des Dames de France, pour les secours aux Militaires.

La Société d'Alsace-Lorraine, cette dernière présidée par Mme Kestner et Mmes Jean Dolfus et Floquet, dont le comité se compose de trente dames dévouées à cette œuvre de bienfaisance.

Eu égard à l'iniquité du prêtre et du législateur

1. Un fait entre mille, qui s'est passé à Chollet, septembre 1887: Une pauvre femme n'ayant pour faire vivre ses enfants, que le maigre salaire de son ma·i tombé malade, alla solliciter d'une dame de charité un secours. La dame catholique lui refusa en apprenant que ses enfants allaient à l'école laïque, lui disant qu'elle ne pouvait rien, à moins qu'elle voulut bien « aller de sa part « trouver la supérieure pour faire inscrire ses enfants à l'école « congréganiste et lui rapporter le certificat d'inscription ».

Ce que l'infortunée fut obligée du faire. Elle pleura!... Mais il fallait du pain pour ses enfants... Et le clergé ose se dire persécuté quand il dispose si arbitrairement des fonds qui lui sont confiés pour soulager *toutes les misères sans distinction de culte.*

pour inférioriser la Femme, elle a toujours été supérieure à l'homme qui, s'il eût été tenu comme elle, dans l'éloignement de toute instruction, serait tout à fait tombé dans l'état d'insensé, tandis que la Femme s'est montrée à toutes les époques de l'histoire digne du rang qu'on lui refuse.

Il ne faudrait pas s'arrêter à la surface, mais juger d'ensemble et à ce point de vue, la Femme du dix-neuvième siècle bien loin d'être restée indifférente au progrès se prépare à régénérer le Monde en écrasant la tête du serpent.. clérical.

Au moment où nous écrivions ces lignes, nous apprenions la mort d'une Femme de bien qui, par sa générosité surpasse les souverains de toutes les dynasties.

Mme Boucicaut, morte à Cannes, a donné une leçon de générosité à tous les princes ainsi qu'aux riches, qui la plupart ne savent à quoi employer leur vie inutile, sensuelle, paresseuse et ne font rien de ce qu'il faudrait pour entretenir l'entente cordiale dans la Société.

Le testament de Mme Boucicaut restera comme le document le plus remarquable de la Justice, du Dévoûment et de la Solidarité de cette Femme de cœur et de prévoyance.

Le testament de Mme Boucicaut contient pour ses employés et ouvriers 16 millions de legs. En outre, 100.000 francs pour une maison de repos et de convalescence pour ses employés :

1 million pour une institution des jeunes ouvriers de l'œuvre de Saint-Nicolas ;

500.000 francs aux jeunes ouvrières dites économes ;

100.000 francs aux inventeurs ;

300.000 francs à divers bureaux de bienfaisance ;

100.000 francs aux artistes dramatiques ;

200.000 francs aux bureaux de Paris ;

600.000 francs à diverses associations d'artistes ;

600.000 francs pour une maison de retraite à Fontenay-aux-Roses ;

600.000 francs à un hospice de vieillards et un ouvroir de jeunes filles, etc., montant à 12 millions total : 28 millions, sans oublier sa famille et ses amis ; le reste de sa fortune va à l'Assistance publique de Paris à charge d'y construire un hôpital.

Combien de banquiers, de grands seigneurs richissimes n'ont rien laissé pour les déshérités. Il est question de lui ériger une statue. Ce sera justice !

Nous sommes heureux de constater que les craintes de M. Drumont sur les Femmes sont chimériques ; elle s'affirment chaque jour davantage par leur énergique dévoûment, leur intelligence et leurs capacités, et mettront bientôt la Société en demeure de choisir entre l'esclave ou la compagne.

La Femme inconnue jusqu'à ce jour arrivera quand même à son but ; si l'on repousse le règne de la Femme vertueuse on sera courbé sous le joug de la courtisane, et la Société ébranlée ne retrouvera son équilibre que le jour où la Femme et l'homme seront égaux devant la Loi, le Droit et le Devoir !

(P. 255.) La France a contribué à l'affranchissement de l'Amérique et de l'Italie ; aujourd'hui. elle lutte pour le règne de la JUSTICE dans l'Humanité et veut *sa revanche*.

Un écrivain remarquable en a tracé le programme et nous voulons *tout ce qu'il revendique!*..

« La revanche de la France contre la Prusse, dit M. de Pompéry, doit être la revanche de la Civilisation contre la barbarie. Du sentiment de l'avenir, contre l'instinct de la tradition féodale. De l'esprit de Justice, contre l'esprit de conquête et d'oppression. De la fraternité des Peuples, contre l'alliance des rois ; de la paix et de l'industrie contre les horribles conséquences de la guerre !

« Il a été dans la destinée de la France d'être une Initiatrice vis-à-vis des autres Peuples. Comme tous les initiateurs, la France a payé cher cette glorieuse mission. Espérons qu'elle est encore appelée à donner au monde un grand exemple, celui d'une Nation qui a conscience de l'avenir de paix, de travail, de Justice, de fraternité qui sera un jour le partage du genre humain ! »

(P. 262.) « On se demande, dit M. Drumont, comment tient encore cette société où l'égoïsme, la vanité sotte, l'amour du plaisir, l'absence de tout sentiment de dévoûment, de toute pensée de sacrifice, et de tout instinct même de conservation, sont en haut, où la haine et l'envie sont en bas. »

— Mais sur qui faire retomber la responsabilité de cet état de choses, si ce n'est sur la « *sotte vanité* » de l'église éducatrice exclusive de la société réactionnaire, que dépeint avec tant de talent M. Drumont. Est-ce que le clergé ne donne pas chaque jour *à ses ouailles*, l'exemple scandaleux de son *égoïsme* et de sa *cupidité* qui lui ôte jusqu'au sentiment de sa propre dignité. Chercher « *le dévoûment, le sacrifice* » parmi *les prétendus seigneurs du vatican*, ce serait vouloir trouver de la farine dans un sac à charbon. Dans ce qu'ils appellent le bas clergé ; il s'en trouve qui ont résisté à la corruption féodale des prélats ; mais ils sont rares, et en raison de leur situation infime dans la hiérarchie de l'église impériale de Constantin, ils n'auraient aucune influence pour améliorer quoi que ce soit, heureusement que : « *En dehors de cette église est le salut* » !

(P. 275.) — Encore *les souteneurs* (1)... Ce qu'il y a de remarquable et de peu consolant, c'est que depuis le vote de la loi du jeune Waldeck-Rousseau sur les récidivistes, jamais les voleurs et les assassins n'ont été plus triomphants dans leurs sinistres besognes, bravant plus que jamais la police qui pour eux est pourtant si pleine de mansuétude, les meilleurs de ses agents sont blessés et tués par ses forcenés, pour qui la magistrature est

---

1. Dans une société civilisée, le souteneur est la lie du globe. Tout homme paresseux vivant aux dépens de la femme, est un être abject digne du mépris public ; mais le souteneur qui fait métier de vivre de la prostitution, l'imposant à sa femme ou à sa maîtresse, celui-là mérite le bagne : A l'égard de cette odieuse infamie si la loi est muette, il faut en faire *une si sévère*, qu'elle puisse terrifier l'homme assez infâme pour vivre de la prostitution !...

si bénigne dans ses condamnations, qu'elle semble n'être qu'un léger temps d'arrêt dans leur criminalité (1).

(P. 280.) — En fait de poursuite judiciaire, nous ne comprenons pas celles qui s'exercent avec brutalité sur un malheureux dont le seul crime est d'être dénué de tout, et sur ce sujet comme sur bien d'autres, il y a des réformes à faire.

Sous un régime qui interdit la mendicité aux malheureux poursuivis comme des criminels lorsqu'ils tendent la main, il est étrange d'accorder le privilège de la mendicité aux moines gras et dodus qui exploitent dans le Midi les villas, les marchés et jusqu'aux plus pauvres des campagnes.

Est-ce que le gouvernement doit s'incliner devant la règle plus ou moins fantaisiste d'un saint Dominique ou de tout autre saint ?

La mendicité de ces moines est un vol à la charité publique, et une honte pour l'Eglise, un gouverne- qui laisse de tels privilèges aux mains des cléricaux n'a aucun souci de l'égalité des citoyens.

Les moines ne sont pas les plus coupables, ce sont les prélats. Nous lisons dans la *Semaine catholique* du diocèse de Seez que l'évêque « est parti « pour Rome pour déposer aux pieds du pape le « denier de Saint-Pierre (volé aux pauvres)

---

1. Les condamnations dérisoires appliquées aux voleurs, assassins et incendiaires jettent la plus grande perturbation dans les esprits. L'opinion se demande avec effroi si, en face de *cette Justice* insuffisante, il ne viendra pas un moment où tous voudront se la faire eux-mêmes.

« fourni par son clergé, par les communautés
« religieuses et par les fidèles du diocèse. » — A
Paris, à l'archevêché, autre exhibition de cadeaux
de luxe pour Léon XIII.

N'est-ce par édifiant de constater cette rapace
cupidité de l'église accaparant une partie du
numéraire des Nations dont une grande partie
des travailleurs sont sans ouvrage et sans pain, où
les suicides par misère se succèdent avec une
effrayante persistance!...

Le clergé catholique n'a même pas conscience
de sa responsabilité.

(P. 280.) — Lorsqu'un banquier opère à son profit
sous prétexte d'actions à souscrire un de ces reten-
tissants vols de confiance qui pèse toujours plus particulièrement sur la petite épargne, si par *hasard* il
est arrêté, c'est avec tous les égards que *l'on croit devoir à l'un des princes de la bourse* qui, quelle que
soit sa condamnation de 50 francs, ou de quelques
milliers de francs d'amende, de deux mois ou de
deux ans de prison, n'en retrouvera pas moins les
millions volés ; et les coups de chapeaux des para-
sites !... Tandis qu'on a aucun égard pour l'infortuné que des revers ont plongé dans la détresse, sur
ce sujet comme sur bien d'autres, il y a à réformer ;
mais de là à se lamenter sur le sort des moines, il
y a loin. Qu'ils travaillent et ne pèsent pas sur
l'existence des autres. Si jusqu'à ce jour le gouvernement a laissé détourner la charité publique
en faveur de la cupidité monacale, c'est un tort qui
lui sera compté, car rien n'est plus répugnant que

de voir accorder des privilèges à des congréganistes en dehors du droit commun.

Il se peut que la vie de ces moines soit conforme *à certains préceptes introduits par l'église* dans les évangiles ; mais ils sont absolument en désaccord avec la loi naturelle et la vie humaine. Pris à la lettre, ces préceptes feraient des humains une société de fous et un désert de la planète.

(P. 282.) « La civilisation chrétienne », — dit M. Drumont qui se trompe en cela comme en tout ce qui touche l'église, « avait garanti, annobli, poétisé le travail » ceux qui voudront se convaincre du contraire devront lire l'histoire si poignante et si pleine d'intérêt d'*Eugène Bonnemère* sur *Les Paysans*. Là ils verront jusqu'à quel point les seigneurs abbés étaient iniques à l'égard de leurs malheureux serfs taillables et corvéables à merci, surpassant, s'il est possible, la férocité des seigneurs féodaux, ayant dans toutes leurs abbayes des salles de tortures avec des cachots dont la description est inénarrable, réduisant leurs vasseaux à la plus grande misère après les avoir épuisés de travaux, de dîmes et de contributions, c'est ainsi que l'église poétisait le travail, en faisant de l'homme une bête de somme torturée et avilie !..

C'est ainsi que l'église « avait garanti, anobli, poétisé le travail et le travailleur !...

CHAPITRE XVI

Sommaire. — L'église devrait suivre les conseils qu'elle donne. — *Ses pourrissoirs.* — Un notaire clérical. — Banqueroutiers catholiques. — 50 fr. d'amende pour 3 millions volés. — Coligny calomnié. — Petite revue pontificale. — Pie V soudoie la Saint-Barthélemy. — Ses prédécesseurs et successeurs l'ont approuvée. — Catherine de Médicis en a été la tête de Turc. — La papauté seule coupable. — Grégoire XIII la célèbre par des réjouissances publiques. — Le saint tarif de Jean XXII. — Protestants et catholiques. — Calvin. — Histoire d'une petite perle. — L'intuition des masses à l'endroit du clergé. — Tergiversations de l'église à l'endroit du divorce. — Petites histoires anciennes et contemporaines.

(P. 328.) « Dans chaque pauvre, l'Église nous ordonne de voir Jésus-Christ », dit M. Drumont, qui croit à l'Église. Pour nous, les paroles de l'Église n'ont aucune valeur, les actes sont tout. Qui donc traite les pauvres avec le plus de dédain, si ce n'est l'Église? En cela comme dans tout ce qu'elle enseigne, ses actes démentent ses paroles. — Réservant toutes ses courbettes pour les grands, tous ses égards pour les riches, quelle que soit la conduite de ces derniers, elle les enterre dans ses temples,

sans respect pour son Dieu, elle en fait *des pourrissoirs* pour tous ceux qui peuvent y mettre le
prix : témoin les magnifiques tombeaux du jésuite
Letellier et de l'abbé Dubois ; le premier fut le
promoteur de la révocation de l'Édit de Nantes
qui causa tant de massacres, le second fut l'instituteur du régent Philippe d'Orléans et son proxénète,
l'instigateur de toutes ses orgies, et lorsqu'il fut
ministre, il vendit la France aux Anglais pour
cinq cent mille livres de rente. Il fut en si grande
estime dans l'opinion de l'Église, qu'elle en fit un
cardinal, sans parvenir à le dérober au mépris
public. et comme dit *l'Essénien Raïme* (dans *le Clergé
peint par lui-même*) en parlant à l'Église :

> « Dans tes temples impurs pourrissent les carcasses
> « De nobles sacripants, de riches débauchés.
> « Pour placer dans le ciel tant d'horribles péchés
> « Tes *oremus* payés ne sont point efficaces. »

(P. 336.) — Mais où M. Drumont est dans le vrai,
c'est lorsqu'il dévoile certains ministres complai-
sants pour des banquiers, qui font de leurs noms
officiels une amorce, pour la pêche fructueuse qu'ils
méditent de faire sur les épargnes du pauvre ; nous
l'avons déjà dit, ces banquiers devraient aller au
bagne et le déshonneur complet devrait être pour
ceux qui les protègent ; si à défaut d'un tribunal,
l'opinion les met à son pilori où plus d'un les
montre du doigt avec indignation, cela ne suffit
pas pour la Morale.

(P. 337.) — M. Drumont raconte l'histoire de
M. Guillot, notaire, qui, en sa qualité *de catholique*

pratiquant, possédait la confiance des habitants de Trévoux et de ses environs. Lorsqu'il mourut, que de discours élogieux prononcés sur sa tombe par le maire et les notables du pays et sur les regrets de la perte d'un si honnête homme, si bon catholique, si zélé dans ses devoirs professionnels ! etc. ; puis, à quelque temps de là, on s'aperçut que ses comptes accusaient des détournements de fonds considérables, que l'honnête clérical avait dissipés en débauches ; ce fut un coup terrible pour ses panégyristes. Il était mort, il échappait aux condamnations anodines de ses congénères en pareil cas, qui malheureusement ne sont pas rares. Avant et après le notaire Guillot, si nous voulions les citer tous, ce serait un livre à faire.

Depuis la banqueroute formidable à Bruxelles, 1865, de plusieurs millions, de Langrand-Dumonceau, le banquier catholique, qui fut fait baron par le pape Pie IX, possédait la confiance du haut et bas clergé, qu'il ruina ainsi que de nombreux paysans belges.

Philippart, encore un bon clérical ; — et la banque catholique où se trouvait M. Bontoux, auquel le pape envoyait sa bénédiction apostolique, ce qui ne put conjurer *le krack* formidable où tant de gens perdirent leur fortune et moururent de chagrin !...

M. Joly, jugé et condamné à Rennes le 25 août 1887, à cinq ans de prison, trois mille francs d'amende. Elevé au collège Saint-Vincent (dirigé par l'archevêque de Rennes) où il croissait en science et en sagesse ; aussi, lorsqu'il lui plut d'enlever la clientèle de son oncle en s'établissant directeur de la banque catholique, les capitaux arrivèrent de tous côtés de la part des nobles et des ecclésiastiques qui jouaient à la Bourse sous son couvert. Aujourd'hui tous complètement ruinés. « Un M. de Numière, le voyant si bon catholique pratiquant, lui confia toute sa fortune : dix-sept cent mille francs, et déclare aujourd'hui « *qu'il n'a plus le sou* ». Ce M. Joly, qui a détourné tant de millions, saura les retrouver à l'expiration de sa peine. Ce qui prouve surabondamment que la fréquentation des sacrements, tant recommandée par M. Drumont, n'est une garantie ni pour les mœurs, ni pour la probité (Voir l'histoire Joly dans la *Lanterne* du 28 août 1887).

Novembre 1887. — Nous apprenons que M. Joly en a appelé de son jugement et que les bons juges ont modifié l'amende qui, de trois mille francs, n'est plus que de cinquante francs : pour plusieurs millions qu'il a fait perdre, ce n'est pas cher.

(P. 353.) A propos de l'amiral Coligny, M. Drumont dit : « que l'histoire ne procède maintenant « qu'à l'aide de documents authentiques et que « Coligny avait été le plus implacable des bour- « reaux ». — Pourquoi s'arrêter en si beau chemin et ne pas dire tout de suite que Charles IX et sa mère avaient été assassinés par les protestants ? Mais les royalistes ne pouvant accréditer cette bourde, accusent Coligny d'avoir fait assassiner François de Guise (d'après M. Drumont), s'appuyant sur des aveux arrachés par la torture au malheureux Poltrot qui avait nommé Soubise, Larochefoucault, Théodore de Bèze et beaucoup d'autres : ce n'était pas *ces noms* qu'on voulait. Ceux qui ont connaissance des procédés de l'Inquisition savent comment elle sait obtenir du patient les noms qu'elle lui dicte.

Quelle foi peut-on ajouter aux aveux arrachés par la torture et quelle raison de croire que c'était plutôt Coligny (1) que Soubise ou Larochefoucault ou tout autre ? Est-ce que le massacre effroyable des protestants de Vassy, sans l'excuser, n'expliquait pas cette vengeance de la part d'un parent des victimes? (*Hist. de France*, Anquetil, p. 339).

— Les catholiques, après s'être baignés dans le sang de leurs victimes, n'ont jamais manqué de se poser en agneaux qu'on égorge, et si la Saint-Barthélemy avait eu lieu à une époque plus reculée, nous aurions pu voir un pape canoniser Charles IX et sa sainte mère Catherine comme une fille soumise... à l'Église, qui aurait obéi religieusement au père des chrétiens, Pie V fut bien canonisé pour sa cruauté! Le lecteur qui serait peu au courant des vertus papales ne serait peut-être pas fâché de connaître quelques détails sur les papes qui ont précédé la Saint-Barthélemy.

Sixte IV (1471) voulant enlever Florence au duc Laurent de Médicis, pour la donner à son frère Jérôme, ne s'embarrassa point pour deux

1. Coligny a formellement démenti cette accusation calomnieuse qui ne reposait que sur la haine et qui était détruite par un alibi.

meurtres ; Laurent avait son frère Julien, son héritier naturel. Le saint père fomente une conspiration et envoie Raphaël Riego, cardinal, dire la messe en grand apparat ; le duc et son frère s'y rendent, il était convenu que les deux frères seraient frappés au moment de l'élévation. Julien. atteint d'un coup de poignard, tomba raide mort. Laurent fut blessé, mais il put se sauver et s'enfermer dans la sacristie, pendant que le Peuple indigné de cette trahison sacrilège faisait justice des meurtriers de son duc. Un archevêque de Pise qui était dans le complot fut pendu dans ses habits pontificaux.

Ce fut ce même pape qui fit bâtir une maison de passe à Rome, dont chaque femme payait une rente au pape ou à ses favoris, sur le gain de leur honteux commerce. Ce fut encore Sixte IV qui autorisa tous les genres de débauche, même celle qui fit tomber une pluie de feu sur Sodome (dit la Bible) ; cette corruption servit plus tard pour arriver au pontificat, car, dit la chronique, Innocent VIII fut nommé cardinal pour ses gentillesses, par Sixte IV, qu'il remplaça.

1484. Innocent VIII pratiqua la simonie sur la plus large échelle et se rendit célèbre par ses débauches, même avant son successeur Alexandre VI (1492), dont nous ne dirons rien, son histoire est trop longue en crimes de toutes sortes et doit être connue de tous.

1503. Pie III, vieillard malade, ne dura que vingt-six jours.

1503. Jules II fut un sabreur impitoyable ; par le fer et le feu, il s'empara de toutes les Romagnes, introduisit en Italie les Aragonnais, les Suisses et les Allemands ; la mort mit fin à ses attentats.

1513. Léon X, moins farouche, était plus fourbe ; il suivit la politique de ses prédécesseurs dont l'objectif était de détruire et de ruiner les étrangers les uns par les autres, afin de régner seul en Italie. Ce pape faisait vendre à l'encan, dans les foires, les indulgences, par des moines paradant sur des tréteaux et se disputant les clients. Les bureaux d'indulgences se tenaient dans des cabarets ; c'est ce Léon X qui traitait les évangiles « *de contes absurdes* » et faisait alliance à la fois avec Charles-Quint contre François Ier, et avec François Ier contre Charles-Quint.

1522. Adrien VI, ancien inquisiteur d'Espagne, protégé de Charles-Quint, dont il avait été le précepteur, arriva au trône pontifical. A peine installé, il déclarait la guerre à tous les souverains d'Italie et se liguait contre François Ier ; mais il avait parlé de la nécessité de réformer les mœurs du clergé ; la cour de Rome n'entendit point de cette oreille et ce pape mourut après un an de règne.

1523. Clément VII. Ses intrigues ont été surtout funestes à la France, et attirèrent sur Rome un affreux pillage. Il excita des guerres impitoyables entre catholiques et protestants, mit le désordre partout, même dans la cervelle de François Ier qui, pendant tout son règne, fit brûler et martyriser tous les protestants, tout en étant leur allié en Allemagne (1).

1534. Paul III, le promoteur des jésuites. (Nous avons raconté sa biographie dans le chapitre VIII qui leur est consacré.)

1550. Jules III débute en fulminant des anathèmes contre les hérétiques. A son instigation, l'incendie s'alluma depuis le nord de l'Europe jusqu'à Rome, en Allemagne et dans toute la France !

Il créa cardinal un jeune garçon dont il avait abusé lorsqu'il était légat à Bologne ; il était arrivé à un tel degré de dépravation, ce Jules III, qu'il ne s'en cachait même pas. Ce pontife si dépravé, dont *Paulus Vergius* a laissé par écrit l'histoire horrible, ce prélat infâme était d'une férocité atroce contre les protestants. Paris et Londres furent couverts d'échafauds où périssaient les malheureux réformés.

1555. Marcel II. Il n'était question dans toute l'Europe que des luthériens, lorsque les Ottomans menaçaient l'Allemagne ; l'empereur et son frère demandaient que le pape engageât les rois de l'Europe à se liguer contre l'ennemi commun des chrétiens ; mais le pape répondit : « qu'il valait infi-
« niment mieux s'exposer aux armes du Turc que

---

1. François Ier et ses descendants allaient se distraire aux supplices des victimes lancées dans les flammes et retirées aussitôt à l'aide de l'Estrapade (dont le nom est resté à l'une des rues qui longe le Panthéon) ! Et il se trouve encore des historiens qui osent dire que l'inquisition n'a pu s'établir en France. Elle y était si bien que ses engins de tortures étaient acceptés par les magistrats et qu'on a torturé et brûlé le curé Grandier sous Louis XIII.

« de négliger *d'exterminer les luthériens* » ;
heureusement que ce pape au cœur évangélique
si charitable n'est resté sur son siège que vingt
et un jours.

1555. Paul IV. Il avait écrit autrefois un livre
contre les énormités des papes ; mais pape lui-
même, il fit comme les autres, mêmes fourberies
mêmes entêtements, mêmes persécutions contre
les malheureux protestants.

1559. Pie IV. Nous passons ses intrigues ; il fit
étrangler dans le château Saint-Ange le cardinal
Charles Caraffa et décapiter dans une autre prison
le comte de Palliane sans qu'on sût pourquoi. Et
les prêtres vous disent que *leurs canons* leur
défendent l'effusion du sang !

1566. Pie V. Inquisiteur de la foi à Côme ;
exerça ses fonctions avec une telle cruauté que sa
renommée le devança à Rome ; il fut protégé de
Paul IV qui l'avança jusqu'au cardinalat, le fit
commissaire général du Saint-Office ; à la mort de
Pie IV, il le remplaça ; ce fut lui qui conseilla la
Saint-Barthélemy dans toutes ses lettres à Catherine de Médicis. « Il envoya à Charles IX un secours
« considérable d'infanterie et de cavalerie sous la
« conduite de *Saint-Flour* pour guerroyer à
« outrance contre les hérétiques, permettant à
« Charles IX de s'emparer des biens ecclésiastiques
« et de les vendre tout autant qu'il en aurait besoin
« pour exterminer les protestants. » Cette bulle
fut expédiée le 24 novembre 1568 et Charles IX
en usa

Sous le pontificat de cet inquisiteur, l'Allemagne, l'Angleterre et surtout la France furent mises à feu et à sang pour de misérables dissidences de religion. Tous les jésuites, de concert avec les papes, ont joué des rôles infâmes dans ces odieuses tragédies qui avaient l'Europe pour théâtre !

1572. Grégoire XIII continua les traditions de ses prédécesseurs. Les Veuillots et consorts ont beau vouloir démentir ou atténuer l'influence des papes dans ces horribles boucheries, la *Saint-Barthélemy* a été conseillée par Pie V dans ses lettres à Catherine ; les faits et les écrits de l'histoire sont indéniables.

Lorsque Grégoire XIII reçut de Charles IX la tête de l'amiral Coligny, il ne put dissimuler sa joie, célébrant les hauts faits des bourreaux catholiques par des réjouissances publiques, et pour n'en point perdre le souvenir, il fit peindre un tableau représentant les massacres de la Saint-Barthélemy avec cette inscription : « Le pape approuve la mort de Coligny !... »

Jusqu'à ce jour, Catherine de Médicis a été la tête de Turc de la Saint-Barthélemy pour couvrir la papauté qui est seule responsable ! Catherine voulait la paix entre les deux partis, mais elle était seule à la vouloir ; le parti catholique, poussé par le pape et les jésuites, ne rêvait que massacre : que pouvait-elle contre tous ? Dans le principe, elle voulait la tolérance, la papauté a tout fait.

D'après ces quelques papes, on peut se faire une idée de la vertu des autres, qui en fait *de viols, d'incestes, d'assassinats et de cruautés* peuvent aller de pair avec ceux que nous venons de citer, quand ils ne les dépassent pas. *Le seul pape* intègre, loyal, noble, bon, intelligent, distingué, bienveillant, esclave de son devoir, ne reculant pas même devant la mort pour le remplir : *c'était Ganganelli,* le *digne Clément XIV*, qui, aux yeux de l'Église, commit plus qu'un crime, en abolissant l'ordre des jésuites qui lui est si cher ; aussi *le seul* pape qui lui faisait honneur, elle ne l'a point canonisé, mais en revanche elle s'est fabriqué une collection de saints dont beaucoup seraient dignes d'orner les bagnes et qu'on ne voudrait pas rencontrer dans un bois ni avoir dans sa famille.

C'est un bonheur que Clément XIV n'ait point été canonisé, c'est une preuve que rien de bon ne peut sortir de l'officine du Vatican.

Il était utile de faire connaître aux bons catholiques de France la conduite de leurs saints papes, qui se flattent de posséder la morale et la manière de s'en servir.

Quand à la véracité des historiens de l'époque *monarchique*, il faut s'en défier, savoir lire entre les lignes et faire la part des *euphémismes* dont les partisans intéressés de l'Église et du Trône ont su orner ou amoindrir les actes les plus odieux de ses deux complices.

Jusqu'au règne de Charles X, le catholicisme a dominé, et les monarchistes ont eu les coudées franches pour altérer l'histoire et peindre les beautés du régime du bon plaisir, de la courtisannerie et des hauts faits des princes ; le Peuple n'existait pas pour ces écrivains de cour et de sacristie ; mais à la chute du roi jésuite (1830), les archives, abordables pour tous, ont permis de refaire l'histoire en rétablissant la Vérité sur les hommes et sur les faits !

Il n'en faut pas moins se défier encore à notre époque de certains écrivains dont l'intelligence oblitérée par leur éducation cléricale n'est point une garantie d'exactitude.

Ceci n'est point à l'adresse des catholiques convertis à la raison et à la Vérité. Nous nous plaisons au contraire à rendre JUSTICE à tous les catholiques de vertu et de talent, chez qui l'*Essénianisme* de Jésus domine toutes les inventions de *l'église impériale* du concile de Nicée.

— « Calvin brûla Servet, nous dit M. Drumont », pour avoir persisté à dire « Fils de Dieu éternel au « lieu de Fils éternel de Dieu ». — Mais Calvin n'était qu'un *catholique incurable* de la plus monstrueuse des écoles, celle du jésuite inquisiteur, qui s'arroge le droit d'imposer sa manière de voir par la violence. Sans doute que M. Drumont pense comme nous sur ce crime de Calvin, mais alors pourquoi en est-il encore à la soumission à l'Église qui, en fait de crimes, *les a tous dépassés ?*... Car ceux qu'elle a brûlés et fait massacrer se comptent par millions !.....

Le crime de Calvin, comme ceux qu'ont pu commettre les protestants, prouvent surabondamment que toutes les sectes qui émanent de *la c tholique* sont impuissantes à moraliser qui que ce soit.

L'église catholique a pour principe d'innocenter tous les grands coupables *qui peuvent payer* (Voyez son *Saint Tarif* rédigé par Jean XXII en 1316, réédité par Léon X en 1516, resté dans les usages de l'Église). « Ne peuvent être consolés ceux qui ne « peuvent payer », dit le *Saint Tarif*. Le crime de haute trahison envers la Patrie n'est qu'une peccadille, tandis que tous ceux qui ont le culte de la Justice, le traître au Pays, qu'il soit duc de Bourbon, duc de Bourgogne, ou le grand Condé, ou Bazaine, est à jamais cloué au pilori de l'histoire, qui n'admet point que l'infamie change de nom quand c'est un prince ou un riche qui la commet.

(P. 360.) Ainsi, pour M. Drumont, la Saint-Barthélemy n'est qu'une légende ; si un écrivain de cette valeur affirme une telle énormité, que sera-ce donc du commun des mortels, qui ne connaissent absolument rien en histoire ? Ils se croiront en droit d'affirmer que ce n'est qu'un conte. Et si M. Drumont n'a pas lu l'histoire si intéressante et si vraie prise à des sources indéniables par le *loyal Dulaure* (1), qui donc s'en occupera ?… Et qui donc saura la vérité sur ce que l'Église et le Trône ont tant d'intérêt à dénaturer ?

(P. 303.) Les protestants et les catholiques se valent dans les guerres de religion ou autres, lorsqu'ils sont au service d'un prince conquérant ; mais les protestants ont une supériorité sur les catholi-

---

1. L'auteur de l'*Histoire de Paris*, chez Boisgard, éditeur, rue Suger, 13 (1 fr. le vol., 5 vol.).

ques, c'est celle de reconnaître *la loi primordiale du libre arbitre* de l'individu en repoussant la confession (supprimée par Jean Chrysostome au quatrième siècle) et en conservant le mariage des prêtres. Ce qui peut se résumer ainsi : respect des lois divines et humaines !...

(P. 363.) Nous regrettons que M. Steeg, pasteur et député (dont nous connaissons les remarquables conférences), à son avènement politique ait cru devoir, de radical qu'il était, passer à l'*opportunisme*, c'est-à-dire *à l'état de borne*, lorsque *le radicalisme est la réalisation du Bien, du Beau, du Juste et du Vrai* (1) ! Pour arriver aux réformes si longtemps attendues que les réactionnaires s'efforcent d'entraver dans toutes les administrations qu'ils encombrent, il faut être radical ; nous ne désespérons pas de la conversion à la Justice de M. Steeg !..

(P. 377.) M. Drumont se trompe en disant que les protestants détestent Jésus, seulement *tous* ne croient point à sa divinité imposée par une infime minorité vendue à l'empereur Constantin qui n'y croyait pas lui-même (2).

Autant Jésus, disciple des Esséniens, est sympathique, autant le Dieu de l'Eglise (Jésus-Christ) est répulsif pour tous ceux dont le culte est *la*

---

1. Le Radicalisme est l'idéal de tous les gens de Bien. Un vrai Radical est un homme vertueux par excellence.

2. L'empereur Constantin se fit baptiser *in extremis* par Eusèbe de Nicomédie, évêque de l'église Arienne, c'est-à-dire Essénienne, qui n'a point admis la Divinité de Jésus que l'empereur a fait imposer au concile de Nicée.

Justice, le Droit et le Devoir! Comment un homme intelligent, au cœur droit, pourrait-il adorer un dieu esclave de ses prêtres, assistant indifférent à leurs autodafés et soumis à leur volonté au point de descendre chaque jour à leur commandement dans un pain à cacheter, que des milliers de personnes avalent et digèrent en même temps.

(P. 385.) Dans l'œuvre de M. Drumont, si pleine de justes critiques *sur le vol organisé* (comme s'il n'y avait que le vol matériel qui dût compter pour quelque chose), on n'y trouve pas un mot contre ceux qui volent à l'Être humain ce qu'il a de plus précieux, *sa raison, son libre arbitre, sa conscience, ses plus secrètes pensées.* Il n'a pas une critique contre l'usine du Vatican, où se fabriquent tous ces engins de torture qui doivent réduire les Créatures humaines à l'état d'ilotes, afin de leur voler une à une toutes leurs conquêtes morales en même temps que leurs droits les plus légitimes ; et lorsqu'on est parvenu à les idiotiser suffisamment *on leur fait croire à la petite histoire ci-jointe.*

(P. 389.) M. Drumont raconte comme si c'était vrai, les aventures d'un petit enfant martyrisé par un Juif, il feint d'y croire... dans quel intérêt?... Nous ne savons. Ce qui l'émotionne surtout, c'est que ce petit garçon de sept ans, qui avait la gorge coupée, avait été jeté dans une fosse, pour avoir chanté dans la rue en allant à l'école : *Alma Redemptoris.* Le juif, qui paraît-il comprenait le latin, en était fort contrarié ; mais le merveilleux de l'histoire, c'est que la mère cherchait depuis huit jours

son cher fils « *cette émeraude*, bien plus, *ce bril-*
« *lant rubis, cette perle* de chasteté... », dit M. Drumont ; enfin, elle passe près du cloaque où se trouvait
son enfant ; mais, ô prodige, l'enfant, malgré sa
tête coupée, retrouva sa voix pour chanter son
Alma Redemptoris ! Pas n'est besoin de dire l'enthousiasme du Peuple, les embarras que firent les
moines de l'abbaye, avec leur abbé en tête du
cortège, allant chercher en grande pompe « la
petite perle de chasteté », qui voulut bien raconter
à l'abbé, *en particulier*, son histoire avec tous les
détails. Pendant que le couvent, et tous les assis-
tants se prosternaient avec des larmes d'attendrissement, le prévot faisait périr « *les juifs avec tour-*
ments et honteuse mort » !

M. Drumont termine les détails de ce récit abra-
cadabrant (que nous n'avons fait qu'indiquer), par
cette touchante allocution : « Faisons comme la
« prieure (la religieuse qui avait raconté cette jolie
« fable), et prions ces enfants martyrs d'autre-
« fois, Hugues, Guillaume, Henry et notre petit
« Richard (le héros de la légende) d'intercéder
« pour leurs camarades ! » etc.

(P. 391.) Faudrait-il croire à la version de
M. Drumont : que les Juifs mettent du sang chrétien
dans leurs gâteaux de fêtes et qu'il existe des
marchands « de sang chrétien, comme Isaac de Co-
« logne et Richard de Brescia, qui fournissent à
« toutes les demandes ? Le sang ordinaire est mêlé
« à un gâteau en forme de triangle, qui sans doute
« a donné l'idée du triangle maçonnique. »

— On a bien dit que les Francs-Maçons mangeaient des enfants crus ! Est-ce une raison pour croire à de telles absurdités?...

Maintenant si, comme le dit M. Drumont, l'assassinat d'un chrétien est une obligation *du rituel juif*, la justice en punissant, s'attaque toujours au moins coupable, si même il l'est ; car si manger un gâteau au sang de chrétien est la conséquence d'un rituel inhumain, le devoir des juges est de rechercher l'inventeur de ce rituel, qui n'est ni dans la Bible ni dans la loi de Moïse, auquel on ne peut pas plus l'imputer que la circoncision qui remonte à Abraham et qu'il a laissée *facultative*. Il faut donc que cette coutume (si elle existe) ait été introduite par un ou plusieurs scribes qui l'auraient ajoutée, comme les prêtres catholiques ont ajouté, pour les besoins de leur domination, tant d'absurdités contradictoires aux paroles de Jésus dans leurs Evangiles.

(P. 399.) — On peut faire cesser cette coutume barbare, qui nous reporterait aux époques néfastes *des sacrifices humains* ; les gouvernants, dans tous les pays habités par les Juifs où se passerait un tel crime à propos de ce rituel, n'auraient qu'à rendre MM. les Rabbins responsables et les punir en conséquence. Or, comme tous les Juifs ont pour leurs Rabbins une grande estime, aucun Juif ne voudrait, pour satisfaire une rancune quelconque, mettre en péril la vie de ses Rabbins. Quand aux articles cités par M. Drumont (lois 50 et 81) dans le Talmud publié à Amsterdam en 1646, où il est ordonné aux Juifs d'exterminer les disciples du Nazaréen, rien ne prouve que cette œuvre n'est pas l'œuvre d'un faussaire, ou celle des jésuites, qui, à cette époque, avaient la main partout pour exciter la haine et les massacres contre *tout* ce qui n'était pas catholique. A l'aide d'un tel livre, que de persécutions contre les Juifs, et que ne pouvait-on faire avouer avec la torture?... Ce livre ne pouvait donc être que l'œuvre d'un ennemi, les Juifs n'ayant aucun intérêt de faire à leurs persécuteurs de telles révélations!...

En fait de sacrifices humains, aucun prêtre n'a été aussi loin dans les raffinements de cruauté que le prêtre catholique, sur lequel pèsent les malédictions de ses victimes.

Ce que nous disons n'est point pour excuser les prêtres des autres cultes; en bonne justice, il faut être sûr du crime avant d'accuser et ne jamais rendre un Peuple responsable du forfait de ses chefs du trône ou de l'autel.

(P. 413.) M. Drumont parle du dédain et de la haine qu'éprouve « la population contre le Christ, l'Église et le clergé ». Il prétend « qu'elle est absolument factice... qu'elle est organisée par les Juifs ». C'est là une erreur. Le clergé catholique, qui prêche le pardon des injures en donnant l'exemple d'une haine implacable contre tous ceux qui travaillent à l'amélioration de la Société, inspire peu de confiance aux masses *qui ont l'intuition de la loi irréfragable de la Justice pour Tous*; ils comprennent que voilà dix-huit siècles

que l'Église les trompe avec *Jésus dieu et sa Mère,*
que l'adoration des madones multiples n'est que
pour les distraire du culte de l'ÉTERNELLE JUSTICE,
qui veut que les hommes ne puissent être distingués les uns des autres, que par leurs vertus,
leurs mérites et que tous doivent travailler au bien
général par

LA SOLIDARITÉ !

Voilà ce que les masses sentent instinctivement.
Ceux des travailleurs qui ont quelque lecture, connaissent assez d'histoire pour savoir jusqu'à quel
point, le pouvoir spirituel et temporel de l'Église
catholique a été funeste aux Nations, à la morale et
à l'idée religieuse ; voilà pourquoi *les idoles de
Jésus, de Marie, de Joseph ou de tout autre saint,*
leur font hausser les épaules en songeant à tout ce
que ces comédies du culte catholique rapportent
d'or et d'argent à l'Église insatiable, et de misère et
de démoralisation pour les Peuples !

(P. 438.) M. Drumont ne croit point que
Louis XIV ait écrit dans son testament cette phrase
atroce : « qu'il possède la fortune et la vie de son
peuple ». Peu importe qu'il l'ait écrite ou pensée ;
mais ce qui est indéniable, c'est que ce roi
sans conscience n'a agi avec la France que comme
un gentilhomme de grand chemin, qui détrousse
une diligence comme le prouve Saint-Simon qui
le traite d'anthropophage avec sa bande (voir notre
ch. XIV). Après avoir dilapidé des milliards, il
laissa le Pays ruiné, les paysans sans ressource

réduits à *manger de l'herbe*. Aussi le convoi de ce roi sans cœur fût-il accueilli à coups de pierres et avec des malédictions.

(P. 443.) « Le juif Naquet fait passer le divorce dans nos lois », dit M. Drumont avec amertume ; en effet, tous ceux qui sont à genoux devant les prétentions de l'Église poussent des cris de paon sur l'immoralité d'une loi mettant un terme aux meurtres et aux empoisonnements entre époux dissidents ; et là-dessus M. Freppel, l'évêque d'Angers, se drape dans une indignation de commande afin d'attirer sur lui les faveurs du Vatican ; mais nous nous permettrons de rappeler à tous les défenseurs du mariage indissoluble, que cette bonne sainte mère n'a pas toujours été de cette opinion. Ses *tergiversations* sont multiples, nous n'en citerons que quelques-unes, entr'autres, une petite histoire du quatrième siècle. L'empereur Valentinien que l'historien ecclésiastique *Socrate* cite pour son *catholicisme orthodoxe, la pûreté de ses mœurs et sa chasteté*, était marié depuis longtemps avec Sévèra. Cette impératrice eut l'imprudence de lui parler de la beauté d'une jeune fille avec laquelle elle s'était baignée ; le saint empereur de mœurs si catholiques, en devint de suite éperdûment amoureux et résolut de l'épouser, mais il n'osait répudier l'impératrice (dont il avait un fils déjà proclamé auguste). Sous un des nombreux prétextes que l'église avait ordonnancés (1) en fa-

---

1. Tels que : l'adultère, les mauvais traitements, l'idolâtrie, avarice, les vœux, la maladie, la stérilité, ou la possession par le

veur de ses ouailles (pendant les dix premiers siècles pour casser les mariages qu'elle veut en 1887 imposer *indissolubles*), le chaste empereur commença par promulguer une loi par laquelle il était permis à chacun de prendre *deux femmes légitimes* et la chose ainsi arrangée, il n'en fut pas moins honoré par l'Église, qui ne doit pas ignorer que son *Tertullien dit* : « que la légitimité du divorce est prouvée par l'autorité de Jésus-Christ », et que saint Epiphane, père de l'Église du quatrième siècle, dit : « que les Femmes innocentes ou coupables divorcées peuvent se remarier sans que la loi de Dieu et de l'Église s'y opposent. »

Charibert eut quatre épouses en même temps, sans compter les maîtresses, et tous les rois du sixième siècle étaient à peu près dans le même cas, avec l'approbation du clergé catholique !

Le concile d'Aix-la-Chapelle, à la répudiation de la reine Theutberge (862), accorda au mari le droit de prendre une autre femme pendant la vie de la première conjointe.

Robert le Pieux (xe siècle) fut le premier roi sur lequel l'Église osa lancer ses foudres d'excommunication ; il essaya de résister, il s'était marié avec la douce Berthe sa cousine ; sous prétexte quelle était sa parente, l'Église voulut briser

---

démon, etc., etc., que la femme devrait pouvoir aussi renvoyer son mari pour adultère ; mais que la coutume est de ne laisser cette latitude *qu'au mari* (SAINT BAZILE, Epist., t. III, p. 273).

L'église malgré la prétention d'être immuable ne l'a jamais été comme on peut s'en convaincre.

l'union, bien que la reine fût enceinte. La gent monacale fit subir à cette princesse de telles épouvantes nocturnes, que l'infortunée tomba malade, fit une fausse couche et fut remplacée par la méchante Constance. Ainsi, le caprice de l'Église sépara des époux qui s'aimaient, sous prétexte de parenté, quand elle marie aujourd'hui les cousins, les nièces et les oncles pourvu qu'ils paient ses dispenses.

Philippe-Auguste (onzième siècle), lassé de son épouse, enleva avec violence celle d'un autre. Bertrade la femme du comte d'Anjou, et trouva un archevêque et deux évêques pour sanctionner ce rapt doublé d'un adultère; deux ans après le mariage, l'évêque de Rome, pensant n'avoir rien touché en fait de dispense, s'avisa d'excommunier le délinquant, mais Urbain IV, annulant l'œuvre de son prédécesseur Alexandre IV, Philippe-Auguste rentra dans le giron de l'Église.

Tels étaient les mœurs impudiques des princes élevés sur les genoux de l'Église.

Autre exemple, qui prouve que l'argent et les princes obtiennent tout de cette bonne mère. Sous le deuxième empire, le jeune prince de Monaco épousa une jeune anglaise : *un fils naquit* de cette union ; malheureusement, une dissidence survint entre les deux époux, l'Église accorda non seulement la séparation, mais *annula* le mariage, déclarant *qu'il n'existait pas*, malgré *l'existence de l'enfant né de ce mariage!...*

Telle est sa morale : payez et vous ferez tout ce

que vous voudrez!... car l'Église est infaillible comme ses papes dont l'un détruit toujours ce que l'autre a fait.

M. Freppel et son Église feront bien de changer de pédale pour mettre la sourdine à leur grand jeu et surtout être plus modestes dans leurs dithyrambes contre la Société que de tout temps ils ont si mal élevée ; et malgré leurs diatribes contre la perversité du temps, il serait facile de leur prouver qu'elle est loin d'égaler la corruption et le cynisme du moyen âge.

De même qu'il serait bon de leur rappeler à cet égard les jolis sermons du Père Maillard, le prédicateur de 1494 à 1508 à Paris, qui faisait alors la critique sanglante des mœurs de toutes les classes de la société, critique qu'on n'oserait répéter sans en gazer les termes.

Quant aux prêtres, ils ne sont point épargnés. Maillard se récrie contre les turpitudes « prati-
« quées à Rome pour obtenir des bénéfices ; con-
« tre ces religieux coureurs, appelés porteurs de
« reliques ou de rogatons ; contre les prêtres qui
« se chargent et reçoivent le paiement d'un nom-
« bre de messes qu'ils ne peuvent acquitter et
« qu'ils suspendent au croc ; contre les prêtres de
« Paris qui vendent les sacrements, les confessions
« et autres choses ; contre le luxe des évêques et de
« leurs concubines qui portent de somptueux ha-
« bits ; contre l'avarice des prélats qui, possédant
« de grande biens, ne laissent pas d'envahir ceux
« des pauvres et des hôpitaux, leur refusent des

« aumônes que les séculiers ne leur refusent pas,
« et emploient les biens de l'Église à l'entretien
« des oiseaux, des chiens de chasse, des filles pu-
« bliques et des pourvoyeurs de débauche » ; terminant ses sermons par trop naturalistes dans
leur brutale vérité et qui peignent les mœurs de
l'époque, par cette phrase : « A tous les diables une
« telle conduite, allez au diable ! » (1)

— Sous le bon roi Louis XII toutes les critiques étaient permises. On jouait alors *le pape* sous la figure de *mère sotte* dont *la stupidité* aspirait déjà au *pouvoir temporel*. La pièce était de PIERRE GRINGOIRE, *héraut d'armes du duc de Lorraine*.

Le roi fut aussi mis en scène, des seigneurs se plaignirent à lui qu'on le représentait sous la figure de l'avarice.....

« *J'aime mieux, répondit Louis XII, voir rire mes courtisans de mes épargnes, que de voir pleurer mon Peuple de mes dépenses.*

« Les fautes de ce roi furent éclipsées par des qualités éminentes, par un caractère de magnanimité sans orgueil, et de bonté sans faiblesse, d'équité sans rigueur. De tous les rois qui l'ont précédé sur le trône nul n'a montré un caractère aussi noble, un jugement aussi sain, ni autant d'amour pour la prospérité publique ; en moralité en raison il fut supérieur à tous les souverains de son temps (2). »

— Aux courtisans qui ne cessaient de lui demander l'interdiction des pièces satyriques, où les vices de tous les hauts personnages étaient attaqués, Louis XII leur fit cette réponse remarquable : « Je veux qu'on joue en liberté, et que les jeunes gens déclarent les abus qu'on fait à ma cour, puisque les confesseurs et autres gens sages n'en veulent rien dire : pourvu qu'on ne parle pas de la reine, car je veux que l'honneur des femmes soit gardé (3) ».

— La mort du roi, 1er janvier 1515, supprima cette *Liberté* qui fut remplacée par l'inquisition !...

---

1. MAILLARD, *Adventus sermones*, p. 28 et 33.
2. DULAURE, *Hist. de Paris*, 2me vol., p. 136.
3. BRANTÔME, *Discours 1er*, *Anne de Bretagne*

CHAPITRE XVII

Sommaire. — La prédestination. — L'évêque d'Hippone. — *Les doutes de Mlle Bashkirtseff.* — Les contradictions de saint Augustin. — *L'Essénien et le catholique.* — Les mensonges orthodoxes. — L'église catholique est hérétique à toute vérité. — Les évêques fouetteurs. — Les ondulations de l'église en matière de sentiments. — Ce qu'elle fait dire à son Dieu. — L'égoïsme et l'inconséquence. — Ces deux vices engendrent tous les crimes. — La fréquentation des sacrements n'empêche aucune scélératesse. — Les iniquités féodales. — La Révolution n'était qu'un coup d'épingle. — M. Bethmont et les jésuites. — Rencontre de Jésus et de saint Pierre. — Babylone n'est pas Rome. — Ce que les Nations gagnent avec les princes catholiques. — Des hommes qui n'étaient ni des scélérats ni des imbéciles. — Qu'auraient fait de pire ceux qui auraient été l'un et l'autre ? — *L'empire du mal !!!*

(P. 451.) « Il y a de véritables prédestinations diaboliques, » dit M. Drumont ; sans se douter qu'il répète un des plus grands blasphèmes contre Dieu, que l'église a érigé en dogme après l'avoir accepté de son docteur Augustin, l'évêque d'Hippone.

D'après ce dogme infernal, Dieu, pour se distraire, crée des êtres tout exprès pour avoir le plaisir de les damner éternellement en les faisant souffrir des tourments horribles, tandis qu'il a des favoris auxquels il permet tous les crimes, sans que leur salut en soit compromis.

Avec de tels enseignements, faut-il s'étonner des cas de folie religieuse et des suicides multiples qui nous affligent (1)?

Augustin, cet ancien viveur mal converti, fit une masse de traités pour développer sa thèse dans laquelle on trouve que l'enfant mort sans baptême et même le fœtus dans le sein de la mère *est damné irrévocablement dans l'enfer éternel!* Bien qu'un autre saint, du nom *d'Athanase*, affirme que l'enfant étant innocent ne peut ni ne doit souffrir; mais n'ayant pas reçu le baptême qui ouvre le ciel, il est conduit aux limbes (le purgatoire n'étant pas encore inventé). Lequel fallait-il croire? L'église n'hésita pas, elle adopta pour dogme les féroces rèveries de l'évêque d'Hippone qui s'est peint lui-même dans cette phrase, *Credo quia absurdum* (2).

L'église, en acceptant comme dogme la prédestination, a fait descendre sa religion au-dessous de l'athéisme; car si l'athée nie Dieu, il ne l'outrage pas. Nous ne saurions assez le répéter, le système de la prédestination est un sacrilège envers Dieu et un attentat à la morale, qui plonge l'humanité dans un dédale inextricable de perversions intel-

1. Ces cas sont aussi rares chez les Juifs que chez les Protestants.

2. Saint Augustin (*de Vanit. sœculi. tract.* 10, cap. I, t. IX, p. 425).

lectuelles, d'angoisses, qui dans certaines natures
peut arrêter l'existence de l'Être humain dans son
développement et le conduire à une mort préma-
turée. Nous avons déjà dit que le faux enseignement du catholicisme produisait le DOUTE, la plus
cruelle des maladies morales. Nous n'en citerons
qu'un exemple.

— Une jeune fille Russe de la haute aristocratie, douée d'une intelligence hors ligne, ayant à la
fois beauté, talents, fortune, pouvant satisfaire
ses générosités envers les malheureux ; ses
goûts de voyages et d'études ; parlant cinq ou
six langues, peignant admirablement, sculptant de
même et, par-dessus tout cela, possédant une Mère
adorable et une famille charmante !

Ayant le sentiment religieux développé, cherchant le pourquoi des choses ; à la moindre contra-
riété, elle s'enfermait seule pour prier Dieu avec
toute l'ardeur de son âme, souffrant cruellement
de toutes les déceptions dont la vie est faite, sans
que son entourage pût se douter de ses combats
intérieurs ; craignant de n'être pas comprise, elle gar-
dait toutes ses douleurs intimes qui la minaient
sourdement.

Jour par jour elle écrivait ses impressions avec
la franchise d'une jeune fille qui ne veut rien cacher.
Il est curieux de lire ce journal commencé à l'âge
de douze ans que la mort seule est venue interrom-
pre, lorsqu'Elle touchait sa vingt-quatrième année.

Aimant l'étude, la science et les arts, elle connaissait la philosophie des Anciens et des Modernes ;

18

mais elle ignorait *le problème de la vie* que *seul l'Essénianisme enseigne*. Sa dernière pensée, avant sa disparition de la Terre, donnera une idée des angoisses de cette âme inquiète, affligée par le DOUTE sur l'existence de Dieu! Pressentant un mystère, sans pouvoir le découvrir, rien ne pouvait satisfaire son désir d'en connaître l'énigme (1).

Nous lui laissons la parole :

« Sans Dieu il ne peut y avoir ni poésie, ni tendresse, ni génie, ni amour, ni ambition... On a besoin d'un *au delà*, d'un Dieu à qui reporter ses enthousiasmes et ses prières, un Dieu à qui tout demander... à qui tout dire!.. »

« Ceux qui ont *l'étincelle*, même s'il sont aussi savants que toute la science, et même s'ils doutent *par raison*, ceux-là croient par passion au moins par moment..... »

« Toutes mes réflexions tendent à ceci : *le Dieu qu'on nous enseigne est une invention*. Le Dieu de la religion ou des religions, n'en parlons plus.

« Mais le Dieu des Hommes de génie, le Dieu des philosophes, le Dieu des gens simplement intelligents comme nous, ce Dieu-là est injuste s'il ne nous entend pas...

« Mais s'il n'existait pas, pourquoi ce besoin de l'adorer partout, chez tous les Peuples et en tous les temps?... Est-il possible que *rien* ne réponde à ces aspirations, qui sont innées chez tous les

---

1. Cette énigme sera expliquée dans un ouvrage ultérieur sous le titre *Les Esséniens du* XIXe *siècle*.

hommes, à cet instinct qui nous porte à chercher l'Être suprême, le grand Maître. Dieu ! »

(Extrait du Journal de Marie Bashkirtseff, 2ᵉ vol., page 495. Paris, 1887 ; chez Charpentier.)

A Rome, Pie IX l'avait bénie, elle s'était confessée, avait communié... A quoi servent donc les secours de l'église tant vantés par ceux qui les prônent ? à rien, rien et rien !...

Cette jeune fille est passée sur la Terre comme un météore, laissant une famille inconsolable et une place vide dans les arts (1).

Si au lieu d'avoir été catholique orthodoxe ou hétérodoxe, elle avait été *Essénienne*, elle eût été consolée dans toutes ses aspirations célestes comme dans ses ambitions terrestres, et la jeune fille serait encore de ce monde !...

Elle eût acquis une force morale inouïe sans jamais connaître *le doute*, ni les mièvreries d'un culte erroné ; d'un Dieu cruel qui s'enivre des souffrances de ses créatures, obligées de le prier chaque jour pour avoir leur *pain quotidien* ; aussi pauvres et riches le prient-ils pour avoir le nécessaire et le superflu ; en attendant qu'ils l'obtiennent, c'est le prêtre qui bénéficie de la crédulité à ses mensonges, vendant ses messes à tous prix.

Cette jeune fille avait mis toutes ses espérances dans la prière et la prière fut sa plus grande déception. Son cas est multiple !

---

1. Elle repose sur la terre française *à Paris* dans une splendide chapelle russe, près du palais du Trocadéro.

Si on demandait à un Essénien : qu'est-ce que la prière à Dieu, il répondrait: c'est un hymne de reconnaissance et d'amour qui ne doit, sous aucun prétexte, se changer en un acte de demande, sous peine de devenir une offense à la Majesté Suprême ; la demande la plus respectueuse n'est qu'un reproche déguisé équivalent à ceci:

« Mon Dieu, vous ne savez pas toujours ce que vous faites, daignez changer le cours des événements en ma faveur S. V. P.; quand même mon prochain pourrait en souffrir, accordez-moi le gain de ce procès, de cette bataille, etc... » et la prière devient criminelle.

L'Essénien n'a point de ces défaillances. Connaissant les dons inappréciables dont l'Être humain est comblé et le concours *que chacun doit* au *Bien universel*; dans son libre arbitre, il prend l'initiative de travailler dans la mesure de ses facultés et de sa position, à améliorer son sort, celui de sa famille, de sa Patrie et de l'Humanité, selon le degré qu'il occupe dans la société, et lorsque ses aspirations s'élèvent vers L'ÉTERNELLE JUSTICE, ses hymnes sont des louanges au MAITRE SUPRÊME et des élans de cœur!

Mais revenons au dogme abominable de la prédestination qui a fait et fait encore tant de victimes parmi les infortunés qui ont le malheur d'y croire.

Aucun père de l'église n'a été aussi loin dans les tergiversations dogmatiques qu'Augustin, qui, sur la même question, s'affirmait et se rétractait aussi facilement, sans souci des invectives dont il était l'objet de la part des autres docteurs qui le traitaient de « philosophâtre, de docteur des ânes (1). »

Un exemple entre mille. Au sujet de la tolérance, voici ses propres paroles :

« L'homme n'a pas été doué de la faculté de « prévoir *infailliblement* ce que penseront à la « suite des temps ses semblables, qu'il juge être « dans l'erreur ; il faut donc bien se garder d'ôter « la vie à ceux-là, car voulant tuer des méchants, « on ne ferait souvent que tuer ceux qui peuvent « entrer dans la bonne voie (2). »

— Puis à quelque temps de là, il pousse à la persécution la plus cruelle contre les pélagiens qui refusaient de croire *la prédestination et la damnation des nouveau-nés*.

— Augustin leur plus brutal adversaire, bien guéri de ses anciens scrupules, proclame hautement la nécessité d'employer la force et la violence dans les conversions.

« On nous objecte, dit Augustin, que les Apôtres « n'ont pas agi ainsi avec les empereurs de leurs « temps : mais ils se trompent. Saint Paul en appela « à Néron ! » (*Augustin*, Epist., t. II, p. 63). Et ce doux prélat *connaissait* la manière de corriger les dissi-

1. C'est ainsi que le qualifiait Julien, le Célèbre chef du Pélagianisme.

2. Saint Augustin, *Quæst. evangel. sermæ Matthæum* (t. IV, p. 198.) — N'est-ce pas la condamnation rationnelle de l'infaillibilité papale?... Et de quel droit tuer les méchants, nous n'avons que celui de les convertir par les bons exemples.

dents : le chevalet, les ongles de fer, le feu et les verges, ces dernières étaient employées par les évêques pour ramener leurs ouailles au bercail. Le bras séculier faisait le reste. Saint Cyprien et beaucoup d'autres furent, comme Augustin, tolérants et intolérants selon le temps, sans qu'aucun historien n'ait pris la peine de chercher *la raison* de ce changement de front.

Pour qui connaît l'esprit de l'église, elle était facile à trouver.

Constantin, le fondateur de l'église catholique, était mort, il laissa ses trois fils dont chacun avait sa nuance. Constantin II marchait avec cette église, mais Constance, devenu empereur à la mort de l'aîné, était de *l'église Arienne*. Après lui, l'empereur JULIEN, qui voulait l'union des cultes, n'aurait pas permis à l'église catholique de persécuter les dissidents ; malheureusement ce jeune Empereur fut tué par les chrétiens dans une bataille contre les Perses, en 363, et ses successeurs ne furent pas aussi justes ; ce qui explique comment l'église eut ses périodes de puissance et ses périodes de tolérance, sachant toujours louvoyer selon les circonstances. Quand une secte rivale protégée par le souverain ne lui permettait pas de disposer *du bras séculier, qu'elle pouvait craindre pour elle-même,* alors cette bonne sainte église n'était que miel et douceur dans ses sermons, prêchant partout la tolérance ; avait-elle un empereur de son bord, sa mansuétude devenait une fureur ; elle prêchait la violence !...

Ces oscillations entre la prétendue orthodoxie de l'église contre la prétendue hérésie (1), durèrent à travers les siècles jusqu'au règne de Louis XV, et firent couler des torrents de sang!...

Le catholique qui n'a pas complètement abdiqué sa raison, se trouve enfermé dans ce dilemme : ou continuer d'adorer un Dieu, qui, au point de vue de la Justice, est au-dessous du dernier des tyrans; ou rejeter la religion catholique qui n'est, nous ne saurions assez le répéter, qu'un affreux blasphème de l'église contre L'ÉTERNELLE JUSTICE et un attentat permanent contre l'Être humain, dont elle se fait un instrument de fortune en atrophiant son intelligence par tous les moyens!

Entre autres, en faisant parler son Dieu, en lui attribuant des pensées, un caractère *contraire* à tout ce que l'homme a l'habitude de respecter. Exemple :

« Dieu aveugle ceux qu'il veut perdre, dit
« l'évangile; de sorte qu'en voyant ils n'aperçoi-
« vent point, et qu'en entendant ils ne compren-
« nent point, de peur qu'ils ne se convertissent
« (saint Marc, ch. IV). »

Ce bon Dieu, fabriqué par l'église, devient impossible au dix-neuvième siècle. Pour le faire accepter, l'église HYPNOTISE L'ÊTRE HUMAIN dès son entrée dans

---

1. La prétendue hérésie n'est autre que la recherche de la vérité, tandis que la prétendue orthodoxie de l'Église n'est que l'assemblage de toutes les aberrations et de tous les crimes. Voyez l'*Histoire de l'inquisition*, par Llorente, et l'*Histoire du christianisme* d'après ses propres auteurs, par *de Potter*.

la vie, pour semer dans sa conscience tous les germes morbides qui doivent étouffer sa raison, afin de le rendre propre au culte d'un Dieu arbitraire, et c'est ce Dieu-là que M. Drumont veut nous faire adorer !

M. Drumont est un homme trop intelligent pour s'attarder dans ce labyrinthe catholique d'inextricables contradictions, si destructif du culte de l'éternelle justice. Lorsqu'il sera initié à l'esséniaNISME (1), qu'il en aura apprécié les résultats, il aimera ce culte dont les fidèles ne connaissent ni la haine, ni la violence pour l'imposer. « Ils ne disent point que le joug du Seigneur est doux, » car chez eux *il n'y a point de joug !*

(P. 483.) — En parlant de l'inconséquence des hommes qui affectent des principes de justice, soit dans leur vie publique ou privée, agissant en opposition avec ces mêmes principes, — il a raison de dire, que « dès que leur moi est en jeu ils oublient « absolument les belles maximes dont ils font commerce », — encore une preuve de l'inutilité de l'éducation catholique. Et dans ce peu de mots, sans s'en douter, M. Drumont signale la source du mal qui n'est autre que *l'inconséquence et l'égoïsme,* couple infernal engendrant la plupart des maux qui affligent la terre ; ces deux horribles vices se trouvent en général chez les dévots.

« Lorsque chacun sera dominé par son véritable

---

1. Dans un ouvrage ultérieur nous ferons connaître cette morale consolante qui donne satisfaction à toutes les aspirations de l'Être humain.

intérêt, on sera solidaire du bien général, et les crimes d'un seul ou de plusieurs ne seront plus possibles ! Les religions officielles ne servent à rien quand elles ne détruisent pas ces deux grands fléaux.

L'ÉGOÏSME ET L'INCONSÉQUENCE !!

M. Drumont dit : que « l'examen de conscience « auquel oblige la fréquentation des sacrements « empêche cet état de démoralisation, etc. ».

Mais *ces mêmes sacrements* ne sont précisément que les produits des deux vices que nous signalons, et l'histoire prouve que leur « fréquentation n'a jamais moralisé personne. Le clergé, les rois, les seigneurs du moyen âge n'en étaient pas meilleurs. N'a-t-on pas vu des princes communier ensemble et s'assassiner le lendemain, comme le fût le duc d'Orléans (sous Charles VI) par les ordres du duc de Bourgogne avec lequel il avait communié la veille, sans parler d'hostie empoisonnée pour se défaire d'un prince dont les États étaient convoités.

Quant aux féodaux si pleins de foi, si bons catholiques... allant chaque jour à la proie, pillant, volant, tuant et brûlant les moissons pour se distraire, sans qu'aucun prêtre, ni confesseurs n'aient fait comprendre à ces forcenés que leurs crimes avaient des conséquences épouvantables qui retomberaient sur eux et sur leurs descendants, qu'en ruinant les récoltes c'était la famine à long terme, les cadavres sur la voie publique, l'anthropophagie dans le royaume, et les os de morts broyés pour faire du pain, puis l'épidémie *du mal des ardents*!... etc., etc,

Pour l'église, il n'en résultait aucun mal, puisqu'elle en bénéficiait toujours; le seul mal pour elle, et le seul crime pour tous, c'était de douter des mensonges qu'elle enseignait, c'était l'ébranlement de son commerce et la diminution de ses profits !..

L'église peu touchée de ces effroyables désastres se contenta de créer une nouvelle madone, *Notre-Dame des ardents*, et de préconiser les pèlerinages à cette vierge et à sainte Geneviève, trouvant ainsi un nouveau moyen d'exploiter la misère publique.

. Et c'est à cette église trafiquante, insatiable, qui, pour étendre ses branches de commerce, a emprunté à la théologie brahmanique ses sacrements, que M. Drumont conseille de se rallier. Sous des formes multiples, ses iniquités se sont perpétuées jusqu'à la révolution de 1789, acclamée par tous les hommes de progrès, que les soutiens de l'autel et du trône essaient de dénaturer.

A ces derniers, on peut répondre que s'il y eût des actes regrettables, ils sont bien peu de chose comparés aux excès de l'église, du trône et de la noblesse, que nous n'avons fait qu'indiquer.

On peut même s'étonner que les représailles n'aient pas été plus grandes.

Ce qui est regrettable, c'est que la Nation, par une loi irréfragable, n'ait pas fermé ses frontières à tous les prétendants.

(P. 319.) « A l'œuvre, on connaît l'ouvrier ». dit M. Drumont. Sans doute et après avoir fait voir et toucher du doigt l'œuvre néfaste du catholicisme dans la ruine morale et matérielle des Peuples, nous ferons connaître prochainement L'ŒUVRE de nos pères, qui, jusqu'à nos jours, a soutenu l'Humanité en lui conservant son énergie.

(P. 538.) « M. Bethmont vote l'ordre du jour « de Devès, dit M. Drumont, sur l'expulsion des « congréganistes, après avoir dit à M. Camille Doré, « lieutenant de vaisseau, qu'il trouvait son fils « parfaitement élevé chez les jésuites. — Comme « tu es canaille, lui dit son ami. — Mon cher, « l'intérêt avant tout, » — répond *l'égoïste inconsé-quent* qui n'a même pas la conscience de la portée du mauvais exemple qu'il donne !

— En parlant de la laïcisation des hôpitaux « qui prive le malade d'une sœur à son chevet », M. Drumont ne dit pas un mot de la persécution religieuse exercée par certaines sœurs sur les pauvres infirmes. Les punitions qu'ils endurent quand ils ne pratiquent pas le culte catholique.

(P. 540.) M. Drumont fait une peinture fantastique très divertissante des mœurs des personnes laïques attachées aux hôpitaux. Don Quichotte, qui prenait pour des châteaux superbes de misérables auberges, et des maritornes pour de suaves princesses, se trouve bien dépassé par ceux qui croient apercevoir des bals parés et des réjouissances carnavalesques exécutés par des laïques dans des salles de malades à l'hôpital. Le docteur Desprès, dans son zèle intempestif, commet d'assez jolies bourdes ; il ne faut donc pas s'en rapporter à *ses rapports* sur les infirmières laïques, démentis aussitôt par les faits. Le journal *la Lanterne* rétablit la vérité en contrôlant les dires du docteur, pensant qu'à force d'avoir soigné les aliénés le docteur a dû leur en emprunter quelque chose. A l'entendre, « les religieuses seules peuvent soigner les malades », lorsque dans les hôpitaux où se trouvent des religieuses, ne fussent-elles que simples surveillantes, elles font toujours faire la besogne la plus pénible et la plus dangereuse par des infirmières laïques. — Nous l'avons nous-même constaté *de visu* à la Salpêtrière et ailleurs.

Nul, plus que nous, ne rend hommage au dévoûment de certaines religieuses pour les malades, nous l'avons déjà dit. Elles sont d'autant plus admirables qu'elles appartiennent à un culte étranger aux sentiments humains, qui exploite la souffrance sous prétexte de salut.

Nous aurions aimé à connaître l'opinion de M. Drumont sur cette directrice faisant battre et mettre aux fers un jeune soldat malade, et sur la condamnation anodine de cette religieuse qui en fut quitte pour 200 francs d'amende (1).

On ferait bien des volumes sur les cruautés des cléricaux, exercées sur les enfants si imprudem-

---

1. Si le public savait ce qui se passe dans les couvents et dans les cloîtres où l'on fait travailler les jeunes filles orphelines ou autres, jamais on ne voudrait le croire.

ment confiés à leurs écoles ou à leurs couvents.

(P. 557). « Je ne vois qu'une figure... dit M. Drumont, que celle de Jésus couvert d'opprobres, déchiré par les épines, crucifié. Rien n'est changé depuis dix-huit siècles. » — Nous ajouterons : pas même la perversité de l'Eglise catholique qui continue le martyre de Jésus, sur la personne du Peuple catholique de tous les Pays, qu'elle n'a cessé d'abreuver d'humiliations en le torturant au physique comme au moral, avec une indifférence inouïe pour sa profonde misère dont elle est *la principale cause !*

(P. 558.) — Aux enseignements de *Jésus l'Essénien* : « Aimez-vous les uns les autres, faites à autrui tout le bien que vous voudriez qu'il vous fût fait et ne faites à personne le mal que vous ne voudriez pas pour vous-mêmes.»

A cette loi humaine l'Eglise a fait succéder ses contradictions en suscitant des guerres universelles, en allumant des haines inextinguibles entre tous les Peuples, et nous sommes à la fin du dix-neuvième siècle sans que la lumière ait pu pénétrer les ténèbres recouvrant les erreurs de l'église qui trouve encore des hommes de talent comme M. Drumont parmi ses défenseurs !

Ecoutons-le dans sa robuste foi, qui va jusqu'à affirmer sérieusement l'histoire que voici :

« Saint Pierre, fuyant la persécution, aperçut tout à coup sur la voie Appia son divin Maître qui se dirigeait vers Rome en portant sa croix. — « Où allez-vous, Seigneur, lui demanda l'apôtre.

— Je vais me faire crucifier de nouveau (1). »
Saint Pierre comprit et retourna à Rome.

Cette légende ressemble à celle de saint Denis
décapité à Montmartre, et portant sa tête dans ses
mains jusqu'au lieu de sa sépulture ; comme tant
d'autres légendes, celle de saint Pierre à Rome
est l'œuvre *d'un faussaire* pour appuyer les mensonges de l'Eglise catholique qui voudrait faire
croire au pontificat de saint Pierre. Non seulement le premier apôtre n'a jamais mis le pied à
Rome ; mais tout l'échafaudage des imposteurs
pour l'y établir s'écroule piteusement faute de
preuves ; il ne suffit pas d'altérer le nom d'une
ville pour y établir le pontificat de Pierre.

L'écrivain ecclésiastique Papias né en Phrygie,
où il fut évêque, mort en 156, laissa une lettre
attribuée à saint Pierre où il lui disait : « L'Eglise
qui est à Babylone, ma femme et mon fils Marc
vous saluent. » Les scribes de l'église ayant *cru*
ou voulu que *Babylone* devait signifier Rome,
cela a suffi à l'Eglise pour y établir le trône de
saint Pierre, et affirmer que le prince des apôtres avait
été pendant vingt-cinq ans évêque de cette capitale !... Si un historien disait que Rochefort veut dire
Francfort, on lui rirait en pleine figure en haussant

1. « Cette secte catholique a donc bien soif de souffrance
« qu'elle fait parler son Dieu pour encourager cette folie comme
« si tous les désastres terrestres n'affligeaient pas assez l'Humanité
« sans être obligé de l'exciter à se flageller, à se crucifier, à se
« priver de nourriture pour plaire à son Dieu !... » C'est un Dieu
fait pour l'inquisition et non pour LES FILS DU PÈRE.

(Conférence de *l'Essénien.* RAÏME.)

les épaules. Les événements historiques sur lesquels s'appuient *toutes les prétentions* de l'Eglise ont des bases aussi solides que la lettre de Papias ; c'est-à-dire que lorsqu'on les examine de près, elles s'effondrent comme le siège de saint Pierre à Rome.

Des données à peu près certaines mentionnent les voyages de saint Pierre en Assyrie, en Bithynie, en Cappadoce où il prêcha, il fonda des églises à Antioche et à Babylone, où l'on croit qu'il mourut ; mais on ne sut jamais, dans laquelle de ces deux villes.

On connaît la haine et le mépris de Néron à l'égard des chrétiens dont il se fit des torches humaines, pour éclairer ses jardins. Ces mêmes chrétiens étaient obligés de se cacher dans les catacombes pour pratiquer leurs mystères.

(P. 561.) « M. Drumont dit que les hommes qui ont fait la France et l'Espagne du passé si grandes, n'ont été, ni des scélérats, ni des imbéciles. » — En est-il bien sûr ?... nous n'avons pas encore trouvé ce que l'Espagne a de grâces à rendre aux hommes qui l'ont si cruellement amoindrie et fanatisée, au point de faire détruire dans la conquête du Mexique plus de quinze millions d'hommes d'après *Las Casas* ; nous savons, dit-il, que « les Espagnols ont dépeuplé plus de dix royaumes après avoir saccagé le Mexique (*Histoire du papisme*, de Jurien, page 208). Tel était le fruit de l'éducation catholique. On ne saurait jamais assez répéter que sous le règne de l'inquisition, inauguré par Torquemada, au temps d'Isabelle la Catholique, dix mille deux cent vingt personnes furent brûlées. Du xv° siècle jusqu'en 1808 *les règnes de tous les souverains*, qui n'étaient pas des scélérats ni des imbéciles « *ont été souillés et déshonorés par les autodafés* ». Chaque évêque faisait brûler de mille à deux mille victimes! mais le prince Philippe II, qui n'est pas encore canonisé à notre grand étonnement, fut le souverain le plus féroce. Sous son règne on en a brûlé quatre mille! Pour l'Espagne seulement il y eut 34.658 martyrs, 18.049 en effigie et 289.114 condamnés à perpétuité aux galères ou dans les infectes prisons de la sainte *et abominable inquisition* ; maintenant nous ne parlons pas de ceux qui mouraient tenaillés ou désarticulés dans les cachots de cette bonne mère Sainte Eglise ; et toutes ces condamnations entraînaient la confiscation *des biens, la ruine des enfants, des parents, et le déshonneur pour tous!*...

Les jésuites ont dirigé les souverains d'Autriche dans la guerre de Trente ans où 12 millions d'hommes ont péri par le fait de ces excellents princes qui n'étaient pas, *des scélérats ni des imbéciles*. Qui donc a mis l'Autriche à deux doigts de sa perte et diminué la population espagnole qui sous les Maures étaient de 33 millions, fut réduite à 10 millions sous les rois catholiques qui firent succéder au commerce et à la prospérité de l'Espagne, la misère, la terreur et le désespoir! Aujourd'hui le chiffre de la population n'a encore atteint que 16 millions. Combien de siècles encore pour atteindre l'ancien chiffre. Le « croissez et multipliez de la loi naturelle a toujours été rejeté par cette Eglise profane qui supprime le mariage des prêtres et dont les cardinaux à Rome affichent leurs maîtresses.

En dépit des écrivains à gage qui ont écrit que l'inquisition n'avait pu s'établir en France, depuis son intronisation par Louis IX, elle n'a cessé de fonctionner qu'en 1789 qui abolit la torture. Le siècle de la renaissance a été celui de sa recrudescence ; sous le règne de l'honnête François Ier, qui s'en était fait le séide le plus acharné, l'inquisition triomphait sur les places de Paris, étalant ses scènes lugubres dans toute la France.

Ce roi-chevalier, qui s'alliait à l'extérieur avec les princes protestants, faisait brûler à l'intérieur les sujets de ces princes (la place de l'Estrapade en rapelle le souvenir) ; ses fils se sont illustrés dans la Saint-Barthélemy suivant l'exemple de leur père. Après les hauts faits de la plupart des rois catholiques, on se demande ce qu'auraient pu faire de pire *les souverains qui « auraient été des scélérats et des imbéciles »*. Aussi n'est-ce point à eux que la France doit sa reconnaissance ; mais aux Grands Hommes sortis de son sein !

(P. 565.) En parlant des nobles qui vont faire leur cour à M. de Rothschild, M. Drumont s'écrie : « C'est lorsqu'ils seront aux prises avec l'exil et la pauvreté que les compagnons de plaisir des Rothschild et des Ephrussi comprendront le prix de la Patrie qu'ils n'auront rien fait pour défendre.

L'effet de l'épreuve sera rude pour ces efféminés et ces oisifs, ils n'auront ni la belle humeur, ni l'indestructible santé, ni l'intarissable esprit des grands seigneurs d'autrefois. »

— On ne se doutait guère que les seigneurs d'autrefois possédaient tant d'esprit et tant de qualités, en voyant avec quel dédain ces personnages traitaient la Science et les Savants, sauf quelques-uns des leurs, qui eurent assez d'esprit pour mépriser les sots préjugés de leur caste et *devinrent illustres, parmi les Bienfaiteurs de l'Humanité qui ont doté la France de tant de découvertes utiles.*

A ceux-là, la reconnaissance de la Patrie est acquise pour leurs nobles travaux.

(P. 565.) Bien que nous ne marchions pas sur le même terrain que M. Drumont, nous pouvons dire comme lui, que nous n'avons fait « *qu'entreprendre une œuvre de bonne volonté, montrer par quel oblique et cauteleux ennemi une partie de la France a été envahie et abêtie au point…* »d'accepter que trois ne font qu'un, et qu'un homme peut se déclarer, de son autorité privée, *infaillible*, comme Pie IX l'a fait sous l'influence des jésuites !

« *Abêtie au point* » — d'accorder à cet homme tous les pouvoirs, même celui de remplacer le culte de *l'Eternel Divin*, par celui d'une Vierge Mère dont il a fait une déesse en propageant des chapelles et des idoles miraculeuses. [Sans parler de la religion de saint Joseph et du culte de tous les saints.]

« *Abêtie au point* » —d'admettre que des prières,

vendues par les prêtres et payées par des dupes, peuvent obtenir la suppression de la réparation pour la faute commise.

« *Abêtie au point* » — de croire que *l'Eternel Divin* a délégué son pouvoir à l'Eglise catholique qui n'a jamais représenté que :

L'EMPIRE DU MAL !

Mais là ne se borne point notre tâche, il nous restera à faire connaître :

L'EMPIRE DU BIEN !!

FIN

Imp. de la Soc. de Typ. - Noizette, 8, r. Campagne 1re, Paris.

POUR PARAITRE A LA SUITE

LE RADICALISME

GUERRE A LA GUERRE

INFLUENCE DE L'ÉGLISE

DANS

LA CIVILISATION

LES

ESSÉNIENS DU XIXe SIÈCLE

RÉPONSE AU SYLLABUS

La Ire des Esséniens aux Romains

MÈRE SOTTE

RENOUVELÉE DE 1864 EN 1900

PIÈCE COMIQUE, DRAMATIQUE ET LYRIQUE

A grand spectacle avec divertissements

(Publiée dans le Journal l' « Espiègle », à Bruxelles, sous le 3me empire).

Imp. de la Soc. du Typ. - Noizette, 8, r. Campagne-1re, Paris.

www.ingramcontent.com/pod-product-compliance
Lightning Source LLC
LaVergne TN
LVHW011902180726
843502LV00003B/563